Gerd Lüdemann

Die ersten drei Jahre Christentum

Gerd Lüdemann

Die ersten drei Jahre Christentum

ZU KLAMPEN!

Gerd Lüdemann ist Professor für Geschichte und Literatur des frühen Christentums an der Theologischen Fakultät der Universität Göttingen. Er dankt Dr. Frank Schleritt, Walter Höfig und Hans Jürgen Uhl für Hilfe und Kritik.

Lüdemanns Aufsatz »The First Three Years of Christianity«, in: Toronto Journal of Theology 25/1 (2009), enthält eine englische Zusammenfassung des vorliegenden Buches.

info@zuklampen.de · www.zuklampen.de

Umschlag: Matthias Vogel (paramikron), Hannover,
Satz: thielenVERLAGSBÜRO, Hannover
(Gesetzt aus der Linotype Life und der Neuen Helvetica)
Druck: CFI - Clausen & Bosse, Leck

ISBN 978-3-86674-060-0

Bibliografische Information Der Deutschen Bibliothek
Die Deutsche Bibliothek verzeichnet diese Publikation in der Deutschen Nationalbibliografie; detaillierte bibliografische Daten sind im Internet über ‹http://dnb.ddb.de› abrufbar.

Inhalt

EINLEITUNG

Die Erforschung der ersten drei Jahre Christentum als wissenschaftliche Aufgabe

KAPITEL 1

Die ersten drei Jahre Christentum in der Apostelgeschichte

KAPITEL 2

Die ersten drei Jahre Christentum in den Paulusbriefen

KAPITEL 3

Jerusalem und Damaskus – zwei Hauptorte der ersten drei Jahre Christentum

ANHANG 1

Der historische Wert der Apostelgeschichte

ANHANG 2

Zum Missverhältnis zwischen Theologie und Geschichte im lukanischen Doppelwerk und im Alten Testament

ANHANG 3

Abriss einer Pauluschronologie

EINLEITUNG

Die Erforschung der ersten drei Jahre Christentum als wissenschaftliche Aufgabe

a) Die wichtige Rolle der Apostelgeschichte für die Geschichte des frühen Christentums

Das Lukasevangelium und die Apostelgeschichte enthalten vom Umfang her gut ein Viertel des Neuen Testaments. Sie bieten mehr Text als die echten Paulusbriefe[1] und die Johannesschriften[2] zusammen. Ihr Autor, den die altkirchliche Tradition irrtümlich mit dem Paulusbegleiter »Lukas« gleichsetzt[3], behandelt im zweiten Teil seines Doppelwerks das frühe Christentum und beschreibt die Urkirche von Jerusalem als leuchtendes Vorbild für die Gemeinden seiner Gegenwart. Die Apostelgeschichte galt jahrhundertelang als einzige anerkannte Quelle für die älteste Kirchenhistorie.

[1] Brief an die Römer (Röm), zwei Briefe an die Korinther (1Kor, 2Kor), Brief an die Galater (Gal), Brief an die Philipper (Phil), der Erste Brief an die Thessalonicher (1Thess), Brief an Philemon (Phlm). Nicht vom historischen Paulus stammen der Brief an die Epheser (Eph), der Brief an die Kolosser (Kol), der Zweite Brief an die Thessalonicher (2Thess), der Erste Brief an Timotheus (1Tim), der Zweite Brief an Timotheus (2Tim) und der Brief an Titus (Tit).

[2] Johannesevangelium (Joh), Erster Johannesbrief (1Joh), Zweiter Johannesbrief (2Joh), Dritter Johannesbrief (3Joh).

[3] Vgl. Kol 4,14; Phlm 24; 2Tim 4,11. Der Einfachheit halber gebrauche ich im Folgenden »Lukas" als Namen für den Verfasser des Lukasevangeliums und der Apostelgeschichte, ebenso »Matthäus«, »Markus«, »Johannes« als Namen für die Autoren der anderen drei Evangelien des Neuen Testaments, obwohl wir ihre wirklichen Verfasser nicht kennen.

b) Kritik am Bild der Apostelgeschichte vom frühen Christentum

Indes bezweifelt die Forschung seit langem den wissenschaftlichen Wert des lukanischen Berichts vom idealen apostolischen Ursprung des Christentums. »Geschichtlich ist eine solche Anfangszeit unmöglich.«[4] Damals waren die Christen[5] keinesfalls »ein Herz und eine Seele«[6], mitnichten »einmütig« beieinander[7] und hielten auch nicht an der »Lehre der Apostel«[8] fest. Vielmehr traten zur Zeit des Lukas – wie man aus der von diesem komponierten »Abschiedsrede des Paulus« an die Ältesten der Gemeinde von Ephesus[9] erschließen kann –, »grausame Wölfe«[10] auf, nämlich Männer aus den eigenen Reihen, die »Verkehrtes reden, um die Jünger hinter sich herzuziehen.«[11]

Angesichts dieser Gefahr ermahnt Lukas in der Form einer idealisierten Erzählung Christen seiner Zeit, am apostolischen Erbe festzuhalten und falschen Propheten zu widerstehen.

Der Altmeister der Lukasforschung, Hans Conzelmann, führt aus, das Gemälde der Apostelgeschichte zeige »große Linien. Es wirkt geschlossen und daher überzeugend. Auch wenn man an Einzelheiten zweifelt, etwa an der Heilkraft des Schattens des Petrus ..., bleibt ein starker Eindruck vom Leben der jungen Gemeinschaft. Der Historiker hat aber zu fragen, ob diese Geschlossenheit aus der geschichtlichen Wirklichkeit oder aus der Gestaltungskraft des Autors der Apostelgeschichte entspringt.«[12]

[4] Carl Weizsäcker: Das apostolische Zeitalter der christlichen Kirche, Tübingen [3]1902, S. 22.

[5] Im Folgenden bezeichne ich als »Christen« *alle* Personen, die nach Jesu Kreuzigung glaubten, er sei lebendig, und zu ihm in eine religiöse Beziehung traten.

[6] Apg 4,32.

[7] Apg 1,14; 2,46; 5,12.

[8] Apg 2,42.

[9] Apg 20,17–38.

[10] Apg 20,29.

[11] Apg 20,30.

[12] Hans Conzelmann: Geschichte des Urchristentums, Göttingen [6]1989, S. 21. Zur Heilkraft des Schattens des Petrus siehe Apg 5,15.

Conzelmann zieht das Fazit: »Die Erforschung dieses Buches (nämlich der Apostelgeschichte) führt zu dem Ergebnis, daß die Geschichte der Urgemeinde fast unbekannt bleibt. Wohl sind einzelne Ereignisse und – in blassen Umrissen – einige Personen zu erkennen. Aber der Ablauf der Geschichte dieser Gemeinde, ihre Lebensform und Verfassung müssen mühsam und mit nur wenigen sicheren Resultaten rekonstruiert werden.«[13]

c) Programm und Durchführung der vorliegenden Arbeit

Um den Ablauf der urchristlichen Geschichte geht es im vorliegenden Buch. Es zeigt, was wir über das älteste Christentum – konkret: seine ersten *drei Jahre* – wirklich wissen. Die Zahl »drei« ergibt sich daraus, dass die Zeit zwischen der Hinrichtung Jesu und der Bekehrung des Paulus ungefähr drei Jahre beträgt.[14] Diesen Abschnitt stellt Lukas in Apg 1,1–8,40 dar und lässt ihn mit zwei Geschichten von der erfolgreichen Mission des Philippus außerhalb Jerusalems enden. Davor hatte er von der Flucht des griechischsprachigen Teils der Urgemeinde, den »Hellenisten« um Stephanus, aus Jerusalem berichtet. Paulus war, so Lukas, bei der Steinigung des Stephanus anwesend und mit ihr einverstanden.[15] Er wurde anschließend in Jerusalem sogar zum Verfolger[16] und reiste im Auftrag des Hohenpriesters nach Damaskus, um dort Christen aufzuspüren.[17] Aber kurz vor Erreichen seines Ziels, so Lukas weiter, begegnete ihm der himmlische Jesus.[18]

Neben der Apostelgeschichte enthalten die echten paulinischen Briefe Nachrichten über die ersten drei Jahre Christentum. Paulus' Unterweisung im christlichen Glauben beginnt – ungefähr drei Jahre nach Tod und »Auferstehung« Jesu – in Damaskus, dem Ort

[13] Ebd.
[14] Man vgl. CONZELMANN, Geschichte, S. 20; UDO SCHNELLE: Paulus, Berlin 2003, S. 33–34.
[15] Apg 8,1a.
[16] Apg 8,3.
[17] Apg 9,1–2.
[18] Apg 9,3–9.

seiner Verfolgungstätigkeit und Bekehrung. Im Anschluss an seine Bekehrung und einer Reise nach Arabien kehrte er in *diese* Stadt – Damaskus – zurück, und nicht nach Jerusalem.[19] Also hat er in Damaskus Christen verfolgt.

Meine These, dass Paulus in Damaskus in den christlichen Glauben eingeführt worden sei, steht im Gegensatz zu der oft vertretenen Sicht, der ehemalige Verfolger von Christen in Damaskus habe die christliche Lehre erst im syrischen Antiochien näher kennen gelernt.[20] Denn dafür fehlt ein Beleg aus den Paulusbriefen.[21] Selbst Lukas lässt Paulus erst gegen 40/41 n.Chr.[22], ca. sieben Jahre nach seiner Bekehrung, nach Antiochien reisen und gibt als Dauer seines Aufenthalts nur ein Jahr an.[23]

Paulus bezieht sich im Ersten Korintherbrief zweimal auf Traditionen, die er an seine Gemeinde weitergegeben hat, und zitiert sie. An anderen Stellen seiner Briefe führt er Überlieferungen an, ohne dies eigens kenntlich zu machen. Diese Traditionen haben historische und theologische Inhalte. Sie bilden die Bausteine für eine neue Sicht der ersten drei Jahre Christentum.

Statt nun, wie weithin üblich, die Angaben der Apostelgeschichte mit denen der Paulusbriefe zu harmonisieren, werde ich die Eigenart dieser Quellen berücksichtigen und beide zunächst für sich

[19] Gal 1,17. Siehe weiter unten, S. 93–94.

[20] Vgl. SCHNELLE, Paulus, S. 110–113; JÜRGEN BECKER: Paulus. Der Apostel der Völker, Tübingen 1989, S. 47.

[21] Die erste indirekte Erwähnung von Antiochien für das Jahr 35 n.Chr. findet sich Gal 1,21: »Danach ging ich in die Gegenden von Syrien und Kilikien«, wobei viele Interpreten daraus eine ca. vierzehn Jahre dauernde Missionstätigkeit im Rahmen der antiochenischen Mission erschließen. (Aber Paulus schreibt gar nicht, wo er so viele Jahre *geblieben*, sondern wohin er nach der Jerusalemer Konferenz *gegangen* ist.) Eine zweite direkte Erwähnung Antiochiens für ca. 48 n.Chr. gibt Gal 2,11.

[22] Vgl. die Notiz Apg 11,25–26: Barnabas holt Paulus aus Tarsus nach Antiochien; sie lehren dort ein Jahr.

[23] Vgl. MARTIN HENGEL / ANNA MARIA SCHWEMER: Paulus zwischen Damaskus und Antiochien, Tübingen 1998, S. 336–340 (»Das gemeinsame Jahr in Antiochien«).

untersuchen. Sie enthalten ja, unabhängig voneinander, Informationen über die ersten drei Jahre Christentum.

Kapitel 1 durchleuchtet Apg 1,1–8,40 *die eine Quelle* für die ersten drei Jahre Christentum, und fragt nach der geschichtlichen Zuverlässigkeit der dort erzählten Begebenheiten. Die historisch-kritische Bibelauslegung hat erkannt, dass Lukas aus dem Gesichtswinkel einer späteren Zeit schreibt, und auf viel Unhistorisches in der lukanischen Darstellung hingewiesen. Eine sorgfältige Analyse von Apg 1,1–8,40 soll das klären und zugleich ermitteln, an welchen Stellen vielleicht doch historisch brauchbares Material vorliegt.

Kapitel 2 untersucht ausgewählte Abschnitte aus den Paulusbriefen, *der anderen Quelle* für die ersten drei Jahre Christentum. Hier ist die Ausgangslage anders als bei der Apostelgeschichte, denn Paulus war über weite Strecken selbst Augenzeuge und hatte persönlichen Umgang mit zahlreichen anderen Augenzeugen. Seine Bemerkungen über die ersten drei Jahre Christentum sind daher näher am zu beschreibenden Objekt als die des Lukas. Dieser gibt zwar u.a. »Augenzeugen« als Quellen an[24], lässt sich aber in der Darstellung, abgesehen vom zeitlichen Abstand zum Geschehen, nachweislich stark von seiner eigenen Theologie leiten. Daher besteht von vornherein eine größere Aussicht, auf der Basis der von Paulus zitierten Überlieferungen und seiner eigenen Aussagen Zuverlässiges über die ersten drei Jahren Christentum herauszufinden. Doch ziehe ich ergänzend auch die in Apg 1,1–8,40 als zuverlässig erkannten Traditionen über die ersten drei Jahre Christentum heran und befrage zusätzlich die Evangelien des Neuen Testaments nach Material, das zu dem in den Paulusbriefen passt.

Kapitel 3 stellt unter der Überschrift »Jerusalem und Damaskus – zwei Hauptorte der ersten drei Jahre Christentum« das Ergebnis vor: Zeitgleich gab es am Anfang der Kirche eine christliche Gemeinde in Damaskus und eine in Jerusalem, deren Praxis und Glaube sich deutlich voneinander unterschieden. Vor allem die Pau-

[24] Lk 1,2.

lusbriefe erlauben, wichtige Merkmale dieser beiden Gemeinden herauszuarbeiten, ihr gegenseitiges Verhältnis zu klären und so Grunddaten der ersten drei Jahre Kirchengeschichte zu erheben.

Drei Anhänge vertiefen das Thema des Buches. Anhang 1: »Der historische Wert der Apostelgeschichte« schildert die Geschichte der Erforschung der Apostelgeschichte und untersucht den historischen Wert ausgewählter Texte außerhalb von Apg 1–8. Anhang 2: »Zum Missverhältnis zwischen Theologie und Geschichte im lukanischen Doppelwerk und im Alten Testament« schärft den Blick für die theologischen Interessen, die Lukas bei der Darstellung geleitet haben, und überprüft seinen Anspruch, sachgemäß und historisch genau zu berichten.[25] Anhang 3: »Abriss einer Pauluschronologie« erläutert zwei heute übliche Methoden, Lebensdaten des Apostels und Abfassungszeiten seiner Briefe zu errechnen.

[25] Vgl. Lk 1,1–4. Zu diesem Selbstzeugnis siehe unten, S. 186–187.

KAPITEL 1

Die ersten drei Jahre Christentum in der Apostelgeschichte

Das Folgende unterzieht den Text von Apg 1,1–8,40 – gegliedert in Sinnabschnitte – einer historisch-kritischen Analyse.[1]

Die Übersetzungen[2] habe ich unterschiedlich markiert, um die Textdurchdringung zu erleichtern. Texte mit wörtlichen oder fast wörtlichen Entsprechungen im Alten Testament sind hervorgehoben. In den jeweils beigefügten Stellenangaben verweist der Zusatz »LXX« auf die griechische Übersetzung des Alten Testaments. Der erste Schritt der Exegese besteht darin, den Sinn des jeweiligen Textes ohne Rücksicht auf unsere Vorstellung vom mutmaßlichen Vorgang zu ermitteln.[3] Erst danach folgt die historische Frage.

Bei der Entscheidung über den geschichtlichen Wert der Texte aus der Apostelgeschichte leiten mich folgende Kriterien: Ein Text ist *historisch wertlos,*

a) wenn Lukas ihn aus theologischen Gründen komponiert oder durchgehend gestaltet hat,

b) wenn eine von Lukas verarbeitete Tradition einem späten Stadium der Überlieferungsgeschichte angehört,

c) wenn ein Widerspruch zu Aussagen aus den Briefen des Paulus vorliegt.

[1] Ich führe damit einen früheren Versuch weiter: GERD LÜDEMANN: Das frühe Christentum nach den Traditionen der Apostelgeschichte, Göttingen 1987, S. 31–99.

[2] Sie orientieren sich in der Regel an GERD LÜDEMANN / FRANK SCHLERITT: Arbeitsübersetzung des Neuen Testaments, Göttingen 2008.

[3] Vgl. HANS CONZELMANN: Die Mitte der Zeit, Tübingen [7]1993, S. 5.

Ein Text ist *historisch zuverlässig*, wenn er sich dem aus den Briefen des Paulus rekonstruierbaren Verlauf einpassen lässt.

Hinsichtlich meines Verständnisses von »Geschichte« und »Wahrheit« verweise ich auf die Norm, die bei Verhandlungen vor Gericht gilt. Es geht darum, durch Befragung von Zeugen, bestimmte Ereignisse und Vorgänge zu rekonstruieren. Das Ergebnis gilt solange als wahr, bis durch neue glaubwürdige Zeugen oder auf andere Art bewiesen wird, dass die frühere Rekonstruktion fehlerhaft war.

a) Apg 1,1–26:
Vorwort. Jesu Himmelfahrt und die Ersetzung des Judas durch Matthias

1 Den ersten Bericht, Theophilus, habe ich verfasst über alles, was Jesus
tat und lehrte, 2 bis zu dem Tag, an dem er, nachdem er den Aposteln, die
er ausgewählt hatte, durch ***heiligen Geist*** Aufträge erteilt hatte, (in den
Himmel) aufgenommen wurde.

3 Ihnen erwies er sich auch nach seinem Leiden durch viele Beweise
lebendig, indem er sich von ihnen vierzig Tage lang sehen ließ und über
das sprach, was die Königsherrschaft Gottes (betrifft).

4a Und als er (mit ihnen) zusammen war, 4b befahl er ihnen, sich nicht
von Jerusalem zu entfernen, sondern auf die Verheißung des *Vaters* zu
warten, 4c die ihr (so sagte er) von mir gehört habt. 5 Denn Johannes taufte
mit Wasser, ihr aber werdet mit ***heiligem Geist*** getauft werden nicht (erst)
nach vielen von diesen Tagen.

6 Als sie nun zusammengekommen waren, fragten sie ihn und sagten:
Herr, stellst du zu dieser Zeit die Königsherrschaft für Israel wieder her?
7 Er sagte aber zu ihnen: Es ist nicht eure Sache, Zeiten oder Zeitpunkte
zu wissen, die der *Vater* in seiner eigenen Vollmacht festgesetzt hat, 8 sondern ihr werdet Kraft empfangen, wenn der ***heilige Geist*** über euch
gekommen ist; und ihr werdet meine Zeugen sein, sowohl in Jerusalem
als auch in ganz Judäa und Samaria und bis ans Ende der Erde.

9 Und als er dies gesagt hatte, wurde er, während sie zuschauten,
emporgehoben, und eine Wolke **NAHM** ihn von ihren Augen weg.

10 Und als sie *in den Himmel* starrten, während er auffuhr, siehe, da
standen zwei Männer bei ihnen in weißen Gewändern. 11 Und sie sagten:
Galiläische Männer, was steht ihr und schaut *in den Himmel*? Dieser
Jesus, der von euch weg *in den Himmel* aufgenommen worden ist, wird
so kommen, wie ihr ihn *in den Himmel* habt auffahren sehen.

12 Da kehrten sie nach Jerusalem zurück vom sogenannten Ölberg; der
ist nahe bei Jerusalem, einen Sabbatweg entfernt. 13 Und als sie hineinka-
men, stiegen sie in das obere Stockwerk hinauf, wo sie sich gewöhnlich
aufhielten:

Petrus und Johannes und Jakobus und Andreas,
Philippus und Thomas,
Bartholomäus und Matthäus,
Jakobus, (der Sohn) des Alphäus,
und Simon, der Zelot,
und Judas, (der Sohn) des Jakobus.

14 Diese alle verharrten einmütig beim ***GEBET*** mit Frauen und Maria, der
Mutter Jesu, und seinen Brüdern.

15 Und in diesen Tagen stand Petrus inmitten der Brüder auf und sagte
– es war eine Menge von etwa hundertzwanzig Personen beisammen –:

16 Männer, Brüder, es musste die Schrift(stelle) erfüllt werden, die
der ***heilige Geist*** durch den Mund Davids über Judas vorhergesagt hat,
der zum Führer derer wurde, die Jesus festnahmen, 17 denn er gehörte
zu uns und hatte das Los für **DIESEN DIENST** empfangen.

18 Dieser nun kaufte mit dem Lohn für das Unrecht einen Acker.
Und er stürzte vornüber und barst mitten auseinander, und alle seine
Eingeweide wurden ausgeschüttet. 19 Und es wurde allen Einwohnern
von Jerusalem bekannt, so dass jener Acker in ihrer Sprache ›Hakelda-
mach‹ genannt wurde, das heißt Blutacker. 20a Denn im Buch der Psal-
men ist geschrieben:

Sein Landhaus soll vereinsamen,
und keiner soll da sein, der darin wohne.

[Ps 69,26]

20b Und:

Sein Aufsichtsamt empfange ein anderer.

[Ps 109,8]

21 Es muss nun von den Männern, die uns begleitet haben in der gan-
zen Zeit, in der der Herr Jesus bei uns ein- und ausgegangen ist, 22 ange-
fangen von der Taufe des Johannes bis zu dem Tag, an dem er (in den
Himmel) aufgenommen wurde von uns weg – einer von diesen (muss)
mit uns zum Zeugen seiner Auferstehung werden.
23 Und sie stellten zwei auf: Joseph, genannt Barsabbas, der den Beina-
men Justus hat, und Matthias. 24 Und sie ***BETETEN*** und sagten: Du,
HERR, Herzenskenner aller, zeige, wen von diesen beiden du als den einen
auserwählt hast, 25 den Ort **DIESES DIENSTES** und Apostelamts zu über-
nehmen, von dem Judas abgetreten ist, um an seinen eigenen Ort zu gehen.
26 Und sie gaben ihnen Lose, und das Los fiel auf Matthias. Und er
wurde zu den elf Aposteln hinzugefügt.

ANALYSE

1,1–5: Vorwort

Das Vorwort, dem ein klarer Abschluss fehlt, lasse ich dort enden, wo Lukas gegenüber seinem Evangelium neue Informationen gibt.[4]

Verse 1–2: Dieser Abschnitt bezieht sich ausdrücklich auf das Evangelium, den »ersten Bericht«, dessen Inhalt als Tun und Lehren Jesu bezeichnet wird. Die in V. 2 erwähnte Auswahl der Jünger findet sich Lk 6,13–16. Auf diese Stelle verweist Lukas und bereitet damit auf die Apg 1,13 folgende Liste der Jünger vor. Dass Jesus ihnen vor der Himmelfahrt Aufträge gegeben hat, zeigt das Folgende. Jedoch passt die Erläuterung, dies sei »durch heiligen Geist« erfolgt, nicht recht. Martin Dibelius streicht daher den Ausdruck »durch heiligen Geist« als spätere Hinzufügung.[5]

Vers 3: Lukas erzählt, dass Jesus sich vierzig Tage lang auf der Erde den Jüngern durch Beweise lebendig erwies und über die »Königsherrschaft Gottes« sprach. Auf der Angabe »vierzig Tage« liegt Gewicht, denn sie verlängert im Vergleich zu Lk 24,51 das Zusammensein Jesu mit den Seinen.

[4] Vgl. ebenso RICHARD I. PERVO: Acts, Minneapolis 2009, S. 32.

[5] MARTIN DIBELIUS: Aufsätze zur Apostelgeschichte, Göttingen ^{5}1968, S. 81–82.

All dies hat einen großen Abstand zu dem, was Paulus über die Anfangszeit der Kirche ausführt. Er berichtet im Anschluss an Traditionen, dass bestimmte Personen den himmlischen Christus »gesehen« haben.[6] Dies schließt einen persönlichen Umgang und körperlichen Kontakt, wie ihn Lukas schildert, aus.

Verse 4–5: V. 4a nimmt allgemein auf Lk 24,36–49 Bezug, V. 4b mit dem Befehl, sich nicht von Jerusalem zu entfernen, sondern auf die Verheißung des Vaters zu warten, knüpft an Lk 24,49b an: Dort hatte Jesus den Jüngern befohlen, in der Stadt zu bleiben, bis sie »mit Kraft aus der Höhe«, nämlich mit heiligem Geist, ausgerüstet würden. V. 4c bezieht sich auf Jesu Ansage in Lk 24,49a, »die Verheißung meines Vaters auf euch zu schicken«. In V. 5 erinnert Jesus an ein zentrales Ereignis aus der Vergangenheit – »Johannes taufte mit Wasser« – und prophezeit, dass die Voraussage des Täufers, die »Taufe« mit heiligem Geist[7], von der Apg 2,2–13 berichten wird, bald eintritt. »Petrus« blickt dann in Apg 11,16 auf das Wort Jesu aus Apg 1,5 zurück.

Geschichtlicher Wert

Der Inhalt des in Apg 1,1–5 Erzählten bewegt sich innerhalb der lukanischen Vorstellung von Auferstehung und Kirchengründung. Er unterscheidet sich sehr von dem, was nach dem Tod Jesu tatsächlich geschah.[8] Der geschichtliche Wert des Berichts ist gleich Null.

1,6–8: Dialog zwischen Jesus und den Jüngern vor der Himmelfahrt

Verse 6–7: Das Stück korrigiert eine Naherwartung. »Jesus« verwirft die Frage nach dem unmittelbaren Kommen des endzeitlichen Reiches[9], in dem Gott in Israel allein herrschen würde.[10] In V. 7

[6] 1Kor 15,5–8. Siehe dazu weiter unten, S. 100–103.
[7] Lk 3,16.
[8] Vgl. oben zu V. 3.
[9] Vgl. Lk 19,11.
[10] Vgl. Lk 1,32–33; 24,21.

legt Lukas Jesusworte aus Mk 13,32–33, die er in seinem Evangelium ausgelassen hat, dem »Auferstandenen« in den Mund. Die Jünger sollen sich überhaupt nicht nach dem Zeitpunkt des künftigen Heilshandelns Gottes erkundigen.

Vers 8: Jesus weiter: An die Stelle der Königsherrschaft Gottes tritt der Geist, dessen Kommen er in V. 5 vorausgesagt hatte. Unter Anknüpfung an Lk 24,47–48 wirft Jesus einen Blick auf das zukünftige Wirken der Apostel als seiner Zeugen. Diese Tätigkeit sei das Werk des Geistes. Die Predigt der Apostel findet später in der Arbeit der Hellenisten, illustriert an der Verkündigung des Philippus[11], und in der Mission des Paulus seine Fortsetzung.[12] Die Aussage über das Zeuge-Sein der Apostel sowohl in Jerusalem[13] als auch in ganz Judäa[14] und Samaria[15] und bis ans Ende der Welt[16] enthält das Programm, die Disposition und den geographischen Aufriss der Apostelgeschichte.

Geschichtlicher Wert

Jesus trägt lukanische Theologie vor. Dieser Dialog zwischen Jesus und den Jüngern hat nicht stattgefunden.

1,9–11: Jesu Himmelfahrt

Lukas hat den Abschnitt gestaltet. Darauf weist die vierfache Wiederholung von »in den Himmel« hin. Der Ausblick auf das zukünf-

[11] Apg 8,4–40.
[12] Vgl. Apg 22,15; 26,16–18.
[13] Apg 2–5.
[14] Judäa bezeichnet den Großraum Jerusalem.
[15] Apg 8,4–25.
[16] Der Ausdruck »bis ans Ende der Welt« bezeichnet Rom (vgl. Apg 28,11–31). Die Psalmen Salomos, eine Sammlung von 18 Liedern aus dem ersten vorchristlichen Jahrhundert, schildern das Kommen des römischen Feldherrn Pompeius von Rom, dem Ende der Erde, nach Jerusalem: Gott »führte den vom Ende der Erde (heran), der gewaltig schlägt; er beschloss den Krieg gegen Jerusalem und ihr Land« (PsSal 8,15).

tige Kommen Jesu in V. 11 verknüpft die Geschichte mit V. 6–7. Die in V. 6 ausgesprochene und V. 7 abgewiesene Naherwartung wird zu einer Fernerwartung.

Der Text erzählt die wunderbare Entrückung Jesu. Dazugehörige Motive sind »eine Wolke« und »zwei Männer in weißen Gewändern«[17] als Interpreten des Vorgangs. Ein noch intensiver von Lukas bearbeiteter Bericht von der Himmelfahrt Jesu findet sich Lk 24,50–53.

Geschichtlicher Wert

Die Geschichte von der Himmelfahrt entspringt lukanischer Theologie. Sie hat keinen historischen Wert.

1,12–14: Die älteste Gemeinde

Vers 12: Der Vers verbindet die Erzählung mit dem Folgenden. Lukas nennt den Ort der Himmelfahrt, den Ölberg, und die Distanz zwischen ihm und Jerusalem, nämlich einen Sabbatweg; das sind nach damaliger Sicht 880 m. Dies fügt mehrere Aufenthaltsorte der Jünger aneinander, wobei Lukas vor allem das Jerusalem-Motiv wichtig ist: Die Jünger sind Zeugen der Himmelfahrt Jesu an einem Ort nahe bei Jerusalem und kehren darauf nach Jerusalem zurück. In Lk 24,50–53 erfolgt die Himmelfahrt nicht vom Ölberg, sondern von Bethanien aus. Doch liegt kein Widerspruch vor. Lukas weiß aus Mk 11,1[18], dass der Ölberg und Bethanien geographisch beieinander liegen bzw. als Ortsangaben identisch sind.

Vers 13: Lukas schreibt den Apostelkatalog aus seinem Evangelium[19] ab, die Reihenfolge variiert. Der wichtigste Unterschied besteht darin, dass sich Johannes in der Liste des Evangeliums an vierter Stelle befindet, in der Apostelgeschichte aber an zweiter. Die Änderung dürfte darauf zurückgehen, dass Petrus – der an der

[17] Vgl. Lk 24,4.
[18] Vgl. Lk 19,29.
[19] Lk 6,14–16.

Spitze aller Apostelverzeichnisse steht – und Johannes in Apg 3–5 zusammen auftreten.

Der Ausdruck »oberes Stockwerk« ist nicht traditionell, sondern redaktionell. Lukas bezeichnet damit an dieser Stelle und anderswo das Obergeschoss eines Hauses.[20] Seine Erläuterung, die Gemeinde habe sich hier gewöhnlich aufgehalten, trägt nichts für die Frage aus, ob an dieser Stelle eine »Lokaltradition«[21] sichtbar wird.

Vers 14: Der Vers ergänzt das Vorhergehende dahin, dass die elf Apostel nach der Himmelfahrt Jesu nicht allein, sondern zusammen mit Frauen, mit Maria und mit den Brüdern Jesu im Obergeschoß versammelt waren. Bei den Frauen handelt es sich nicht etwa um die Ehefrauen der Apostel, sondern um Anhängerinnen Jesu, die bereits aus dem Evangelium bekannt sind.[22] Zur Wendung »im Gebet verharren« vgl. Röm 12,12; Kol 4,2.

Die Erwähnung Marias, der Mutter Jesu, an dieser Stelle überrascht. Maria hatte im Lukasevangelium seit Jesu Taufe eine eher untergeordnete Rolle gespielt.[23] Dass sie hier besonders genannt wird, erklärt sich aus dem Bestreben des Lukas, ein erbauliches Bild der Urgemeinde zu zeichnen.[24] Passend dazu mussten Jesu Mutter und seine Brüder der Urgemeinde seit Beginn angehört haben. Josephs Fehlen fällt nicht ins Gewicht, denn er war gar nicht der Vater Jesu.[25]

Wahrscheinlich sind Maria und ihre Söhne bald nach den »Erscheinungen« Jesu in Jerusalem von Galiläa nach Jerusalem gezogen. Zum Berühmtesten von ihnen wurde Jakobus, den Paulus ca. 35 n.Chr. in Jerusalem traf, als er Kephas besuchte.[26]

[20] Vgl. Apg 9,37. 39; 20,8.
[21] So freilich HANS CONZELMANN: Die Apostelgeschichte, Tübingen ^{2}1972, S. 27.
[22] Vgl. Lk 8,2–3; 23,49. 55; 24,1. 9–10. 22–23.
[23] Vgl. Lk 8,19–21; 11,27–28.
[24] Tendenzen zur Erbaulichkeit durch Idealisierung finden sich auch Apg 2,42–47; 4,32–37.
[25] Vgl. Lk 3,23.
[26] Gal 1,18–19.

Geschichtlicher Wert

Die in diesem Abschnitt geschilderten Begebenheiten fanden nicht statt. Sie entspringen lukanischer Theologie.

1,15–26: Petrusrede. Judas wird durch Matthias ersetzt

Vers 15: Der Vers verbindet die nachfolgende Episode mit der vorhergehenden. Die innere Verknüpfung ergibt sich daraus, dass Lukas soeben von dem einträchtigen Gebet der elf Apostel mit anderen Gemeindegliedern berichtet hatte. Die Angabe »etwa 120 Personen« steigert ihre Zahl gegenüber der in V. 13–14.

Verse 16–17: Der Gedanke der Notwendigkeit eines Geschehens ist allgemein urchristlich und erklärt apologetisch das Leiden Jesu als schriftgemäß, d.h. als den (heiligen) Schriften – dem heutigen Alten Testament – entsprechend.[27] Ähnlich fällt in V. 16 die Tat des Judas unter das göttliche Muss[28], wobei der heilige Geist durch David darüber eine Voraussage gemacht haben soll. V. 20a nimmt diese Prophezeiung auf. Die Sätze über Judas' Beteiligung an der Festnahme Jesu beziehen sich auf Lk 22,3–6 und Lk 22,47–48 zurück. Unter Verarbeitung der Markusvorlage[29] berichtet Lukas davon, dass Jesus durch Judas an die Hohenpriester und Ältesten ausgeliefert wurde.[30]

Verse 18–20: Das Stück ist weitgehend traditionell. V. 20b bringt ein Psalmenzitat, in dem von der Neubesetzung eines Amtes die Rede ist. Damit leitet der Vers zur Nachwahl des Matthias über.

Im lukanischen Doppelwerk dient die Judasgestalt zur Ermahnung der Christen. Der Satan hatte nach der Versuchung Jesu[31] »bis zu einem (bestimmten) Zeitpunkt«[32] von Jesus abgelassen. Dieser

[27] Vgl. CONZELMANN, Mitte, S. 142–143.

[28] Vgl. Mk 14,21. 49.

[29] Lk 22,4 verarbeitet Mk 14,10; Lk 22,47 verarbeitet Mk 14,43–45.

[30] Der Judaskuss kommt freilich anders als bei Markus nicht zur Ausführung. Vgl. CONZELMANN, Mitte, S. 76.

[31] Lk 4,1–13.

[32] Lk 4,13.

»Zeitpunkt« war gekommen, als er in Judas »hineinfuhr«[33] und ihn als Instrument gegen Jesus gebrauchte. Indem Lukas am Geschick des Judas zeigt, wie es Werkzeugen des Satans ergeht, schärft er seiner Gemeinde ein, dem Satan keinen Raum zu geben.

Verse 21–22: Die Verse sind wichtig a) für Lukas' Verständnis der Rolle Johannes des Täufers und b) für Lukas' Sicht des Apostelamts:

a) In der Apostelgeschichte erscheint Johannes noch an zwei weiteren Stellen, Apg 10,37 und 13,24–25. Beide setzen das Auftreten Johannes des Täufers und das Jesu voneinander ab, so dass der Eindruck entsteht, es handele sich um zwei verschiedene Epochen. Das (unechte) Jesuswort Lk 16,16[34] verstärkt diese Impression: Es ordnet Johannes einer Zeit zu, die von der nach ihm beginnenden abgegrenzt wird. Conzelmann zufolge brechen *nach* Johannes »nicht die Endereignisse aus, sondern eine neue Stufe im Heilsprozeß wird erreicht, und Johannes selbst fällt noch in die frühere der beiden Epochen, die hier zusammentreffen.«[35]

Diese These lässt sich nicht eindeutig aus den lukanischen Texten ableiten. Denn Apg 1,22 ist ja gerade die Johannestaufe Anfangspunkt des Lebens Jesu, der für die Zeugen wichtig ist, d. h., Johannes gehört hier in die »Jesuszeit« hinein.

b) Als Apostel gilt derjenige, mit dem Jesus von der Johannestaufe[36] bis zur Himmelfahrt (ununterbrochen) ein- und ausgegangen ist[37] und der Zeuge seiner Auferstehung wird. Die Zahl der Apostel ist offenbar auf »zwölf« festgelegt, und Paulus gehört nicht zu den Zwölfen.[38] Die Nachwahl des Matthias füllt noch vor der

[33] Lk 22,3.

[34] »Das Gesetz und die Propheten (reichen) bis Johannes; von da an wird die Königsherrschaft Gottes verkündigt, und jeder drängt gewaltsam in sie hinein.«

[35] CONZELMANN, Mitte, S. 17.

[36] Lk 3,7. 21.

[37] Lukas streicht die Jüngerflucht Mk 14,50; alle Bekannten Jesu sind Lk 23,49 beim Kreuz anwesend.

[38] Siehe aber dagegen Apg 14,4. 14, wo von den »Aposteln« Paulus und Barnabas die Rede ist.

»Geistausgießung«, die in Apg 2,1–4 erzählt wird, die Zwölfzahl der Apostel wieder auf.

Verse 23–26: Das Gebetsmotiv in V. 24 ist redaktionell. Man vgl. vorher Apg 1,14 und später das Gemeindegebet Apg 4,24–30. V. 25 bezieht sich auf V. 17–18 zurück. V. 26: Lukas hat das Konzept, es müsse 12 Apostel geben. Die Rede von den »elf Aposteln« setzt dies voraus.

Geschichtlicher Wert

Petrus hat diese Rede nicht gehalten; ihr Inhalt entspricht lukanischer Theologie. Die Nachwahl des Matthias fand nicht statt, denn sie basiert auf Lukas' Konzept der zwölf Apostel. Überdies gilt, a) dass Judas kein Verräter war und b) dass der Bericht über seinen Tod eine Legende ist – es gab also keinen Platz zu besetzen.

Zu a): Alle vier Evangelien des Neuen Testaments erzählen, Judas Iskarioth habe Jesus an die jüdische Führung ausgeliefert.[39] Oft wird übersehen, dass die älteste Version von der Auslieferung Jesu sich in einem Brief des Paulus findet. Sie ist Teil einer Überlieferung, die Paulus selbst empfangen und bei der Gründung der Gemeinde an die Korinther weitergegeben hat, 1Kor 11,23–25: (23a) »Ich habe vom Herrn empfangen, was ich euch auch überliefert habe: (23b) Der Herr Jesus, in der Nacht, in der er ausgeliefert wurde, nahm Brot (24) und dankte, brach es und sagte: ›Dies ist mein Leib für euch; dies tut zur Erinnerung an mich.‹ (25) Ebenso auch den Becher nach dem Mahl und sagte: ›Dieser Becher ist der neue Bund in meinem Blut, dies tut, sooft ihr trinkt, zur Erinnerung an mich‹.«[40]

Die Theologen, die diese Überlieferung formulierten, dachten nicht an Judas als Auslieferer, sondern daran, was sie im Buch Jesaja

[39] Das griechische Verb *paradidômi* heißt »ausliefern« und nicht »verraten«. Das griechische Wort für »verraten« ist *prodidômi*. An einer einzigen Stelle der Evangelien des Neuen Testaments, nämlich Lk 6,16, wird Judas »Verräter« (*prodotês*) genannt.

[40] 1Kor 11,23–25. Der Text wird unten, S. 124–127, ausführlich behandelt.

über den »Gottesknecht« lasen: »Und der Herr (Gott) lieferte ihn für unsere Sünden aus. ... Er selber nahm die Sünden vieler auf sich und um ihrer Sünden willen wurde er ausgeliefert.«[41] Die Träger der Tradition von 1Kor 11,23–25 identifizierten demnach »Gottesknecht« und Jesus und bearbeiteten das Herrenmahlsritual entsprechend. »Ausliefern« steht nun in einer engen Verbindung zur Sühneaussage des Brotwortes in V. 24 und drückt – so die ältesten Christen – eine durch den »Gottesknecht« Jesus bewirkte Sühne »für unsere Sünden« aus. Die theologische Spitzenthese lautet: Gott hat Jesus »ausgeliefert«, oder Jesus hat sich selbst »ausgeliefert«. Beide Aussagen finden sich auch sonst bei Paulus[42] und ergeben inhaltlich keinen Unterschied. Mit dem Tun eines verräterischen Schurken hat die Auslieferung in diesem Stadium der Überlieferungsgeschichte nichts zu tun.

Teil der Tradition von der Auslieferung Jesu, die Paulus empfangen hatte, war eine Erwähnung des Judas also nicht. Er gehörte vielmehr zum Kreis der Zwölf, zu den Ersten also, denen »Jesus« nach der Kreuzigung erschienen war.[43] Spätere Zeugen korrigieren und lassen diese Ersterscheinung harmonisierend nur vor elf Aposteln geschehen sein.[44]

Gehören Judas und seine Tat nicht zur ältesten Tradition der Passion Jesu, bleibt zu klären, wie denn überhaupt ein Mitglied des Zwölferkreises mit einer so schwerwiegenden Tat belastet werden konnte und warum es gerade Judas war.

Eine Generation nach Paulus war die Welt immer noch nicht an ihr Ende gekommen. Darauf aber hatten die Christen von Anfang an gewartet. So musste sich auch ihr Denken verändern: Bisher hatten sie die Passion Jesu rein theologisch gedeutet, jetzt trat eine historische Darstellung immer mehr in den Vordergrund. Jetzt fragten

[41] Jes 53,6. 12 LXX.

[42] Gott hat Jesus ausgeliefert: Röm 4,25; 8,32; Jesus hat sich selbst ausgeliefert: Gal 1,4; 2,20.

[43] 1Kor 15,5. Die Aussage, dass Judas einer der Zwölf war (Mk 14,10. 43), hat Markus in der Tradition wohl schon vorgefunden.

[44] Mt 28,16; Lk 24,9. 33; Mk 16,14; einige alte Handschriften zu 1Kor 15,5.

sie nach dem, der Jesus damals »ausgeliefert« hatte; der musste doch zu identifizieren sein. Die Glaubensformel, dass der »Herr« von Gott zum Heil »ausgeliefert« worden sei, ließ nach dem Ausführer dieser Tat fragen. Man verfiel auf den Jesusjünger Judas aus Karioth im südlichen Juda, denn das jüdische Volk, das die Christen von Beginn an als schuldig an Jesu Tod angesehen[45] und sogar als dessen Mörder angeklagt haben[46], konnte keiner besser symbolisieren als er (Judas / Juda / Juden). Die Auslieferung erhielt zusätzlich eine unheilvolle Seite, denn man legte Jesus auch noch folgendes Wort in den Mund: »Weh aber jenem Menschen, durch den der Menschensohn ausgeliefert wird.«[47] Dieser Spruch brandmarkt Judas und die Juden dauerhaft als verfluchte Menschen.[48]

Zu b): Die Erzählung vom Tod des Judas in der Petrusrede geht auf Überlieferung zurück.

Die Matthäus-Fassung[49] berichtet von der Reue des Judas; er gibt deshalb das Geld zurück und begeht Selbstmord.[50] Demgegenüber schildern Lukas in der Rede des Petrus Apg 1,18–20 und Papias[51] seinen grässlichen Tod (Lukas: Aufplatzen des Leibes, Papias: unermessliches Anschwellen des Leibes, des Kopfes und der Augenlider[52]). Allen drei Fassungen ist die Verbindung des Judas mit einem Grundstück gemeinsam, wobei Matthäus und die Apostelge-

[45] Vgl. 1Thess 2,14–15.

[46] Vgl. Mt 22,7.

[47] Mk 14,21.

[48] Es sei betont, dass nach der obigen Deutung der Begriff »Juden« zu einem sehr frühen Zeitpunkt einen abwertenden Klang gehabt hat. Eine Parallele findet sich in dem vorpaulinischen Text 1Thess 2,14–16 (vgl. GERD LÜDEMANN: Paulus, der Gründer des Christentums, Springe 2002, S. 146–148).

[49] Mt 27,3–10.

[50] Mt 27,5.

[51] Papias, Bischof von Hierapolis, verfasste gegen 110 n.Chr. in griechischer Sprache eine fünfbändige »Erklärung von Herrenworten«. Von diesem Werk haben sich Fragmente erhalten. Vgl. PHILIPP VIELHAUER: Geschichte der urchristlichen Literatur, Berlin 1975, S. 757–765.

[52] Zu den Einzelheiten vgl. GERD LÜDEMANN: Das Judas-Evangelium und das Evangelium nach Maria, Stuttgart 2006, S. 81–85.

schichte das Grundstück »Blutacker« nennen. Papias erzählt, wie Judas auf grausame Art auf seinem eigenen Grundstück stirbt und dass von dort der Gestank seines verfaulenden Leichnams sich überall hin ausbreitet.

Die drei Berichte über den Tod des Judas sind miteinander verwandt. Doch lässt sich keine traditionsgeschichtliche Entwicklung zeichnen. Es ergeben sich nur drei feste Größen: schrecklicher Tod, ein Feld – genannt »Blutacker« – als Ort des Todes, Verweis auf Psalmen.

Für Selbstmord durch Erhängen[53] spricht die Nüchternheit der Notiz, doch stammt ihr Inhalt aus dem Alten Testament.[54] Außerdem weiß die Paralleltradition vom Tod des Judas in der Apostelgeschichte nichts von einem Selbstmord. Ferner muss der Name »Blutacker« ursprünglich nichts mit Judas zu tun haben. Judas hat daher keine der genannten Todesarten erlitten und ist damals wohl gar nicht gestorben. Man brauchte aber einen Bericht über seinen Tod, um von der Bestrafung des (erfundenen) Verräters erzählen zu können.

b) Apg 2,1–47: Das Kommen des heiligen Geistes am Pfingsttag und Petruspredigt

1 *Und* als sich der Pfingsttag erfüllte, waren alle an einem Ort beisammen.
2 *Und* plötzlich kam vom Himmel ein Geräusch, wie (das) eines daherfahrenden starken Windes, *und* durchdrang das ganze Haus, wo sie saßen.
3 *Und* es erschienen ihnen **ZUNGEN**, die sich zerteilten, wie von Feuer, *und* es setzte sich auf jeden einzelnen von ihnen.
4 *Und* sie wurden alle mit ***heiligem Geist*** erfüllt, *und* sie fingen an, in anderen **ZUNGEN** zu reden, wie der ***Geist*** ihnen zu sprechen gab.
5 Es wohnten *ABER* in Jerusalem **JUDEN**, fromme Männer aus jedem
Volk unter dem Himmel. 6 Als *ABER* dieses Tosen geschah, kam die Menge
zusammen und wurde verwirrt, denn jeder einzelne hörte sie in seiner

53 Mt 27,5.
54 2Sam 17,23.

eigenen *Sprache* reden. 7 Sie ***ENTSETZTEN SICH*** *ABER* und wunderten sich
und sagten: Siehe, sind nicht diese alle, die da reden, Galiläer? 8 Und wieso
HÖREN WIR SIE, ein jeder in unserer eigenen *Sprache*, in der wir gebo-
ren sind?

9 Parther
und Meder
und Elamiter
und die Bewohner
von Mesopotamien
und Judäa
und Kappadozien,
Pontus
und Asien
10 Phrygien
und Pamphylien,
Ägypten
und den Gebieten Libyens, das gegen Kyrene hin (liegt),
und die sich hier aufhaltenden Römer,
11 **JUDEN** und Proselyten,
Kreter und Araber –

WIR HÖREN SIE in unseren **ZUNGEN** von den großen Taten GOTTES
reden.

12 ***SIE ENTSETZTEN SICH*** *ABER* alle und waren unsicher und sagten einer
zum anderen: Was soll das bedeuten?

13 Andere *ABER* spotteten und sagten: Sie sind voll von Most.

14 Petrus aber stand auf mit den Elf, erhob seine Stimme und redete zu
ihnen:

Männer, ihr **JUDEN** und alle Einwohner Jerusalems, dies sei euch
bekannt, und nehmt meine Worte zu Gehör! 15 Denn diese sind nicht,
wie ihr annehmt, betrunken; denn es ist die dritte Stunde des Tages.
16 Sondern das ist, was durch den Propheten Joel gesagt ist:

17a Und es wird sein in den letzten Tagen, sagt GOTT,
17b da werde ich *von meinem Geist ausgießen* auf alles Fleisch,
17c und eure Söhne und eure Töchter werden ***prophezeien***,
17d und eure jungen Männer werden Visionen sehen,

17e und eure Ältesten werden Träume träumen;
18 und sogar auf meine Sklaven und auf meine Sklavinnen werde ich in jenen Tagen
von meinem Geist ausgießen, und sie werden ***prophezeien***.
19 Und ich werde ***WUNDER*** geben oben am Himmel
und **ZEICHEN** unten auf der Erde,
Blut und Feuer und rauchigen Dunst;
20 die Sonne wird sich in Finsternis verwandeln
und der Mond in Blut,
ehe der große und herrliche Tag des *HERRN* kommt.
21 Und es wird geschehen:
jeder, der den **NAMEN** des *HERRN* anruft, wird **gerettet** werden. [vgl. Jo 3,1–5a LXX]

22a Israelitische Männer, hört diese Worte: Jesus, den Nazoräer, einen
Mann, 22b der von GOTT bei euch beglaubigt worden ist durch Machtta-
ten und ***WUNDER*** und **ZEICHEN**, die GOTT durch ihn mitten unter euch tat,
wie ihr selbst wisst, 23a diesen – preisgegeben nach dem bestimmten Rat-
schluss und Vorauswissen GOTTES – 23b habt ihr durch die Hand Gesetz-
loser (ans Kreuz) geheftet und umgebracht; 24 den **LIESS** GOTT **AUFERSTE-**
HEN, nachdem er die Wehen des Todes aufgelöst hatte, wie es denn nicht
möglich war, dass er von ihm festgehalten wurde. 25 Denn **David** sagt über
ihn:

Ich sah den *HERRN* stets vor mir;
denn er ist zu meiner Rechten, damit ich nicht wanke.
26 Darum freute sich mein Herz,
und meine Zunge jubelte;
es wird auch noch mein Fleisch hoffnungsvoll wohnen;
27 denn du wirst meine Seele nicht im HADES lassen,
noch geben, dass dein Frommer *VERWESUNG* sieht.
28 Du hast mir Wege des Lebens bekannt gemacht;
du wirst mich mit Freude erfüllen vor deinem Angesicht.
[Ps 15,8–11 LXX]

29 Männer, Brüder, ich darf mit Freimut zu euch über den Stammvater
David reden, dass er starb und begraben wurde, und sein Grab ist bis
auf diesen Tag bei uns. 30 Da er nun ein ***Prophet*** war und wusste, dass

Gott ihm mit einem Eid geschworen hatte, (einen) von seinen leib-
lichen Nachkommen auf seinen Thron zu setzen, 31 hat er voraussehend
von der **Auferstehung** des Christus geredet, dass er weder im HADES
gelassen wurde, noch sein Fleisch *Verwesung* sah. 32 Diesen Jesus **liess**
Gott **auferstehen**, wofür wir alle Zeugen sind. 33 Nachdem er nun
zur *Rechten* Gottes erhöht worden ist und die Verheißung des ***heili-
gen Geistes*** vom Vater empfangen hat, goss er dies aus, was ihr seht und
hört. 34 Denn nicht **David** stieg in die Himmel hinauf; er sagt aber
selbst:

> Der *HERR* sagte meinem *HERRN*:
> Setz dich zu meiner *Rechten,*
> 35 bis ich deine Feinde zum Schemel deiner Füße mache.

[Ps 109,1 LXX]

36a Mit Gewissheit nun soll das ganze Haus Israel erkennen, 36b dass
Gott ihn sowohl zum *HERRN* als auch zum Christus gemacht hat, 36c die-
sen Jesus, den ihr gekreuzigt habt.

37 Als sie es aber hörten, ging ihnen ein Stich durchs Herz, und sie sag-
ten zu Petrus und den übrigen Aposteln: Was sollen wir tun, Männer, Brü-
der?

38 Petrus aber (sagte) zu ihnen: Kehrt um, und jeder von euch soll sich
taufen lassen auf den **NAMEN** Jesu Christi zur Vergebung eurer Sünden,
und ihr werdet das Geschenk des ***heiligen Geistes*** empfangen. 39a Denn
euch gilt die Verheißung und euren Kindern 39b und allen in der Ferne, so
viele der *HERR*, unser Gott, herbeirufen wird.

40 Und mit anderen Worten mehr beschwor und ermahnte er sie und
sagte: Lasst euch **retten,** weg von dieser verkehrten Generation!

41 Die nun, die sein Wort annahmen, wurden ***getauft***; und an jenem
Tag wurden etwa dreitausend Seelen hinzugetan.

42 Sie *verharrten* aber bei der Lehre der Apostel und der Gemeinschaft,
dem *Brotbrechen* und den ***GEBETEN***.

43 Es war aber Furcht in jeder Seele, und viele ***Wunder*** und **Zeichen**
geschahen durch die Apostel.

44 Alle Glaubenden aber waren an einem Ort beisammen und hatten
alles gemeinsam. 45 Und sie verkauften die Güter und den Besitz und ver-
teilten sie an alle, je nachdem einer Bedarf hatte.

46 Und täglich *verharrten* sie einmütig im Heiligtum und *BRACHEN* in ihren Häusern *BROT*, nahmen Speise zu sich mit Jubel und einfältigem Herzen, 47 LOBTEN GOTT und fanden Anerkennung beim ganzen Volk.

Der *HERR* aber tat täglich die, die **gerettet** wurden, hinzu.

ANALYSE

2,1–13: Geistausgießung und Sprachenwunder

Das jüdische Pfingstfest wurde am fünfzigsten Tag nach dem Passahfest zur Erinnerung an die Gesetzgebung am Sinai gefeiert. In Apg 20,16 dient es Lukas als Motiv für die Eile des Paulus, der bis zum Pfingsttag in Jerusalem sein will. Auch in Apg 2,1 dürfte Lukas das Datum des Pfingsttages eingefügt haben, denn die damit gegebene Zeitangabe schließt sich an die in Apg 1,3 genannten vierzig Tage an.

Zwei weitere Beobachtungen zu Lukas' Bearbeitung des vorliegenden Abschnitts:

a) V. 2 und V. 3 sind fast völlig parallel aufgebaut:

2 Und plötzlich kam vom Himmel ein Geräusch,
wie (das) eines daherfahrenden starken Windes,
und durchdrang das ganze Haus, wo sie saßen.
3 Und es erschienen ihnen Zungen, die sich zerteilten
wie von Feuer
und es setzte sich auf jeden einzelnen von ihnen.

b) Lukas hat die Ausdrucksweise von Apg 2,2–3 den Schilderungen der Gotteserscheinung auf dem Berg Sinai angeglichen[55] und ahmt ebenfalls in V. 3–4 alttestamentliche Sprache nach.[56] Der Text läuft auf den Satz in V. 4 hinaus: »Und sie fingen an, in anderen Zungen zu reden, wie der Geist ihnen zu sprechen gab.« Die Wendung »andere Zungen« bedeutet im Kontext, dass die Anwesenden die vom Geist erfüllten Jünger verstehen können; vgl. V. 11: »Wir hören sie in

[55] Vgl. Ex 19,16–19.
[56] Vgl. Num 11,25.

unseren Zungen von den großen Taten Gottes reden.« V. 4 drückt also ein Sprachenwunder aus, das die folgenden Verse ausmalen.

Der Abschnitt Apg 2,5–13 ist mit der vorigen Einheit verknüpft. Apg 2,6 bezieht sich auf V. 2 zurück, wobei das Wort »Tosen« das inhaltlich ähnliche Wort »Geräusch« aufnimmt. Die Verse 6 und 8 und 11 nehmen auf V. 4 Bezug und deuten an, dass es sich um ein Sprachenwunder handelt. Zweimaliges »wir hören« in V. 8 und V. 11 umrahmt innerhalb der Einheit V. 5–13 die Aufzählung der verschiedenen Völker. Die in V. 12–13 unterschiedlich gezeichnete Reaktion der Zuhörer entspricht lukanischem Erzählstil.[57]

Mit dem Bericht vom Geistempfang der Jünger erfüllt sich die Verheißung Jesu aus Lk 24,49 und Apg 1,8a. Die anschließende Rede des Petrus setzt in V. 17–18 bei dem in der Schrift prophezeiten Empfang des Geistes ein. Dies geschieht – wie sich aus dem Fortgang der Erzählung ergibt – durch die Taufe und ist quasi Ersatz für die zurückliegende »Realpräsenz« Jesu, der sich jetzt im Himmel befindet.[58]

Die Theologie des Lukas zeigt sich außerdem darin, dass er das Pfingstgeschehen als Sprachenwunder beschreibt. Wenn bereits am Stiftungstag der christlichen Religion der heilige Geist die Mitglieder der neuen Bewegung mit den Sprachen aller anderen Völker ausrüstet, kommt zum Ausdruck: Der christliche Glaube ist für alle Menschen bestimmt. Indes setzt Lukas die universale Evangeliumspredigt an dieser Stelle noch nicht mit der Heidenmission gleich, denn der Text redet von den Zuhörern als von Diaspora*juden*. Diese repräsentieren die Völker aus aller Welt.

Die Einzeluntersuchung hat die inhaltliche Geschlossenheit des Textes erwiesen. Trotzdem enthält er literarische Brüche. Sie legen es nahe, nach Traditionen zu fragen.

a) Das Apg 2,1–4 geschilderte Geschehen spielt sich V. 2 zufolge in einem Haus ab, das nachfolgende, wie Apg 2,5–13 zeigt, offenbar im Freien.

b) Apg 2,9–11 enthält eine Völkerliste. Sie »soll zeigen, wie viele Sprachen eigentlich gebraucht wurden. Die Liste geht geographisch

[57] Vgl. Apg 17,32–33; 28,24.

[58] Zum »Geist« im lukanischen Doppelwerk vgl. weiter unten, S. 36.

Ost-Nordwest-Südwest vor und nennt Gegenden, wo Juden wohnten.«[59] Lukas nennt viele Länder und ihre Bewohner, um die Aussage von V. 5 zu belegen, dass Jerusalem Heimat von Juden aus allen Völkern war.

Dass Apg 2,5–13 eine andere Herkunft als Apg 2,1–4 hat, zeigt das Folgende: V. 4 spricht davon, dass die Jünger in »anderen Zungen« redeten. Sieht man »anderen« als redaktionell an, so wird aus einem Sprachenwunder ein Reden in Zungen, unverständliches ekstatisches Reden, nämlich Glossolalie, wie wir sie aus den Paulusbriefen kennen.[60] Wäre es so, berichtete die Apg 2,1–4 (und Apg 2,13?) erhaltene Tradition von einem ekstatischen Erlebnis in einem Haus im kleinen Jüngerkreis, und erst Lukas hätte diese Tradition im Sinne eines Sprachenwunders interpretiert.

Geschichtlicher Wert

Die Komposition der Gesamtszene geht auf Lukas zurück; sie hat keinen Anspruch auf Historizität. Das Pfingstgeschehen »ist so, wie es erzählt wird, gar nicht vorstellbar. … Einmal befinden sich die Gläubigen in einem Haus, einmal in der Öffentlichkeit. Einerseits hat man den Eindruck einer Massenekstase, vor der die Zuschauer hilflos nach einer Erklärung tasten. Andererseits verstehen sie in wunderbarer Weise, jeder in seiner Sprache, was die Geisterfüllten reden.«[61] Lukas beschreibt die Gründung der Kirche als Folge eines übernatürlichen Wirkens. Denn so hat es der »Auferstandene« im Evangelium verheißen: »Ihr sollt in der Stadt bleiben, bis ihr ausgerüstet seid mit Kraft aus der Höhe.«[62]

Eine Frage verlangt noch nach einer Antwort: Fand am Pfingstfest im Jahr der Kreuzigung Jesu in Jerusalem eine »Geistesausgießung« statt, die sich durch Glossolalie auszeichnete? Auf keinen Fall! Denn das Datum »Pfingsten« stammt von Lukas und Zungen-

[59] Jacob Jervell: Die Apostelgeschichte, Göttingen 1998, S. 135. Zur Liste vgl. noch Alfred Suhl: Die Briefe des Paulus, Stuttgart 2007, S. 28.

[60] Vgl. 1Kor 14,19. 23

[61] Hans Conzelmann: Geschichte des Urchristentums, Göttingen [6]1989, S. 24.

[62] Lk 24,49.

reden wäre in Jerusalem nicht als Geistausgießung, sondern eher als Trunkenheit[63] gewertet worden.[64]

Paulus bezeugt das Phänomen glossolalischer Rede und versteht es als Wirkung des Geistes. Er behauptet in 1Kor 14,18 von sich, mehr in Zungen zu reden als alle Korinther. Seine Aufforderung in 1Thess 5,19: »Den Geist löscht nicht aus!« ermuntert die Neubekehrten in Thessalonich offenbar zu glossolalischer Rede. Lukas beschreibt dreimal Glossolalie: a) in der Pfingsterzählung, wo er sie als Reden in fremden Sprachen interpretiert, b) in der Korneliusgeschichte, wo er sie in Apg 10,46 als Preisen Gottes versteht, c) in der Schilderung der Johannesjünger in Ephesus, wo er sie in Apg 19,6 als Prophezeien deutet. Lukas wählt also Sprachformen, die zur Glossolalie in Spannung stehen. Als Phänomen ist diese ihm fremd.[65] Er kennt aber aus den hellenistischen Gemeinden im Umkreis des Paulus den Konnex zwischen Glossolalie und Geistbegabung und verwendet ihn bei der Komposition der Pfingsterzählung.

2,14–36: Petrusrede

In den Ausführungen der Petrusrede fällt auf, dass die drei alttestamentlichen Zitate jeweils durch eine Zitatformel und durch eine erneute Anrede eingerahmt werden[66]: V. 16 / 22; V. 25 / 29; V. 34 / 36. Das erste Zitat der Rede, V. 17–21, erläutert in V. 17–18 das Pfingstwunder und bereitet in seinem zweiten Teil, V. 19–21, den christologischen Abschnitt, V. 22–23, vor.

Verse 14–15: Einleitend weist Petrus die Annahme (V. 13) zurück, die vom Geist Ergriffenen seien betrunken: Es ist erst die dritte Stunde, d.h. 9 Uhr morgens.

[63] Vgl. Apg 2,13.

[64] Vgl. Friedrich Wilhelm Horn: Das Angeld des Geistes, Göttingen, 1992, S. 20–21. 380.

[65] Vgl. Horn, Angeld, S. 203–204.

[66] Allerdings ist die Anrede in V. 36 indirekt.

Verse 16–21: Das Joelzitat (3,1–5a) entspricht weitgehend der Fassung der LXX. Drei wichtige Abweichungen sind:

a) V. 17 liest »in den letzten Tagen« statt »nach diesen Dingen«. Damit interpretiert Lukas die Ausgießung des Geistes nur scheinbar als Anbruch der Endzeit, denn der Geist ist vorläufiger »*Ersatz* für den Besitz des endgültigen Heils; er ermöglicht die Existenz der Gläubigen in der fortdauernden Welt, in der Verfolgung; er schenkt die Kraft zur Mission und zum Durchhalten.«[67]

b) V. 18 fügt dem Joelzitat hinzu »und sie werden prophezeien«. An dieser Aussage liegt Lukas viel; sie findet sich auch im Joeltext selbst (zitiert in V. 17c). Damit deutet er das Pfingstgeschehen als Befähigung zur Prophetie.[68]

c) Lukas lässt den auf das Zitat folgenden Halbvers Joel 3,5b (LXX) aus: »... denn auf dem Berge Zion und in Jerusalem wird er gerettet werden, wie der Herr spricht, und es werden die frohe Botschaft hören, die der Herr berufen hat.« Damit stellt Lukas klar, dass alle Menschen das Heil empfangen können.

V. 17–18: Die Kirche ist Lukas zufolge durch den Geist bestimmt. Ihn beschreibt das Zitat aus Joel als Fähigkeit zur Prophetie. Im Kontext der Apostelgeschichte bewirkt der Geist »sofort die wunderbare Kraft der Bekehrungspredigt. ... Der Geist schafft in der Gemeinde die ideale Liebesgemeinschaft, die sich im Gottesdienst, in der Einheit der Lehre und in der Gemeinschaft des Besitzes darstellt. ... Er wacht über die Reinheit der Kirche: Unheiliges wird ausgemerzt.«[69]

V. 19–21: Nach einem Ausblick in die Zukunft erreicht V. 21, der wieder die Gegenwart einschließt, die Pointe des Zitats: »Jeder, der den Namen des Herrn (nämlich Jesus) anruft, wird gerettet werden.« Das Heilsangebot ist also universal. Der Zukunftsteil des Joel-Zitats leitet auf den Abschnitt Apg 2,22b–24 über, der Christus und der Verkündigung gewidmet ist. Die Ausdrücke »Zeichen« – das

[67] CONZELMANN, Mitte, S. 87.
[68] Vgl. Apg 19,6.
[69] CONZELMANN, Geschichte, S. 22.

Wort fehlt im LXX-Text – und »Wunder« werden in V. 22b aufgenommen.

Vers 22a: Der Versteil ist nach V. 14 die zweite Anrede.

Vers 22b: Die Nennung der Machttaten, Wunder und Zeichen bezieht sich auf das Lukasevangelium zurück. Dort gelten die Wunder des Propheten Jesus als Beweis für seine Christuswürde.[70] Jesu Taten sind das Zeichen für die Heilszeit und demonstrieren die Erfüllung der Schrift.[71]

Vers 23: Die Passion Jesu erfolgt, lukanischer Theologie gemäß, nach Gottes Plan.

Vers 24: Gott hat die Macht des Todes über Jesus beseitigt. Auf diese Weise kommt Gottes Heilsplan, den die sich anschließenden Verse näher beschreiben, zur Erfüllung.

Verse 25–31: Das Zitat in V. 25–28 entspricht genau der Psalmfassung der LXX. V. 31 nimmt V. 27 auf. Der Sinn: David – der als Verfasser der Psalmen galt und ja gestorben und verwest war – redete nicht von sich, sondern vom zukünftigen Messias Jesus. Wenn Gott David zugesichert hatte, weder werde dessen Seele im Hades bleiben noch sein Fleisch verwesen, hat Gott das nicht eigentlich David versprochen, sondern dem kommenden Messias, nämlich Jesus, einem Nachkommen Davids.[72] Damit ist der »Schriftbeweis« für V. 24 erbracht.

Verse 32–33: Daher erweckte Gott ihn von den Toten, wofür die Apostel Zeugen sind, und erhöhte ihn zu seiner Rechten. Von hier aus hat Jesus vom Vater – Gott – die Verheißung des heiligen Geistes empfangen und diesen ausgegossen, wie die Zuhörer des Petrus selbst sehen und hören können. Damit lenkt Lukas zurück zu Apg 1,4–5. Dort hat Jesus den Jüngern befohlen, auf die Erfüllung der Verheißung des Vaters zu warten; das werde die Ausgießung des heiligen Geistes sein. Das Pfingstgeschehen *ist* nun diese Erfüllung.

[70] Vgl. Lk 7,16–17.

[71] Vgl. CONZELMANN, Mitte, S. 178–179.

[72] Apg 13,35–37 macht Lukas unter Wiederaufnahme des Zitats den Unterschied zwischen David und Jesus deutlich.

Verse 34–35: Die Verse nehmen im gleichen Schema wie bereits V. 25–31 den »Schriftbeweis« auf. Das Schema lautet: Bei David ist die Voraussage nicht erfüllt worden, also ist ein anderer gemeint, die Schrift meint in Wahrheit »Christus«, denn bei ihm erfüllt sich die Voraussage.

Vers 36: Der auf die Hörer bezogene Vers schließt die Rede scheinbar ab, um die Zwischenfrage in V. 37 zu ermöglichen.

Drei Traditionselemente waren Lukas vorgegeben:

Erstens: Die Verwendung von Joel 3,5 (vgl. Apg 2,21). Denn Paulus verwendet dieselbe Stelle in Röm 10,13 und kann die Christen allgemein solche nennen, »die den Namen unseres Herrn Jesus Christus anrufen« (1Kor 1,2). Wie die selbstverständliche Benutzung jenes Ausdrucks für Christen an der zuletzt genannten Stelle zeigt, setzt Paulus Jo 3,5 in 1Kor 1,2 voraus.

Zweitens: Der Gebrauch von Ps 110 (vgl. Apg 2,34–35), um die Würdestellung Jesu zu begründen.[73]

Drittens: V. 36 enthält ebenso wie Röm 1,3–4[74] eine »Adoptionschristologie«; Jesus ist erst seit der Auferstehung Herr und Christus, nicht während seiner Erdenzeit wie sonst bei Lukas.[75]

Geschichtlicher Wert

Der Text Apg 2,14–36 hat keinen historischen Wert. Lukas hat »Rahmen und Inhalt der ersten Rede des Petrus in Jerusalem mehr oder weniger frei gestaltet.«[76]

Die ersten beiden traditionellen Redenelemente sind, wie die LXX-Benutzung zeigt, in einem griechischsprachigen Christentum zu Hause. Da Paulus sie voraussetzt, entstammen sie wohl der grie-

[73] Vgl. besonders 1Kor 15,25 und Mk 12,36.

[74] Vgl. zu diesem Text unten, S. 148.

[75] Siehe Lk 2,11. 26; 7,13; 9,20; 24,26. 46; Apg 10,36.

[76] Wolfgang Reinbold: Propaganda und Mission im ältesten Christentum, Göttingen 2000, S. 45.

chischsprachigen Gemeinde von Damaskus. Das dritte Traditionselement gehört in die Jerusalemer Urgemeinde.[77]

2,37–41: Reaktion auf die Pfingstpredigt des Petrus

Vers 37: Der Vers benutzt eine Unterbrechung der Petrusrede als literarisches Kunstmittel. Die Frage: »Was sollen wir tun?« steht wie Lk 3,10. 12. 14 im Zusammenhang mit »Buße«.

Vers 38: Die Antwort des Petrus sagt, wie man Lukas zufolge Christ wird, nämlich durch Buße, Taufe auf den Namen Jesu zur Vergebung der Sünden und Empfang des heiligen Geistes.

Vers 39: Der zweite Versteil spielt indirekt auf den in der Rede ausgelassenen Vers Jo 3,5b (LXX) an. »Alle in der Ferne« (vgl. Jes 57,19) bezieht sich wohl auf Juden, die in fernen Ländern leben. Der erneute Rückgriff auf Jo 3 verbindet den Vers mit der Pfingstpredigt des Petrus.

Vers 40: Der Schlussappell: »Lasst euch retten, weg von dieser verkehrten Generation!« knüpft mit dem Verb »retten« an das letzte Wort des Joelzitates in V. 21 an.

Vers 41: Die Zahl »dreitausend« hat Lukas eingesetzt, um die Großartigkeit des Vorgangs zu veranschaulichen. Gegenüber der Angabe in Apg 1,15 (»etwa 120«) ist die Zahl der Christen ungemein angestiegen.

Geschichtlicher Wert

Lukas hat den Abschnitt Apg 2,37–41 weitgehend ohne Traditionsbasis verfasst. Deshalb trägt der Text für den historischen Ablauf nichts aus und darf auch nicht als Beleg für »auffallende Missionserfolge« der Jerusalemer Urgemeinde angesehen werden.[78] Überdies hatten nach neueren soziologischen Analysen die christlichen

[77] Siehe weiter unten, S. 148.

[78] Anders MARTIN HENGEL: Der unterschätzte Petrus, Tübingen ²2007, S. 54. WOLFGANG REINHARDT: Das Wachstum des Gottesvolkes, Göttingen 1995, hält sogar alle Zahlenangaben der Apostelgeschichte zur Jerusalemer Gemeinde für historisch zuverlässig.

Gemeinden im Jahre 40 n.Chr. insgesamt nur ca. eintausend Mitglieder.[79]

Allerdings könnte die Aussage des Petrus in Apg 2,38 über die Taufe auf den Namen Jesu Christi zuverlässiger Tradition entstammen. Paulus fragt 1Kor 1,13 ironisch, ob er für die Korinther gekreuzigt wurde und ob sie auf seinen Namen getauft worden seien. Dies setzt zwingend den Taufritus auf den Namen Jesu voraus.

2,42–47: Das Leben der Gemeinde

Die Verse sind ein lukanischer Sammelbericht, der eine Entsprechung in Apg 4,32–35 und 5,11–16 hat.

Am ehesten könnte V. 42 auf Tradition zurückgehen. Der Begriff »Gemeinschaft« erscheint sonst nicht im lukanischen Doppelwerk. Der Inhalt von V. 42 wird teilweise in V. 46 wieder aufgenommen. Eine solche thematische Verdoppelung innerhalb des Sammelberichts ist ungewöhnlich und kommt in den anderen Sammelberichten nicht vor. Lukas verarbeitet demnach eine traditionelle Notiz, die von Gemeinschaft und Gebet der ersten Christen berichtete. Ihre Herkunft ist nicht in Jerusalem zu suchen, sondern in Traditionen aus dem paulinischen Missionsgebiet[80], die Lukas auf die Jerusalemer Gemeinde übertrug.

Den Jubel in V. 46 hat Lukas eingezeichnet.[81] Er hat nichts mit der »Stimmung eschatologischer Freude«[82] in der Jerusalemer Urgemeinde zu tun.

Die Angabe in V. 47, dass die Gemeinde Anerkennung beim ganzen Volk gefunden habe[83], ist Schönfärberei.

[79] Vgl. RODNEY STARK: The Rise of Christianity, San Francisco 1996, S. 5–6.
[80] Vgl. Röm 12,12–13; Phil 4,6; Kol 4,2.
[81] Vgl. Lk 1,14. 47; 10,21; Apg 2,26. 46; 16,34.
[82] RUDOLF BULTMANN: Theologie des Neuen Testaments, Tübingen [5]1965, S. 43.
[83] Vgl. Apg 4,21; 5,13.

Geschichtlicher Wert

Der Sammelbericht ist von lukanischer Theologie geprägt und von Traditionen aus dem paulinischen Missionsgebiet. Für die historische Frage wirft er nichts ab. Zudem schildert Lukas den urchristlichen »Kommunismus« nicht einheitlich. So stellt er die Besitzgemeinschaft als allgemeinen Eigentumsverzicht dar[84], berichtet dann aber von der besonderen Tat eines Einzelnen, Barnabas, der einen Acker zugunsten der Gemeinde verkaufte.[85] »Es ist deutlich: Das Gemälde ist idealisiert. Jene völlige Besitzgemeinschaft gab es so nicht.«[86]

c) Apg 3,1–26: Heilung eines Lahmen durch Petrus und Rede des Petrus

1 Petrus aber und Johannes gingen in das **HEILIGTUM** hinauf zur Stunde
des Gebets, der neunten.

2 Und ein Mann, der von Mutterleib an lahm war, wurde (herbei)getra-
gen; den setzten sie täglich an das sogenannte Schöne Tor des **HEILIG-
TUMS**, um ihn ein *Almosen* erbitten zu lassen von denen, die in das **HEI-
LIGTUM** hineingingen. 3 Als der Petrus und Johannes sah, wie sie im Begriff
waren, in das **HEILIGTUM** hineinzugehen, bat er darum, ein *Almosen* zu
bekommen.

4 Petrus aber blickte ihn fest an mit Johannes und sagte: Sieh uns an!

5 Er aber betrachtete sie aufmerksam und erwartete, etwas von ihnen
zu bekommen.

6a Petrus aber sagte: Silber und Gold besitze ich nicht; was ich aber
habe, das gebe ich dir: 6b Im **NAMEN** Jesu Christi, des Nazoräers: *GEH
UMHER*!

7a Und er fasste ihn bei der rechten Hand und richtete ihn auf.

7b Sofort aber wurden seine Füße und seine Knöchel fest, 8 und er
sprang auf, stellte sich hin und *GING UMHER*. Und er ging mit ihnen in das
HEILIGTUM hinein, *GING UMHER* und *sprang* und LOBTE GOTT.

[84] Apg 2,44–45; 4,32.
[85] Vgl. Apg 4,36–37.
[86] CONZELMANN, Geschichte, S. 24.

9 Und das GANZE VOLK sah ihn *UMHERGEHEN* und GOTT LOBEN. 10 Sie
erkannten ihn aber, dass er der war, der wegen des *Almosens* am Schönen
Tor des **HEILIGTUMS** gesessen hatte. Und sie wurden mit Staunen und Ent-
setzen erfüllt über das, was sich mit ihm ereignet hatte.

11 Während er aber Petrus und Johannes festhielt, lief das GANZE
VOLK bei ihnen zusammen an der sogenannten Halle Salomos (und war)
voller Erstaunen.

12a Als Petrus es aber sah, begann er zum VOLK zu sprechen:

12b Israelitische Männer, was verwundert ihr euch über diesen, oder was
blickt ihr uns an, als hätten wir aus eigener Kraft oder Frömmigkeit
bewirkt, dass er *UMHERGEHT*?

> 13 Der GOTT Abrahams und Isaaks und Jakobs,
> der GOTT unserer Väter [Ex 3,6],

hat ***SEINEN KNECHT*** Jesus verherrlicht, den ihr ausgeliefert und vor
dem Angesicht des Pilatus ***verleugnet*** habt, als jener zum Urteil gekom-
men war, (ihn) freizugeben. 14 Ihr aber habt den Heiligen und Gerech-
ten ***VERLEUGNET*** und gebeten, dass euch ein Mörder geschenkt werde;
15 den Anführer des Lebens aber habt ihr getötet. Den hat GOTT aus den
Toten auferweckt, wofür wir Zeugen sind. 16 Und durch den ***GLAUBEN***
an seinen **NAMEN** hat diesen, den ihr seht und kennt, sein **NAME**
gefestigt; und der durch ihn (gewirkte) ***GLAUBE*** hat ihm diese Unver-
sehrtheit gegeben vor euch allen.

17 Und jetzt, Brüder, weiß ich, dass ihr in Unwissenheit gehandelt habt
wie auch eure Herrscher. 18 GOTT aber hat das, was er *durch den Mund*
aller ***Propheten*** vorher bekannt gemacht hat, dass sein Christus leiden
werde, auf diese Weise erfüllt. 19 So kehrt nun um und bekehrt euch,
damit eure Sünden ausgelöscht werden, 20 auf dass vom Angesicht des
HERRN her Zeiten der Erquickung kommen mögen und er den euch
im Voraus bestimmten Christus, (nämlich) Jesus, schicke. 21 Den muss
der Himmel aufnehmen bis zu den Zeiten der Wiederherstellung aller
Dinge, von denen Gott *durch den Mund* seiner heiligen ***Propheten*** von
jeher geredet hat. 22 Mose hat gesagt:

> Einen ***Propheten*** wird euch erstehen lassen der Herr,
> euer GOTT,
> aus euren Brüdern, (einen Propheten) wie mich;

auf ihn sollt ihr hören in allem,
wie viel er auch zu euch redet.
[23] Es wird aber sein:
jede Seele, die auf jenen ***Propheten*** nicht hört,
wird aus dem VOLK ausgerottet werden.
[vgl. Dtn 18,15–20]

[24] Aber auch alle ***Propheten***, von Samuel und den folgenden an, so viele
geredet haben, haben auch diese Tage verkündet. [25] Ihr seid die Söhne
der ***Propheten*** und des Bundes, den GOTT für eure Väter eingerichtet
hat, als er zu Abraham sagte:

Und in deiner Nachkommenschaft
werden alle Volksstämme der Erde *gesegnet* werden.
[Gen 22,18; 26,4]

[26] Euch zuerst hat GOTT ***SEINEN KNECHT*** aufstehen lassen und ihn
gesandt, der euch *segnet*, wenn ihr euch, jeder (einzelne), von euren
Bosheiten abkehrt.

ANALYSE

3,1–10: Heilung eines Lahmen durch Petrus

Die Wundererzählung steht nicht zufällig an dieser Stelle. Sie erläutert die vorausgehende Notiz, dass durch die Apostel »viele Wunder und Zeichen« geschahen.[87] Die Geschichte hat folgenden stilgemäßen Aufbau: V. 1–2 bilden die Einleitung mit »Schönes Tor« als Ortsangabe. V. 3, das Betteln des Lahmen, leitet V. 4–8, den Hauptteil, ein. Dieser enthält folgende Elemente: Befehl in V. 4, Heilungswort in V. 6b, Heilungsgeste in V. 7a, sofortiges Eintreten der Heilung in V. 7b, Demonstration in V. 8a. V. 9–10 bilden den Schlussteil und schildern die Wirkung auf »das ganze Volk«. Die Wundererzählung ähnelt der von der Heilung eines Gelähmten durch Paulus, Apg 14,8–10, und der von der Heilung eines Gelähmten durch Jesus, Lk 5,17–26.

[87] Apg 2,43.

Zur Interpretation der Wundergeschichte durch Lukas:

Verse 1–3: V. 1 charakterisiert Petrus und Johannes als gesetzestreue Juden, welche die Gebetsstunden einhalten. Das ist Lukas mit Blick auf die Apostel wichtig. Die Erwähnung des Johannes in V. 3 ist wie auch sonst redaktionell.[88]

Verse 4–5: Dieses Stück geht wohl ganz auf Lukas zurück.

Vers 6: Die Wendung »Silber und Gold besitze ich nicht« weist auf die Apg 2,44–45 geschilderten Besitzverhältnisse zurück[89] und bereitet gleichzeitig Apg 4,32–35 vor.

Verse 8–9: Das Loben Gottes durch den Geheilten in V. 8 erinnert an das Gotteslob der Gemeinde in Apg 2,47.

Vers 10: Der Vers nimmt V. 2 auf und rundet die Geschichte ab.

Geschichtlicher Wert

Der vorliegenden Erzählung von der Heilung eines Gelähmten durch Petrus liegt kein historischer Kern zugrunde.

3,11–26: Predigt des Petrus in der Halle Salomos

Vers 11: Der Vers ist eine Überleitung, die die vorige Szene des Wunders mit der Petruspredigt verbindet. Petrus redet in der sogenannten Halle Salomos, die sich Lukas offenbar innerhalb des Tempelbezirkes denkt, zu dem das »Schöne Tor« von V. 2 ein Eingang ist.

Vers 12: V. 12a verknüpft die nachfolgende Rede mit V. 11. Die Anrede »Israelitische Männer« entspricht Apg 2,22a. In V. 12b wird ebenso wie in der Pfingstrede Apg 2,15 ein Missverständnis zurückgewiesen.

Verse 13–15: Der Abschnitt paraphrasiert – unter teilweise wörtlicher Aufnahme der Barabbas-Szene aus dem Evangelium[90] – Passions- und Auferstehungscredo, verbunden mit der Aussage, die Apostel seien Zeugen.[91]

[88] Vgl. Apg 3,4; 8,14.
[89] Vgl. auch den Nachhall von Apg 3,6 in Apg 20,33 (von Paulus).
[90] Vgl. Apg 3,13 / Lk 23,16. 22.

Vers 16: Lukas nimmt auf die Wundergeschichte Bezug. Er hebt nachträglich hervor, dass ein Wunder den Glauben an den Namen Jesu voraussetzt. In seinem Namen ist der auferweckte Jesus auf Erden anwesend. Die überladene Formulierung zeigt Lukas' Schwierigkeiten, der Überlieferung seine Theologie aufzuprägen.[92]

Vers 17: »Und jetzt« ist Gliederungselement. Das Unwissenheitsmotiv im Zusammenhang der Passion entspricht lukanischer Theologie, vgl. Lk 23,34; Apg 13,27.

Vers 18: Zum Leiden des Christus vgl. Lk 24,26–27. Von Propheten ist auch an anderen Stellen die Rede.[93]

Verse 19–21: Die Buße – so Lukas – zieht die Sündenvergebung nach sich; vgl. vorher Apg 2,38. Apg 3,20–21 wirkt wie ein Fremdkörper im von Lukas geschaffenen Zusammenhang. Die Verse setzen offenbar – unlukanisch – einen Konnex von Umkehr und Verwirklichung des zukünftigen Heils voraus. Die zukünftige Heilszeit wird durch die Bekehrung der Juden herbeigeführt.

Lukas scheint in V. 21 eine Verzögerung des zukünftigen Kommens Jesu vorauszusetzen. Die Aussage über die Propheten, die V. 18b zufolge das Leiden Christi bzw. die künftigen »Zeiten der Wiederherstellung aller Dinge« vorausverkündigt haben, umrahmt Bußruf und Ausblick in die Zukunft.

Verse 22–26: Dem Vorausblick, V. 20–21, fügt dieser Abschnitt einen Rückblick auf den geschichtlichen Jesus mit »Schriftbeweis« und Bußmahnung an. V. 22–24 sind eine Einheit. Auch Mose gehört zu den V. 18 und V. 21 genannten Propheten. Ihre Verkündigung ist auf »diese Tage«, V. 24, bezogen. In V. 25 liegt wahrscheinlich Gen 22,18 (LXX) zugrunde. Dabei hat Lukas, von Kleinigkeiten abgesehen, die Wendung »alle Völker der Erde« geändert in »alle Volksstämme der Erde«. Diese Änderung war notwendig, weil die Rede in der Apostelgeschichte sich nur an Juden richtete. Der Begriff »die Völker« meint Heiden. Der Ausdruck »Volksstämme«

[91] Vgl. Apg 1,22; 2,32.

[92] Vgl. die auf den Glaubensbegriff hin interpretierten Wundergeschichten: Lk 5,20; 7,9. 50; 8,48; 18,42.

[93] Apg 3,21. 22. 23. 24. 25.

schließt dagegen Juden mit ein. Ihnen gilt ja, wie das Adverb »zuerst« Apg 3,26 zeigt, in besonderer Weise der Segen. Lukas hat damit das Zitat dem Kontext angepasst, nämlich der Petruspredigt an Juden.

Die in V. 25–26 vollzogene Deutung der Nachkommenschaft Abrahams auf Jesus begegnet bereits Gal 3,16 (»Samen«). Folgende Erklärungen dieses Befundes sind denkbar: a) Paulus und Lukas verwenden unabhängig voneinander eine Tradition. b) Lukas benutzt Gal 3,16. c) Lukas benutzt eine Tradition des paulinischen Missionsbereiches, die auf Gal 3,16 zurückgeht. Jedenfalls ist die auf Christus bezogene Deutung von Gen 22,18 vorlukanisch.

Geschichtlicher Wert

Diese Petrusrede enthält ebenso wie die in Apg 2,14–36 kein historisch verwertbares Material. Sie »ist also keine Zusammenfassung … einer wirklich gehaltenen Ansprache des Petrus, sondern ein Produkt des Autors der Apostelgeschichte.«[94] Unter Einbeziehung der Analyse von Apg 2,14–41 ergibt sich daraus der Schluss: Es existiert keine glaubwürdige Quelle darüber, dass Petrus ein erfolgreicher »Missionsprediger« der ersten Stunde war, und in Jerusalem nach der »Auferstehung« Jesu öffentliche Ansprachen gehalten hat. »Lukas macht sich … *sein* Bild von den Ereignissen der Frühzeit: Er stilisiert Petrus zu einem … vollmächtigen Redner, der in der Lage ist, öffentlich zum Volk zu sprechen und ein gewaltiges Publikum mit seinen Worten zu fesseln … – ganz so wie es die besten Rhetoren seiner Zeit vermochten.«[95]

[94] Reinbold, Propaganda, S. 45.
[95] Reinbold, Propaganda, S. 47.

d) Apg 4,1–31: Petrus und Johannes vor dem Hohen Rat und die Reaktion der Gemeinde auf deren Freilassung

1 Während sie aber zu dem VOLK redeten, traten zu ihnen die Priester
und der Hauptmann des Heiligtums und die Sadduzäer hinzu 2 und ärger-
ten sich, weil sie das VOLK **lehrten** und an (dem Beispiel von) Jesus die
Auferstehung aus den Toten verkündigten. 3 Und sie legten Hand an sie
und nahmen sie bis zum nächsten Tag in Haft, denn es war schon Abend.

4 Viele aber von denen, die das Wort gehört hatten, kamen zum Glau-
ben; und die Zahl der Männer stieg auf fünftausend.

5 Es geschah aber am nächsten Tag, dass sich ihre Herrscher und Ältes-
ten und Schriftgelehrten in Jerusalem versammelten 6 und (zwar) Hannas,
der Hohepriester, und Kaiphas und Johannes und Alexander und alle, die
von hohepriesterlicher Abkunft waren. 7 Und sie stellten sie in die Mitte
und vernahmen (sie): Durch welche Kraft oder durch welchen **NAMEN**
habt ihr dies getan?

8 Da sagte Petrus, erfüllt mit ***heiligem Geist***, zu ihnen:

Herrscher des *Volkes* und Älteste! 9 Wenn wir heute wegen der Wohl-
tat an einem kranken Menschen verhört werden, wodurch dieser *GERET-
TET* worden sei, 10 so sei euch allen und dem ganzen VOLK Israel
bekannt: Durch den **NAMEN** Jesu Christi, des Nazoräers, den ihr
gekreuzigt habt, den GOTT aus den Toten auferweckt hat – durch die-
sen steht dieser gesund vor euch. 11 Dieser ist der Stein, der als der, der
von euch, den Baumeistern, verachtet wurde, zum Schlussstein gewor-
den ist.

12 Und es ist in keinem anderen die *RETTUNG*. Denn unter dem Himmel
ist auch kein anderer bei den Menschen gegebener **NAME**, in dem wir
GERETTET werden sollen.

13 Als sie aber den **FREIMUT** des Petrus und Johannes sahen und erfassten,
dass sie ungebildete Menschen und Laien waren, verwunderten sie sich;
und sie erkannten, dass sie mit Jesus zusammen gewesen waren. 14 Und
da sie den Menschen, der gesund gemacht worden war, bei ihnen stehen
sahen, hatten sie nichts zu entgegnen. 15 Sie befahlen ihnen aber, den
Hohen Rat zu verlassen, und berieten miteinander:

16 Was sollen wir diesen Menschen tun? Denn dass ein deutliches Zei-
chen durch sie geschehen ist, ist allen Einwohnern von Jerusalem offen-
bar, und wir können es nicht leugnen. 17 Aber damit es nicht weiter
unter dem VOLK verbreitet werde, wollen wir ihnen *drohend* gebieten,
in diesem **NAMEN** zu keinem Menschen mehr zu reden.

18 Und sie ließen sie rufen und befahlen ihnen, im **NAMEN** Jesu über-
haupt nicht zu reden und zu **lehren**.

19 Petrus aber und Johannes antworteten und sagten zu ihnen: Ob es
gerecht ist vor Gott, auf euch mehr zu hören als auf Gott, (darüber)
urteilt (selbst)! 20 Denn wir sind außerstande, das, was wir gesehen und
gehört haben, nicht zu sagen.

21 Sie aber *drohten* nochmals und ***LIESSEN SIE FREI***, da sie nichts fanden,
wie sie sie bestrafen könnten, wegen des VOLKES; denn alle priesen Gott
für das, was geschehen war. 22 Denn mehr als vierzig Jahre alt war der
Mensch, an dem sich dieses Zeichen der Heilung ereignet hatte.

23 Nachdem sie aber ***FREIGELASSEN*** worden waren, kamen sie zu den Ihri-
gen und berichteten alles, was die Hohenpriester und die Ältesten zu ihnen
gesagt hatten.

24a Als die es aber gehört hatten, erhoben sie einmütig (ihre) Stimme
zu Gott und sagten:

Gebieter,

24b der du den Himmel geschaffen hast
und die Erde und das Meer und alles, was darin ist

[Neh 9,6; Ex 20,11; Ps 146,6];

25a der du (durch) den Mund unseres Vaters David, deines Knechtes,
durch den ***heiligen Geist*** gesagt hast:

25b Warum tobten die Heiden
und sannen die Völker Nichtiges?
26 Es traten auf die Könige der Erde,
und die Herrscher *VERSAMMELTEN* sich an einem Ort
gegen den *HERRN* und gegen seinen Gesalbten.

[Ps 2,1–2 LXX]

27 Denn in Wahrheit *VERSAMMELTEN* sich in dieser Stadt gegen ***DEINEN
heiligen KNECHT*** **Jesus**, den du gesalbt hast, Herodes und Pontius Pila-
tus mit den Heiden und den Völkern Israels, 28 um alles zu tun, was

deine Hand und dein Ratschluss zu geschehen vorherbestimmt hatte.
29 Und jetzt, *HERR*, sieh ihre *Drohungen* an und gib deinen Sklaven,
mit allem **FREIMUT** dein Wort zu reden, 30 dadurch, dass du deine Hand
zur Heilung ausstreckst und Zeichen und ***WUNDER*** geschehen lässt
durch den **NAMEN *DEINES heiligen KNECHTES*** **Jesus**.
31 Und als sie ***GEBETET*** hatten, bebte der Ort, an dem sie versammelt
waren; und sie wurden alle vom ***heiligen Geist*** erfüllt und redeten das
Wort GOTTES mit **FREIMUT**.

ANALYSE

4,1–22: Petrus und Johannes vor dem Hohen Rat

Verse 1–3: Die Handlung spitzt sich zu. Nachdem der Lahme geheilt ist und Petrus seine Rede an das Volk gehalten hat, regt sich Widerstand. Petrus und Johannes werden am Abend durch die Priester, den Tempelhauptmann und die Sadduzäer festgesetzt. Der Abschnitt enthält die Exposition für das folgende Verhör.

Vers 4: Der Erzähler flicht ein, dass das Wachstum der Gemeinde sich wunderbar fortsetzt. Sie bestand aus etwa 120 Personen[96]; dann kamen etwa 3000 dazu[97]; jetzt steigt die Zahl der gläubigen Männer auf 5000. Als Paulus bei seinem letzten Jerusalembesuch Jakobus begrüßt, gehören noch viel mehr dazu: Zehntausende[98].

Verse 5–22: Eine Szene vor dem Hohen Rat schließt sich an.

V. 5–7: Diese Verse leiten das Verhör ein. Ein Rückbezug in V. 7 auf Apg 3,12. 16 (vgl. Apg 3,6), stellt die Frage an die Apostel so, wie sie für die nachfolgende Rede benötigt wird: »Durch welche Kraft oder durch welchen Namen habt ihr dies getan?«

V. 8–12: Eine Petrusrede folgt; sie kombiniert das in Apg 3,1–10 berichtete Wunder mit der Verkündigung über Christus. Mit V. 8 erfüllt sich das Jesuswort Lk 12,12: »Der heilige Geist wird euch

[96] Apg 1,15.
[97] Apg 2,41.
[98] Apg 21,20.

in eben der Stunde lehren, was ihr sagen müsst.« V. 9–10 beziehen sich auf die Heilungsgeschichte, V. 11 liefert einen »Schriftbeweis«, der bisher noch nicht vorkam: Ps 118,22. Dort heißt es: »Der Stein, den die Bauleute verworfen haben, ist zum Eckstein geworden.« Dieser Satz findet sich auch Lk 20,17[99] – ein Text, der hier anklingt.

V. 13–22: Dieser Abschnitt gipfelt in der Aussage, dass die Apostel dem Predigtverbot nicht gehorchen können. Es fällt auf, dass die Ankläger erst jetzt das enge Verhältnis der Jünger zu Jesus entdecken. V. 14 verknüpft die Szene mit Apg 3,1–11 und bereitet zugleich die folgende Handlung vor, die der Geheilte sozusagen provoziert. V. 16–17 berät der Hohe Rat noch einmal über seine Reaktion auf die Wunderheilung, und zwar ohne dass wie in V. 15 die Apostel anwesend sind. In V. 16b sieht die jüdische Behörde ein: Durch Petrus und Johannes ist ein für alle Bewohner Jerusalems deutliches Zeichen geschehen. Das Predigtverbot in V. 17–18 wird nur erteilt, um nicht befolgt zu werden.

Die Aufforderung in V. 19, »ob es gerecht ist vor Gott, auf euch mehr zu hören als auf Gott, (darüber) urteilt (selbst)!«[100] enthält eine Anspielung auf Sokrates, der in ähnlicher Situation seinen Richtern gesagt hatte: »Gehorchen werde ich dem Gott mehr als euch.«[101] Lukas betont, dass die Mission in Jerusalem heilsnotwendig ist, und zeigt seinen griechischen Lesern zugleich die eigene Bildung. V. 21 verstärkt V. 17–18: Zwar will die jüdische Behörde die Evangeliumspredigt unterbinden, ist dazu aber nicht in der Lage. V. 22 rundet die Apg 3,1 begonnene Szene ab und streicht die wunderbare Heilung noch einmal heraus: Der Lahme ist älter als vierzig Jahre, d.h., so lange war er von der Krankheit befallen.

99 Ps 118,22 als Bestandteil frühchristlicher Verteidigungsstrategie gegen die Juden hat Lukas bereits im ältesten erhaltenen Evangelium vorgefunden, nämlich Mk 12,10.

100 Vgl. Apg 5,29.

101 Plato, Apol 29d.

Geschichtlicher Wert

Der Gesamttext entspringt lukanischer Theologie und fällt für die historische Frage aus.[102]

4,23–31: Gebet der Gemeinde

Verse 23–24a: Das Stück verknüpft die vorige Einheit mit der vorliegenden. V. 24: »Gebieter« ist Gottesanrede, die im Neuen Testament noch Lk 2,29 im Gebet Symeons sowie Jud 4 und Offb 6,10 vorkommt.[103] Die Vorstellung von Gott, dem Schöpfer des Himmels und der Erde und des Meeres, stammt aus dem Alten Testament.

Verse 24b–30: Die in der älteren Forschung verschiedentlich vertretene These, V. 24b–28 seien Teil eines alten Gemeindegebetes, scheitert daran, dass hier nicht der Stil des Gebets, sondern der Exegese von Ps 2,1–2 vorherrscht. Damit bestreite ich nicht, dass das Gebet ganz dem Schema in jüdischen und alttestamentlichen Schriften entspricht[104] und daher vorlukanische christliche Vorgänger gehabt haben kann.

V. 25b–26: Diese Verse zitieren Ps 2,1–2 (LXX) wörtlich und dürften auf Lukas zurückgehen.

V. 27–28: V. 27 bringt die Deutung des Psalms. Drei der im Zitat genannten vier Gruppen (»Heiden«, »Völker«, »Könige«, »Herrscher«) werden im Lichte der Passionsgeschichte des Lukas wie folgt gedeutet: Herodes Antipas steht stellvertretend für die Könige, Pilatus für die Herrscher, Israel für die Völker. Die römischen Soldaten meinen wohl die Heiden. V. 27 ist Rückbezug auf Lk 23,12: »An eben diesem Tag aber wurden Herodes und Pilatus Freunde.« V. 28: Die Vorstellung vom Plan Gottes ist lukanisch.[105]

V. 29–30: V. 29 lenkt das Gebet auf die Gegenwart, indem es Gott auf die V. 17 und V. 21 ausgesprochenen Drohungen der jüdischen

[102] Vgl. Reinbold, Propaganda, S. 48–49.

[103] Darüber hinaus bezeichnet im Neuen Testament »Gebieter« (*despotês*) den weltlichen Herrn: 1Tim 6,1; 2Tim 2,21; Titus 2,9; 1Petr 2,18; 2Petr 2,1.

[104] Vgl. Tob 3,11–15; 8,5–7 und besonders Jes 37,16–20.

[105] Vgl. Conzelmann, Mitte, S. 141–144.

Behörde hinweist. V. 30 erinnert an die Heilung und die Wundertaten, die im Namen Jesu erfolgten.

Vers 31: Der Vers beschreibt die Gebetserhörung; sie ist als ein Beben des Ortes wahrzunehmen. Die griechisch-römische Antike kennt Berichte darüber, dass die Erde als Antwort auf Gebete bebt.[106] V. 31 berichtet zugleich von einer Art zweitem Pfingsten: Alle Christen werden von heiligem Geist erfüllt.

Geschichtlicher Wert

Der Text entspringt lukanischer Theologie und fällt für die historische Frage aus.

e) Apg 4,32–5,16: Das Leben der Gemeinde. Hananias und Saphira. Weitere Ausbreitung des christlichen Glaubens

[32a] Die Menge der zum Glauben Gekommenen aber war ein Herz und
eine Seele; [32b] und auch nicht einer sagte, dass etwas von seinem Besitz
sein eigen sei, [32c] sondern es war ihnen alles gemeinsam. [33a] Und mit gro-
ßer Kraft machten die Apostel die Zeugenaussage von der Auferstehung
des *HERRN* Jesus; [33b] und große Gnade war auf ihnen allen. [34a] Denn es
war auch kein Bedürftiger unter ihnen, [34b] denn alle, die Besitzer von
Grundstücken oder Häusern waren, VERKAUFTEN sie, brachten die
Beträge, (die sie) für das Veräußerte (erhielten), [35] und *legten sie den
Aposteln zu Füßen*; es wurde aber jedem zugeteilt, je nachdem einer
Bedarf hatte.

[36] Joseph aber, der von den Aposteln den Beinamen Barnabas erhalten
hatte – das heißt übersetzt: Sohn des Trostes –, ein Levit, Zyprer von
Geburt, [37] der einen Acker besaß, VERKAUFTE ihn, brachte das Geld her-
bei und *legte es den Aposteln zu Füßen*.

[106] Ovid, Metamorphosen XV 669–672; Vergil, Aeneis III 88–92. Im Alten Testament sind lediglich Zeugnisse darüber enthalten, dass ein Erdbeben beim Nahen einer Gottheit stattfindet: Ex 19,18; Jes 6,4; vgl. 4Esra 6,14. 16.

5,1 Ein Mann namens Hananias aber, mit Saphira, seiner Frau, **VERKAUFTE** ein Gut 2 und ***SCHAFFTE*** (etwas) ***VON DEM BETRAG*** beiseite wovon auch die Frau wusste; und er brachte einen Teil und *legte ihn den Aposteln zu Füßen*.

3 Petrus aber sagte: Hananias, warum hat der Satan DEIN HERZ erfüllt, dass du den ***heiligen Geist*** **belogen** und (etwas) ***VON DEM BETRAG***, (den du) für das Grundstück (erhalten hast), ***BEISEITE GESCHAFFT*** hast? 4a (Ist es) nicht (so, dass) es, solange es (unverkauft) blieb, dein blieb und (der Ertrag), als es veräußert war, in deiner Verfügung war? 4b Warum hast du in DEINEM HERZEN diese Sache beschlossen? 4c Du hast nicht Menschen **belogen**, sondern GOTT.

5a Als aber Hananias diese Worte hörte, FIEL ER HIN UND HAUCHTE SEIN LEBEN AUS.

5b *Und große Furcht kam über alle, die es hörten.*

6 Die Jüngeren aber standen auf und hüllten ihn ein, und sie *TRUGEN IHN HINAUS UND BEGRUBEN IHN*.

7 Es geschah aber nach Ablauf von ungefähr drei Stunden, da kam seine Frau herein, ohne zu wissen, was geschehen war.

8 Petrus aber redete sie an: Sag mir, habt ihr das Grundstück für so viel hergegeben?

Sie aber sagte: Ja, für so viel.

9a Petrus aber (sagte) zu ihr: Warum bloß wurde von euch vereinbart, den ***Geist*** des *HERRN* zu versuchen? 9b Siehe, die Füße derer, die deinen Mann begraben haben, (sind) an der Tür, und sie werden dich hinaustragen.

10 SIE FIEL aber sofort *zu seinen Füßen* nieder UND HAUCHTE IHR LEBEN AUS.

Als aber die jungen Männer hereinkamen, fanden sie sie tot; und sie *TRUGEN SIE HINAUS UND BEGRUBEN SIE* bei ihrem Mann.

11 *Und große Furcht kam* über die ganze Gemeinde und *über alle, die dies hörten*.

12 Durch die Hände der Apostel aber geschahen viele Zeichen und Wunder im VOLK. Und sie waren alle einmütig in der Säulenhalle Salomos. 13 Von den übrigen aber wagte niemand, sich ihnen anzuschließen,

doch das VOLK pries sie. 14 Umso mehr aber wurden solche, die glaub-
ten, (von) dem *HERRN* hinzugetan, Mengen von Männern und Frauen.

15a Daher trug man die KRANKEN sogar auf die Straßen hinaus und legte
sie auf Betten und Tragen, 15b damit, wenn Petrus kam, wenigstens sein
Schatten auf einen von ihnen falle.

16 Es kam aber auch die Menge aus den Städten um Jerusalem zusam-
men, und sie brachten KRANKE und von unreinen Geistern Geplagte, wel-
che alle gesund gemacht wurden.

ANALYSE

4,32–37: Das Leben der Gemeinde. Geschenk des Barnabas

Vers 32: Der Vers hebt die Einheit der Gemeinde hervor und variiert den Inhalt von Apg 2,44–45: V. 32b setzt Eigentum einzelner Gemeindemitglieder voraus, doch stellen diese es der Gemeinde zur Verfügung, so dass ihnen alles gemeinsam ist.

Zur Zeichnung der Urgemeinde arbeitet Lukas in diesem Vers biblische Ausdrücke (»ein Herz und eine Seele«)[107] mit griechischen Idealen darüber zusammen, dass »alles allen gemeinsam« oder »Freundesgut gemeinsam« sei.[108]

Vers 33: V. 33a unterbricht die Schilderung der Urgemeinde und betont – für Lukas typisch – das Zeugnis der Apostel von der Auferstehung Jesu. Dies sei »mit großer Kraft« geschehen. V. 33b führt aus, dass auf allen Christen eine große Gnade (Gottes) war. Das führt zurück zu der Charakterisierung der Urgemeinde in V. 32 und weiter zu V. 34.

107 Vgl. Dtn 6,5; 10,12; 11,13; 13,4 u.ö.

108 Vgl. Vgl. Plato, Phaidros 279c; Aristoteles, Nikomachische Ethik IX 8,2 (diese Stelle enthält auch den Ausdruck »ein Herz und eine Seele«). Wahrscheinlich geht das Ideal, dass »alles allen gemeinsam sei«, schon auf Pythagoras zurück: siehe Epikur bei Diogenes Laertios X 11 sowie Timaios bei Diogenes Laertios VIII 10.

109 »Es wird überhaupt kein Armer unter euch sein!«

Verse 34–35: Der Satz: »Es war auch kein Bedürftiger unter ihnen« in V. 34a sieht die Aussage von Dtn 15,4[109] in der Gemeinde als erfüllt an.

Die in V. 34b–35 gemachten Angaben setzen im Unterschied zu V. 32 scheinbar eine totale Eigentumsaufgabe der Jerusalemer Gemeindeglieder voraus. Sie verkaufen Ländereien oder Häuser und legen den Erlös den Aposteln zu Füßen. Diese geben einem jeden nach seinem Bedarf etwas davon. Doch ist nicht vorausgesetzt, dass die Gemeindeglieder ihr gesamtes Eigentum verkaufen.

Lukas' Pointe liegt in der Zweckbestimmung V. 35: »je nachdem einer Bedarf hatte«[110] und darin, dass sich in der Jerusalemer Gemeinde alttestamentliche und griechische Ideale verwirklichen.[111] Das wird noch deutlicher dadurch, dass V. 35 und V. 37 gleich lautend sagen, die Christen bzw. Barnabas hätten das zugunsten der Gemeinde Verkaufte den Aposteln zu Füßen gelegt. Dieselbe Wendung nimmt Lukas im Folgenden Apg 5,2 auf. Die ersten beiden positiven und das dritte negative Beispiel zeigen, worum es geht: um den Verkauf von Eigentum der Begüterten zugunsten der Armen, wobei wie vorher Apg 2,45 den Aposteln die Verteilung obliegt. Eigentümer sollen auf so viel verzichten, dass es in der Gemeinde des Lukas keinen Unterschied mehr zwischen Bedürftigen und Reichen gibt.

Die Regel »je nachdem einer Bedarf hatte« in V. 35b, die wörtlich Apg 2,45c entspricht, soll – so Lukas – in den christlichen Gemeinden seiner Zeit gelten. Dabei überträgt er, was er von der Gemeinde erwartet, in die Urkirche und idealisiert sie.

Verse 36–37: Die Wendung »von den Aposteln« in V. 36 ist sicher redaktionell. Bisher dominiert in der Apostelgeschichte noch eine jerusalemische Perspektive. Der lukanische Ausdruck »den Aposteln zu Füßen legen« in V. 37 erscheint ebenfalls Apg 4,35 und 5,2. In Apg 5,10 wird daraus ein Fallen zu den Füßen des Petrus.

Die Zuordnung des Barnabas zur Jerusalemer Gemeinde an dieser Stelle und später in Apg 9,27; 11,22 geht auf Lukas zurück.

110 Vgl. Apg 2,45.
111 Vgl. oben, S. 54.

Dies wird daran deutlich, dass im unmittelbaren Kontext von Apg 11,23–26, wo von Barnabas' missionarischem Wirken und seiner Tätigkeit für die Gemeinde von Antiochien die Rede ist, die Sendung durch die Jerusalemer Gemeinde überhaupt nicht erwähnt wird.

Geschichtlicher Wert

Der »Kommunismus« der Urgemeinde entspringt einer Idealisierung des Lukas, die zugleich ermahnen soll. Diese Darstellung kann nicht als sachgemäße Beschreibung der ältesten christlichen Kirche in Jerusalem gelten.[112]

An der Historizität des Verkaufs eines Ackers durch Barnabas zugunsten einer christlichen Gemeinde ist kein Zweifel möglich. (Begründung: Der lukanische Rahmen verallgemeinert, die Angabe über den Verkauf eines Ackers ist spezifisch und steht zum Rahmen in Spannung.) Indes lässt sich kaum entscheiden, ob der Verkauf des Ackers zugunsten der *Jerusalemer* Gemeinde getätigt wurde.

Ebenfalls ist die Herkunftsbezeichnung »Zyprer« wohl historisch.[113]

Entgegen der von Lukas behaupteten Bindung des Barnabas an Jerusalem legen die Paulusbriefe nicht nahe, dass Barnabas aus Jerusalem kommt.[114] Paulus nennt ihn zweimal als gleichberechtigten Partner jeweils *im Gegenüber* zu Jerusalemer Autoritäten.[115] In Antiochien wechselt er zur Enttäuschung des Paulus die Seite; er »heuchelt« mit Kephas und anderen Judenchristen und gibt der Forderung der Abgesandten des Jakobus nach, die Tischgemeinschaft mit Heiden aufzukündigen.[116] Barnabas ist dem-

112 Vgl. oben, S. 40–41.

113 Vgl. Apg 11,20; 21,16: Mnason, der Zyprer. Siehe ferner Apg 15,39: Barnabas und Johannes Markus reisen nach Zypern.

114 Martin Hengel / Anna Maria Schwemer: Paulus zwischen Damaskus und Jerusalem, Tübingen 1998, S. 313–336, halten das Bild des Lukas für historisch zutreffend und schreiben: »Barnabas war ein Jünger der ganz frühen Zeit in Jerusalem« (S. 330).

115 1Kor 9,6; Gal 2,1.

116 Vgl. Gal 2,11–14.

nach ein wichtiges Beispiel dafür, dass Lukas Missionare entgegen der historischen Wirklichkeit an Jerusalem bindet. Neben Barnabas ist Paulus der bekannteste Fall[117]; Johannes Markus[118] und Silas[119], kommen noch hinzu.

5,1–11: Hananias und Saphira

Verse 1–2: Die Exposition schildert den Verkauf eines Grundstücks durch Hananias und Saphira, die einen Teil des Erlöses zurückbehalten. V. 1, die Angabe »er verkaufte ...« lenkt auf Apg 4,37 zurück, wo dasselbe Verb in Verbindung mit Barnabas Ackerverkauf gebraucht wurde. V. 2, die Wendung »den Aposteln zu Füßen legen«, erscheint bereits Apg 4,35. 37.

Verse 3–6: Dieser Abschnitt schildert die Bestrafung des Hananias.

V. 3: Petrus kann Gedanken lesen und spricht Hananias an.

V. 4: Der Vers geht ganz auf Lukas zurück. V. 4a-b fällt als Erläuterung wegen seiner Umständlichkeit aus dem Rahmen. Er sagt: auf Besitz zu verzichten, das Gut zu verkaufen und den Erlös abzuliefern, ist nicht Pflicht, sondern freiwillig. Der Satz V. 4c: »Du hast nicht Menschen belogen, sondern Gott« erinnert überdies an das Petruswort Apg 5,29: »Man muss Gott mehr gehorchen als Menschen« und an den Rat Gamaliels Apg 5,38–39: »Wenn dieses Vorhaben oder dieses Unternehmen von Menschen sein sollte, wird es zunichte werden. Wenn es aber von Gott ist, werdet ihr sie nicht zunichte machen können«. Beide Male geht es wie in V. 4c um eine Bindung an Gott gegenüber der an Menschen. Hananias »meinte, es nur mit Menschen zu tun zu haben; in Wirklichkeit verging er sich aber an Gott, der durch seinen Geist in der Gemeinde präsent ist.«[120]

117 Siehe unten, S. 80–82.

118 Apg 12,12. 25.

119 Apg 15,22.

120 ERNST HAENCHEN: Die Apostelgeschichte, Göttingen ^{7}1977, S. 233.

V. 5: Das Verb »aushauchen« beschreibt in archaischer Feierlichkeit wie in V. 10 das Gottesgericht an Hananias. Es bewirkt Furcht unter den Hörern.[121] Auch Herodes »haucht« später sein Leben auf Befehl Gottes »aus«, weil er diesem nicht die Ehre gegeben hat.[122]

V. 6: Saphira tritt ein, ohne vom Tod ihres Mannes zu wissen. Dessen Leichnam war vorher weggetragen worden. So entsteht Raum für eine neue Szene.

Verse 7–10: Lukas hat dieses Stück der vorigen Episode nachgebildet, um deren Aussage zu bekräftigen.

V. 8: Petrus fragt, ob der gestiftete Betrag der Gesamterlös gewesen sei. Da er *weiß*, dass beide nicht identisch sind, streicht er damit – wie in V. 2–3 – den Tatbestand heraus, dass das Ehepaar etwas beiseite geschafft hat.

V. 9: Die Anklage in V. 9a entspricht der in V. 4b. Die Wendung »die *Füße* derer, die deinen Mann begraben haben« in V. 9b klingt alttestamentlich; vgl. Jes 52,7a: »wie lieblich sind auf den Bergen die *Füße* der Freudenboten«. Sie soll durch den Gegensatz »Füße, die begraben« und »Füße der Freudenboten« den frommen Schauder der Leser noch verstärken.

V. 10: Der Vers spielt mit der Aussage, Saphira sei Petrus vor die Füße gefallen, auf die dreimalige Wendung »den Aposteln zu Füßen« in Apg 4,35. 37; 5,2 an. Dieser rhetorische Kunstgriff geht auf den Erzähler Lukas zurück.

Vers 11: Lukas wiederholt V. 5b, fügt aber »die ganze Gemeinde« hinzu. Dies bezieht sich im Kontext auf die Jerusalemer Gemeinde, hat aber zugleich die Gesamtkirche im Blick. Die Episode Apg 5,1–11 ist für die Gemeinden des Lukas wichtig.

Das Stück Apg 5,1–11 steht in einem engen Zusammenhang mit Apg 4,32–37. Denn Lukas berichtet hier von einem dritten Fall, bei dem der Erlös des verkauften Besitzes den Aposteln zu Füßen gelegt

[121] Vgl. Apg 2,43.
[122] Apg 12,23.

wird – diesmal aber nur unvollständig. Hananias und Saphira sind Beispiele dafür, was denen zustieß, die sich gegen den heiligen Geist vergingen.

Die Erzählung enthüllt Lukas' eigentliches Anliegen: nicht prinzipiell Verzicht auf Eigentum anzumahnen, sondern ungeteilte, ungeheuchelte Hingabe an Gott, die ohne Lüge auskommt. Hananias und Saphira werden nicht deswegen bestraft, weil sie nicht ihr ganzes Eigentum oder nur einen Teil davon verschenkt haben, sondern weil sie unter Vorspiegelung falscher Tatsachen handelten und damit eine unlautere Gesinnung an den Tag legten.

Die Geschichte erzeugt einen frommen Schauder und ruft Furcht unter den Zuhörern hervor; auch Lukas' eigene Gemeinde soll angesichts des Eingreifens Gottes eine heilige Scheu empfinden.

Das Milieu, aus dem der vorliegende Text stammt, ähnelt dem der Pastoralbriefe. So setzt deren Verfasser in 1Tim 1,20 einen Bann, den Paulus über einen Blutschänder verhängt[123], gegen »Irrlehrer« ein, um sie von zukünftigem Lästern abzuhalten. Lukas lässt ein Ehepaar, das eine falsche Auskunft zum Wert eines großzügigen Geschenks gegeben hat, die dunkle Seite der Heiligkeit Gottes spüren und will damit seine Gemeinde von selbstsüchtigem Umgang mit materiellem Gut abbringen.[124]

Die Analyse ergab, dass Lukas die ganze Geschichte stark überarbeitet hat. Traditionelle Elemente sind a) die Namen Hananias und Saphira sowie Petrus, b) das Verb »beiseite schaffen«, das aus der alttestamentlichen Geschichte von Achan in Jos 7 stammt – Achan hatte gottgeweihtes Banngut gestohlen und musste dafür mit seiner ganzen Familie sterben –, c) der Tod des Hananias, weil er Gott und den heiligen Geist belogen hat.

Wogegen hatten Hananias und Saphira konkret verstoßen? Genaueres lässt sich dazu nicht sagen lassen. Erst Lukas hat das Vergehen des Ehepaars durch den Kontext illustriert und »Geld« ist ohnehin ein lukanisches Thema.[125]

123 1Kor 5,1–5.
124 Man vgl. auch die Warnung vor Geldsucht in 1Tim 6,10.
125 Vgl. Lk 12,13–21; 16,14 u.ö.

Geschichtlicher Wert

Da das genaue Vergehen des Hananias nicht deutlich wird, ist ein Urteil über den historischen Wert des Texts nicht möglich.

5,12–16: Wundertaten der Apostel

Dieser Abschnitt – der letzte ausführliche Sammelbericht in der Apostelgeschichte – schildert die Wunderkraft der Apostel sowie den nicht nachlassenden Zustrom zur christlichen Gemeinde. Mit der Schilderung der Macht der Apostel, Wunder zu vollbringen, und ihrer großen missionarischen Erfolge greift Lukas auf Apg 2–3 zurück.

Vers 12a: Der Vers lenkt auf früher Gesagtes zurück[126] und konstatiert noch einmal summarisch die Wunder der Apostel.

Vers 12b: Die Nachricht, die Christen hätten sich einmütig in der Säulenhalle Salomos aufgehalten, variiert den bereits aus Apg 2,46 bekannten Gedanken des einmütigen Beieinanders der Christen im Tempel. Die Säulenhalle Salomos, die bereits Apg 3,11 genannt wurde, befindet sich nach Lukas im Tempel.

Verse 13–14: Die Zeichnung der Scheu der übrigen (Menschen) in V. 13 nimmt die Aussage von V. 11 auf: »Und große Furcht kam ... über alle, die dies hörten.« Zugleich weist die Notiz, dass das Volk die Christen pries, auf die nachfolgende Episode, besonders Apg 5,26, voraus und bereitet auch V. 15 vor. Trotz der Scheu der Menschen wächst – so V. 14 – die Gemeinde gewaltig.

Vers 15: Der Vers zeigt die Wirkung des V. 12 beschriebenen Geschehens. V. 15a entspricht Mk 6,56; diese Stelle lässt Lukas im Evangelium aus und fügt sie hier ein. V. 15b, der Bericht vom wundertätigen Schatten des Petrus, hat eine vom Verfasser wohl beabsichtigte Parallele in Apg 19,11–12, der Notiz von den Schweißtüchern des Paulus.

Vers 16: Eine weitere Nachricht über die Anziehungskraft und Macht des Evangeliums: Die Menge aus den Städten um Jerusalem –

[126] Apg 2,19. 22. 43; 4,30.

wobei Lukas wie in Lk 6,17 an die weit abgelegenen Städte Judäas denkt – kommt in die Hauptstadt, um ihre Kranken heilen zu lassen, was auch geschieht. Mit dieser Aussage bereitet Lukas die folgenden Kapitel vor, in denen das Evangelium nach »draußen« getragen wird.

Geschichtlicher Wert

Der Text ist vollständig durch lukanische Theologie geprägt. Daher kommt ihm kein historischer Wert zu.

f) Apg 5,17–42: Festnahme und Befreiung der Apostel

17 Es erhob sich aber der Hohepriester und alle, die bei ihm waren, nämlich die Partei der Sadduzäer, und sie wurden von Eifer erfüllt 18 und legten Hand an die Apostel und nahmen sie in öffentlichen Gewahrsam.

19 Ein Engel des *HERRN* aber öffnete während der Nacht die Türen des Gefängnisses und führte sie hinaus und sagte: 20 Geht und tretet hin und redet im **HEILIGTUM** zum VOLK alle Worte dieses Lebens!

21 Als sie es aber gehört hatten, gingen sie in der Morgenfrühe in das **HEILIGTUM** hinein und **lehrten**.

Der Hohepriester aber kam und die, die mit ihm waren, und sie riefen den Hohen Rat und die ganze Ältestenschaft der Söhne Israels zusammen und sandten in den Kerker, um sie vorführen zu lassen.

22 Die (dorthin) gekommenen Diener aber fanden sie in dem Gefängnis nicht. Sie kehrten aber zurück, berichteten 23 und sagten: Wir fanden den Kerker ganz fest verschlossen und die Wachen an den Türen stehen. Als wir aber öffneten, fanden wir niemanden darin.

24 Als aber der Hauptmann des **HEILIGTUMS** und die Hohenpriester diese Worte hörten, gerieten sie ihretwegen in Verlegenheit darüber, was das wohl werden sollte.

25 Es kam aber irgendeiner und berichtete ihnen: Siehe, die Männer, die ihr ins Gefängnis geworfen habt, stehen im **HEILIGTUM** und **lehren** das VOLK.

26 Da ging der Hauptmann mit den Dienern hin und führte sie ab, nicht
mit Gewalt, denn sie fürchteten das VOLK, dass sie gesteinigt würden.
27 Sie führten sie aber ab und stellten sie vor den Hohen Rat.
Und der Hohepriester befragte sie 28a und sagte: Wir haben euch streng
befohlen, nicht in diesem **NAMEN** zu **lehren**, 28b und siehe, ihr habt Jeru-
salem mit eurer **Lehre** erfüllt 28c und wollt das Blut dieses Menschen auf
uns bringen.
29 Petrus aber und die Apostel antworteten und sagten:
Man muss GOTT mehr ***GEHORCHEN*** als *MENSCHEN*. 30 Der GOTT unserer
Väter hat Jesus auferweckt, an den ihr Hand gelegt habt, indem ihr ihn
ans Holz hängtet. 31 Diesen hat GOTT zum Anführer und Retter zu sei-
ner Rechten erhöht, um Israel Umkehr zu geben und Sündenvergebung.
32a Und wir sind Zeugen dieser Vorgänge 32a und der ***heilige Geist***, den
GOTT denen gegeben hat, die ihm ***GEHORCHEN***.
33 Die aber, die es hörten, wurden wütend und wollten sie umbringen.
34 Es erhob sich aber einer im Hohen Rat, ein Pharisäer namens Gama-
liel, ein Gesetzes**lehrer**, angesehen beim ganzen VOLK, und befahl, die
Leute für kurze Zeit hinauszuschaffen. 35 Und er sagte zu ihnen:
Israelitische Männer, nehmt euch in Acht bei diesen *MENSCHEN*, was ihr
tun wollt!
36 Denn vor diesen Tagen *trat* Theudas *auf* und sagte, er sei jemand; dem
schloss sich eine Anzahl von etwa vierhundert Männern an; er wurde
getötet, und ***alle, die ihm Gehör gaben***, wurden versprengt und wurden
zu nichts.
37 Nach diesem *trat* Judas der Galiläer *auf*, in den Tagen der Registrie-
rung, und brachte das VOLK hinter sich; auch der kam um, und ***alle,
die ihm Gehör gaben***, wurden zerstreut.
38 Und jetzt sage ich euch: Lasst ab von diesen *MENSCHEN* und gebt sie
frei! Denn wenn dieses Vorhaben oder dieses Unternehmen von *MEN-
SCHEN* sein sollte, wird es zunichte werden. 39 Wenn es aber von GOTT
ist, werdet ihr sie nicht zunichte machen können. Damit ihr nicht etwa
noch als gegen GOTT Kämpfende befunden werdet!
Sie gaben ihm aber ***Gehör***. 40 Und sie riefen die Apostel herbei, ließen sie
schlagen und befahlen ihnen, nicht im **NAMEN** Jesu zu reden, und ließen
sie frei.

41 Die nun gingen vom Hohen Rat fort und freuten sich, dass sie gewürdigt worden waren, für den **NAMEN** verächtlich behandelt zu werden.
42 Und sie hörten nicht auf, jeden Tag im **HEILIGTUM** und in den Häusern zu **lehren** und Jesus als den Christus zu verkündigen.

ANALYSE

Der Abschnitt Apg 5,17–42 variiert Apg 4,1–31. Während dort die Apostel Petrus und Johannes aufgrund ihrer Wunder- und Predigttätigkeit gefangen genommen und dem Hohen Rat vorgeführt, aber wegen mangelnder juristischer Handhabe nach Verwarnung wieder freigelassen werden, erreicht Lukas in Apg 5,17–42 dadurch eine Steigerung, dass *alle* Apostel aufgrund ihres erfolgreichen Wirkens von den jüdischen Oberen gefangen und von Gott wunderbar befreit werden.

Verse 17–18: Der Abschnitt begründet die Gefangensetzung der Apostel mit dem Eifer der jüdischen Behörde. Gedacht ist an Missgunst über ihren Predigterfolg wie schon in der Parallele Apg 4,2, wo die jüdische Führung an der Unterweisung des Volkes durch die Apostel Anstoß nimmt. Der Bericht von der Gefangensetzung Apg 5,18 ist parallel zu Apg 4,3.

Verse 19–21a: In die Handlung schiebt Lukas einzelne Züge eines Befreiungswunders ein, das Parallelen mit den ausführlich erzählten Befreiungswundern in Apg 12 und 16 aufweist. Es hat hier nicht seinen ursprünglichen Platz und wird in der nachfolgenden Handlung nicht erwähnt. Vielmehr bezieht sich der Hohepriester beim Abschluss des Verhörs auf den Befehl von Apg 4,18, nicht mehr im Namen Jesu zu lehren. Die ganze Szene erweist sich als von Lukas komponiert, während die Elemente des Befreiungswunders auf Tradition zurückgehen. Ein Vergleich mit Apg 12,7–10 und 16,25–29 und nichtchristlichen Parallelen zeigt das.[127]

127 Vgl. OTTO WEINREICH: Religionsgeschichtliche Studien, Darmstadt 1968, S. 167.

Verse 21b–40: Der Abschnitt stammt vollständig aus der Feder des Lukas. Hier eine Auswahl von Beobachtungen: Zur Rücksicht auf das Volk in V. 26 vgl. ähnlich Apg 4,21. V. 27a ist Überleitung. Die Anklage in V. 28 lautet, die Apostel hätten trotz Verbots das Volk im Namen Jesu Christi gelehrt, ja, Jerusalem mit der christlichen Lehre erfüllt. Die Beschuldigung des Hohenpriesters in V. 28c, sie wollten wohl das Blut Jesu auf die Mitglieder des Hohen Rates bringen, steigert die erzählerische Spannung. »Indirekt wird dem Synedrium sowohl die Tötung Jesu als auch das Vorgehen gegen die Apostel als von Gott zu bestrafende Schuld angelastet.«[128]

V. 29–32: Die Rede des Petrus und der Apostel nimmt ebenso wie der vorige Abschnitt auf Apg 4,1–31 Bezug. Vgl. V. 29: »Man muss Gott mehr gehorchen als Menschen« mit Apg 4,19: »Ob es gerecht ist vor Gott, auf euch mehr zu hören als auf Gott, (darüber) urteilt (selbst)!« V. 30–31 ergänzen diese Äußerung des Petrus und der Apostel um einen christologischen Teil; er enthält Prädikate, die bereits in den vorangehenden Kapiteln gebraucht wurden: In V. 30 sind lukanisch der Hinweis auf die Juden als Hauptakteure beim Kreuzestod Jesu[129], die Auferweckungsaussage[130] und in V. 31 die Bezeichnung Jesu als »Anführer«[131] sowie das Wort über seine Erhöhung zur Rechten Gottes.[132] V. 30 enthält zugleich eine Anspielung auf Dtn 21,22–23 (LXX), eine Stelle, die Juden in vorchristlicher Zeit anders als ursprünglich gemeint auf die Kreuzigung – und nicht auf das nach der Steinigung vollzogene Aufhängen des Toten – bezogen.[133] V. 32a: Die Apostel sind Zeugen; das ist lukanisch. Vgl. dieselbe Aussage Apg 2,32; 3,15, verbunden mit einer christologischen Formulierung. Der Ausdruck »diese Vorgänge« bezieht sich auf die »Heilstaten« Gottes zurück: nämlich Auferweckung, Himmelfahrt, Sündenvergebung. V. 32b: Das

128 Gerhard Schneider: Die Apostelgeschichte I, Freiburg 1980, S. 394.
129 Vgl. Apg 2,23; 3,14–15.
130 Vgl. Apg 2,24; 3,15.
131 Vgl. Apg 3,15: »Anführer des Lebens«.
132 Vgl. Apg 2,33.
133 Vgl. Gal 3,13.

Zeuge-Sein des heiligen Geistes erinnert an Apg 2,33 (Lk 24,49). Der Geist, den Gott denen, die gehorcht haben, gibt, erweist Jesus als »den Herrn und Christus«.

V. 33: Die wütende Reaktion des Hohen Rates lässt ahnen, was Christen in Zukunft von dieser Seite erwartet.[134]

V. 34–39: V. 34 hat eine Entsprechung in Apg 4,15: In beiden Fällen müssen die Apostel vor der Beratung den Raum verlassen. Der Rat Gamaliels in V. 38–39 enthält das apologetische Programm des Lukas. Dass das christliche Vorhaben »von Gott stammt«, ist der Leserschaft natürlich längst klar. Lukas rückt dabei die Pharisäer in die Nähe der Christen, da beide gegenüber den Sadduzäern die Auferstehung der Toten lehren.[135] Darum erscheinen besonders die Sadduzäer als Feinde der Christen.

Gamaliel stützt seinen Rat mit zwei historischen Beispielen, den Aufständen des Theudas und des Judas. Sie gehen an dieser Stelle mit Sicherheit auf Lukas zurück. Theudas trat erst nach 44 n.Chr. auf.[136] Die Zuordnung des Judas zu der Registrierung ist historisch richtig, obgleich Lukas von ihr eine falsche Vorstellung hat.[137] Er stattet die Rede Gamaliels mit historischen Anspielungen aus. Werden diese aber als Zutaten erkannt, geht an dieser Stelle auch die Person Gamaliels auf Lukas zurück.[138] Lukas nennt Gamaliel in Apg 22,3 Lehrer des Paulus; nur dass Paulus nach der Erzählung der Apostelgeschichte nicht zu der Toleranz in der Lage war, die Lukas seinem »Lehrer« zuschreibt.

V. 40: Das Verbot, im Namen Jesu zu reden, nimmt Apg 4,18 und 5,28 auf. Es fällt auf, dass trotz der Zustimmung des Hohen Rates

[134] Vgl. Apg 7,54.

[135] Vgl. Apg 23,6–9.

[136] Vgl. Josephus, Jüdische Altertümer XX 97–99.

[137] Lukas datiert die Geburt Jesu in die Zeit Herodes' des Großen und zur Zeit der Registrierung durch Quirinius (vgl. Lk 2,1–7; 3,1). Eine Registrierung durch Quirinius fand aber erst ein Jahrzehnt nach Herodes' Tod statt und bezog sich auf das Gebiet von Judäa und Syrien, nicht auf das gesamte Römische Reich.

[138] Apg 22,3. Vgl. noch STEVE MASON: Flavius Josephus und das Neue Testament, 2000, S. 304–310.

zum Rat Gamaliels die Apostel doch geschlagen werden.[139] Die Leiden der Apostel haben Vorbildcharakter.

Verse 41–42: Die Verse sind sprachlich und inhaltlich lukanisch. V. 41 erzählt die Freude der Apostel über die Situation. Ihr Leiden ist Freude im Leiden.[140] Die Seligpreisungen der verfolgten Jünger[141] erfüllen sich in den Aposteln, die für den Namen Jesu verächtlich behandelt werden.[142] V. 42 beschreibt – wie vorher Apg 2,42 und 4,33a – das weitere Tun der Apostel. Sie lehren im Tempel und in den Häusern.

Geschichtlicher Wert

Die Analyse hat den Text als lukanische Erfindung erwiesen. Er hat keinen historischen Wert.

g) Apg 6,1–8,3: Von der Einsetzung der sieben Hellenisten zum Tischdienst bis zur Steinigung des Stephanus und der Verfolgung der Gemeinde in Jerusalem

6,1 In diesen Tagen aber, als die Jünger zahlreicher wurden, entstand ein Murren der Hellenisten gegen die Hebräer, weil beim täglichen Dienst ihre Witwen übersehen wurden.

2 Die Zwölf aber beriefen die MENGE der Jünger ein und sagten: Es ist nicht richtig, dass wir das **Wort** GOTTES vernachlässigen und Tischdienst
leisten. 3 Seht euch aber um, Brüder, nach sieben Männern von euch mit gutem Ruf, voll ***Geist*** und ***WEISHEIT***; die werden wir für diese Aufgabe
einsetzen. 4 Wir aber werden uns weiter dem ***GEBET*** und dem Dienst am **Wort** widmen.

5 Und die Rede fand Zustimmung bei der ganzen MENGE; und sie wählten

139 Zu »schlagen« vgl. Mk 13,9; Apg 16,37; 22,19.
140 Vgl. Apg 14,22.
141 Vgl. Lk 6,22–23.
142 Vgl. Apg 9,16; 15,26; 21,13.

Stephanus aus, einen Mann voll ***Glauben*** und ***heiligem Geist***,
und Philippus
und Prochorus
und Nikanor
und Timon
und Parmenas
und Nikolaus, einen Proselyten aus Antiochia.

6 Die stellten sie vor die Apostel.
Und sie ***BETETEN*** und legten ihnen die Hände auf.

7 Und das **Wort** Gottes wuchs, und die Zahl der Jünger in Jerusalem nahm sehr zu; und eine große Menge der Priester gehorchte dem Glauben.

8 Stephanus aber, voll Gnade und Kraft, tat Wunder und große Zeichen im VOLK.

9 Es traten aber einige von denen aus der sogenannten Synagoge der
Libertiner und Kyrenäer und Alexandriner und von denen aus Kilikien
und Asien auf und führten mit Stephanus Streitgespräche. 10 Und sie
waren nicht imstande, der ***Weisheit*** und dem ***Geist***, mit dem er redete, zu
widerstehen.

11 Da stifteten sie Männer an, die sagten: Wir haben ihn Lästerworte reden hören gegen **MOSE** und Gott.

12 Und sie hetzten das VOLK und die Ältesten und die Schriftgelehrten auf und traten heran, packten ihn und führten ihn vor den Hohen Rat.

13 Und sie stellten falsche Zeugen auf, die sagten: Dieser Mensch hört
nicht auf, Worte gegen diesen heiligen Ort und das ***Gesetz*** zu reden.
14 Denn wir haben ihn sagen hören: Jesus, der Nazoräer, dieser wird die-
sen Ort zerstören und die Gebräuche verändern, die uns **MOSE** überlie-
fert hat.

15 Und alle, die im Hohen Rat saßen, richteten ihren Blick auf ihn und sahen sein Gesicht wie das Gesicht eines Engels.

7,1 Der Hohepriester aber sagte: Verhält sich dies so?

2 Er aber sprach:

[*7,2b–8: Abraham*]

Männer, Brüder und Väter, hört!

Der Gott der Herrlichkeit erschien ***unserem Vater*** **ABRAHAM**, als er in
Mesopotamien war, bevor er sich in Haran niederließ, 3 und sagte zu ihm:

> Geh aus deinem *Land* und von deiner Verwandtschaft fort,
> und auf in das *Land*, das ich dir zeigen werde.

[Gen 12,1]

4 Da ging er aus dem *Land* der Chaldäer fort und ließ sich in Haran nieder.

Und von dort ließ er ihn, nachdem sein Vater gestorben war, in dieses
Land umsiedeln, in dem ihr jetzt wohnt. 5 Und er gab ihm keinen Erbbesitz darin, nicht einmal einen Fuß breit; doch er verhieß,

> es ihm zum Besitz zu geben und seiner Nachkommenschaft nach ihm

[Gen 48,4],

obwohl er kein Kind hatte. 6 Gott aber sprach so:

> Seine Nachkommenschaft wird Beisasse sein in einem fremden *Land*;
> und sie werden sie versklaven und schlecht behandeln vierhundert Jahre lang.
> 7 Und über das Volk, dem sie als Sklaven dienen, werde ich urteilen,
> sagte Gott,
> und danach werden sie ausziehen und mir an diesem Ort dienen.

[Gen 15,13–14; Ex 2,22]

8 Und er gab ihm den Bund der Beschneidung; und so zeugte er Isaak und beschnitt ihn am achten Tag, und Isaak (zeugte) Jakob und Jakob die zwölf *Stammväter*.

[*7,9–16: Abrahams Nachkommen*]

9 Und die *Stammväter* wurden eifersüchtig auf Joseph und gaben ihn weg
nach Ägypten. Und Gott war mit ihm 10 und holte ihn aus allen seinen
Bedrängnissen heraus und gab ihm Gnade und Weisheit vor Pharao, dem König von Ägypten; und er setzte ihn zum Regenten über Ägypten und über sein ganzes Haus ein.

11 Es kam aber eine Hungersnot über ganz Ägypten und Kanaan und
eine große *BEDRÄNGNIS*, und ***UNSERE VÄTER*** fanden keine Nahrungsmittel.
12 Als aber Jakob hörte, dass in Ägypten Getreide vorhanden sei, sandte
er ***UNSERE VÄTER*** zum ersten Mal los. 13 Und beim zweiten Mal gab sich
Joseph seinen Brüdern zu erkennen, und dem Pharao wurde die Herkunft
Josephs offenbar.

14 Joseph aber sandte hin und lud seinen Vater Jakob und die ganze Verwandtschaft ein, fünfundsiebzig Seelen. 15 Und Jakob zog nach Ägypten
hinab und starb, er und ***UNSERE VÄTER***; 16 und sie wurden nach Sichem überführt und in die Grabstätte gelegt, die **ABRAHAM** für Silbergeld von den
Söhnen Hamors in Sichem erworben hatte.

[*7,17–22: Die ersten vierzig Jahre des Mose*]

17 Als aber die Zeit der Verheißung nahte, die GOTT dem **ABRAHAM**
zugesagt hatte, wuchs das Volk und vermehrte sich in Ägypten, 18 bis

ein anderer König über Ägypten auftrat,
der Joseph nicht kannte.

[Ex 1,8 LXX]

19 Dieser ging mit List gegen unseren Volksstamm vor und behandelte ***DIE
VÄTER*** schlecht und ließ sogar ihre Neugeborenen *aussetzen*, damit sie
nicht am Leben blieben.

20 Zu der Zeit wurde **MOSE** geboren, und er war GOTT angenehm; er
wurde drei Monate im Haus des Vaters aufgezogen. 21 Als er aber *ausgesetzt* wurde, nahm ihn die Tochter Pharaos auf und erzog ihn sich zum
Sohn. 22 Und **MOSE** wurde in aller ***WEISHEIT*** der Ägypter ausgebildet; er
war aber in seinen Worten und Taten stark.

[*7,23–29: Der vierzigjährige Mose*]

23 Als er aber ein Alter von VIERZIG JAHREN erreicht hatte, stieg es in
seinem Herzen auf, nach seinen Brüdern, den Söhnen Israels, zu sehen.
24 Und als er einen Unrecht leiden sah, stand er ihm bei und rächte den
Misshandelten, indem er den Ägypter erschlug. 25 Er meinte aber, seine
Brüder würden verstehen, dass GOTT ihnen durch seine Hand Rettung
bringe; doch sie verstanden es nicht.

26 Und am folgenden Tag erschien er bei ihnen, als sie sich stritten, und er wollte sie zum Frieden versöhnen und sagte: Männer, ihr seid Brüder, warum tut ihr einander Unrecht?

27 Der aber, der dem Nächsten Unrecht tat, stieß ihn weg und sagte:

> **Wer hat dich zum Herrscher und Richter eingesetzt** über uns?
> 28 Willst du mich etwa umbringen,
> wie du gestern den Ägypter umgebracht hast?

[Ex 2,14]

29 **MOSE** aber floh auf dieses Wort hin und wurde ein Beisasse im Land Midian, wo er zwei Söhne zeugte.

[*7,30–34: Der achtzigjährige Mose*]

30 Und als VIERZIG JAHRE erfüllt waren, erschien ihm in der **Wüste** des
Berges Sinai ein Engel in der Feuerflamme eines Dornbuschs. 31 Als
MOSE es aber sah, wunderte er sich über die Erscheinung. Während er
herbeikam, um sie *genau anzusehen*, geschah die Stimme des *HERRN*:

> 32 Ich bin der Gott deiner Väter,
> der Gott Abrahams und Isaaks und Jakobs.

[Ex 3,6]

MOSE erzitterte aber und wagte nicht, *genau hinzusehen*.

33 Der *HERR* aber sagte ihm:

> Löse die Sandale(n) von deinen Füßen,
> denn der Ort, auf dem du stehst, ist heiliges Land.
> 34 Gesehen habe ich die Misshandlung meines VOLKES, das in Ägypten ist,
> und ihr Seufzen habe ich gehört,
> und ich bin herabgekommen, sie herauszuholen.
> Und jetzt auf, ich will dich nach Ägypten schicken.

[Ex 3,5. 7–8. 10]

[*7,35–43: Die letzten vierzig Jahre des Mose*]

35 *DIESEN* **MOSE**, den sie verleugneten, indem sie sagten:
Wer hat dich zum Herrscher und Richter eingesetzt?
[Ex 2,14],
DIESEN hat Gott als Herrscher und Retter gesandt durch die Hand des
Engels, der ihm im Dornbusch erschien. 36 *DIESER* führte sie heraus,
indem er ***Wunder*** und Zeichen tat im Land Ägypten und im Roten Meer
und in der **Wüste** VIERZIG JAHRE lang. 37 *DIESER* ist der **MOSE**, der
den Söhnen Israels sagte:

Einen Propheten wird euch Gott aufstehen lassen
aus euren Brüdern, (einen Propheten) wie mich.
[Dtn 18,15]

38 *DIESER* ist es, der in der Versammlung in der **Wüste** mit dem Engel,
der auf dem Berg Sinai zu ihm geredet hatte, und mit ***unseren Vätern***
war, der lebendige Worte empfing, sie uns zu geben.
39 Ihm wollten ***unsere Väter*** nicht gehorsam sein, sondern sie stießen
ihn weg und wandten sich in ihren Herzen Ägypten zu 40 und sagten zu
Aaron:

Mach uns Götter, die vor uns herziehen werden;
denn *DIESER* **MOSE**, der uns aus dem Land Ägypten geführt hat –
wir wissen nicht, was ihm geschehen ist.
[Ex 32,1. 23]

41 Und sie machten in jenen Tagen ein Kalb und brachten dem Götter-
bild ein Opfer und freuten sich an den Werken ihrer Hände.
42 Gott aber wandte sich ab und gab sie dahin, dem Heer des Himmels
zu dienen, wie es geschrieben ist im Buch der Propheten:

Habt ihr mir etwa Schlachtopfer und Opfer dargebracht
VIERZIG JAHRE lang in der Wüste, Haus Israel?
43 Und ihr nahmt das Zelt des Moloch mit
und das Sternbild des Gottes Räphan,
die Bildwerke, die ihr gemacht hattet, um sie anzubeten.
Und ich werde euch umsiedeln über Babylon hinaus.
[Am 5,25–27 LXX]

[*7,44–50: Von der Landnahme bis zum Bau des Tempels*]

44 Das Zelt des Zeugnisses war bei ***UNSEREN VÄTERN*** in der **WÜSTE**, wie
der mit **MOSE** Redende befohlen hatte, es nach dem Muster zu machen,
das er gesehen hatte. 45 Das auch haben ***UNSERE VÄTER*** übernommen
und (ins Land) hineingebracht mit Josua bei der Besitzergreifung (des
Landes) der Heiden, die GOTT vor dem Angesicht ***UNSERER VÄTER*** ver-
trieb, bis zu den Tagen Davids; 46 der fand Gnade vor GOTT und bat
darum, eine Wohnstätte zu finden für das Haus Jakobs. 47 Salomo aber
baute ihm ein Haus. 48 Aber der Höchste wohnt nicht in etwas, das von
Händen gemacht ist, wie der Prophet sagt:

> 49 Der Himmel ist mir Thron,
> die Erde aber Schemel meiner Füße.
> Was für ein Haus werdet ihr mir bauen, sagt der *HERR*,
> oder welches ist der Ort meiner Ruhe?
> 50 Hat nicht *meine Hand* dies alles gemacht?

[Jes 66,1–2]

[*7,51–53: Anwendung auf die Hörer*]

51 Halsstarrige und Unbeschnittene an Herzen und Ohren! Ihr wider-
strebt allezeit dem ***heiligen Geist***, wie **EURE VÄTER**, so auch ihr. 52 Wel-
chen der Propheten haben **EURE VÄTER** nicht verfolgt? Und sie töteten
die, die die Ankunft des Gerechten im Voraus verkündigten, dessen Ver-
räter und Mörder ihr jetzt geworden seid, 53 ihr, die ihr das ***Gesetz*** auf
Anordnung von Engeln erhalten und es nicht befolgt habt.

54 Als sie dies aber hörten, wurden sie in ihren Herzen wütend und
knirschten mit den Zähnen gegen ihn.

55 Erfüllt von ***heiligem Geist*** aber blickte er fest zum Himmel und sah
die Herrlichkeit GOTTES und **JESUS** ZUR RECHTEN GOTTES STEHEN 56 und
sagte: Siehe, ich sehe die Himmel geöffnet und den **MENSCHENSOHN** ZUR
RECHTEN GOTTES STEHEN.

57 Sie *schrien* aber *mit lauter Stimme,* hielten ihre Ohren zu und stürz-
ten einmütig auf ihn los. 58 Und sie stießen (ihn) aus der Stadt hinaus und
STEINIGTEN (ihn).

Und die Zeugen legten ihre Kleider ab zu den Füßen eines jungen Man-
nes, der Saulus hieß.
59 Und sie STEINIGTEN Stephanus, der (den Herrn) anrief und sagte:
HERR Jesus, nimm meinen Geist auf!
60 Er beugte aber die Knie und *schrie mit lauter Stimme*: *HERR*, rechne
ihnen diese Sünde nicht an!
Und nachdem er das gesagt hatte, entschlief er.
8,1 Saulus aber billigte seine Ermordung.
An jenem Tag aber kam eine große Verfolgung über die GEMEINDE in
Jerusalem. Alle aber wurden in die Gegenden von Judäa und Samaria *ZER-*
STREUT, mit Ausnahme der Apostel.
2 Den Stephanus aber bestatteten fromme Männer, und sie stimmten
eine große Klage über ihn an.
3 Saulus aber bemühte sich, die GEMEINDE zu Grunde zu richten, indem
er in die einzelnen Häuser hineinging; er schleppte sowohl Männer als
auch Frauen fort und lieferte sie ins Gefängnis ein.

ANALYSE

Mit Kapitel 6 beginnt ein neuer Abschnitt der Apostelgeschichte. Ihn leitet in Apg 6,1–7 ein Bericht über die Einsetzung von sieben Männern zum Tischdienst ein. Dieser Bericht setzt die Schilderung der »kommunistischen« Organisation der Gemeinde Apg 2,44–46; 4,32–5,11 fort. Die bisher auf Jerusalem beschränkte Mission greift – nach den Andeutungen Apg 5,16 – durch die Verkündigung der Hellenisten auf die umliegenden Landschaften über. Im Folgenden, Apg 6,1–8,3, steht Stephanus ebenso im Mittelpunkt wie später, Apg 8,4–40, Philippus.

6,1–7: Einsetzung von sieben Männern zum Tischdienst

Vers 1: Der hier geschilderte Konflikt ist plausibel. Viele fromme Juden siedelten an ihrem Lebensabend nach Jerusalem über, um in der heiligen Stadt begraben zu werden. Die Versorgung ihrer Witwen war daher ein relativ häufig auftretendes Problem.

Verse 2–6: V. 2a scheint der Verfassung der lukanischen Kirche zu entsprechen. Zwei Leitungsorgane stehen einander gegenüber, die Gemeindeleiter – hier die Zwölf – und die Vollversammlung. Die Gemeindeleiter berufen die Vollversammlung ein und unterbreiten ihr Vorschläge. Die Wendung »voll Geist und Weisheit« V. 3 erscheint in Apg 6,10 als Charakterisierung des Stephanus. V. 4 setzt Lukas' Vorstellung voraus, die Zwölf kümmerten sich um Gebet und Verkündigung.[143] V. 5–6 berichten von der Wahl für den Tischdienst. V. 5 lenkt auf V. 2 zurück und setzt ebenso wie jener Vers die lukanische Gemeindeordnung voraus. Der von den Zwölf (= Gemeindeleitern) gemachte Vorschlag findet die Zustimmung der Menge der Jünger (= Vollversammlung). Lukas dürfte die Reihenfolge der Liste V. 5 bestimmt haben. An ihre Spitze platziert er Stephanus, von dem sogleich die Rede sein wird. An zweiter Stelle steht nicht zufällig Philippus, der in Apg 8 die Hauptrolle übernimmt. Die letzte Position hat der Proselyt Nikolaus. Das geht auf Lukas zurück, der damit den Unterschied eines Proselyten von einem (Voll-)Juden kennzeichnet.[144]

Sämtliche Namen sind griechisch: Stephanus, Philippus, Prochorus, Nikanor, Timon, Parmenas und Nikolaus. Die Zahl »sieben« ist eine heilige Zahl[145]. Apg 21,8 – Philippus wird hier »einer der Sieben« genannt – weist auf Apg 6,5 zurück. Möglicherweise kommt in der Siebenzahl der leitende Charakter der Genannten zum Ausdruck.[146]

[143] Vgl. für beides Apg 2,42; 4,29. Zum Ausdruck »Dienst am Wort« siehe Lk 1,2: die Augenzeugen als die Diener des Wortes (= die zwölf Apostel).

[144] Bereits Apg 2,11 erwähnt Proselyten – Männer, die vom Heidentum zum Judentum »hinübergegangen« und durch Beschneidung zu Juden geworden sind.

[145] Vgl. Walter Bauer: Wörterbuch zu den Schriften des Neuen Testaments und der übrigen frühchristlichen Literatur, Berlin [5]1971, Sp. 605.

[146] Man vgl. zu »sieben« Bauer, Wörterbuch, Sp. 605.

Die in V. 6 erzählte Handauflegung entspricht der lukanischen Vorstellungswelt. Sie erscheint noch Apg 13,3 bei der Betrauung mit einer besonderen Aufgabe; vgl. ferner 1 Tim 4,14.

Vers 7: V. 7a ist ein Sammelbericht. Die Notiz über das Wachsen des Wortes Gottes und die Vergrößerung der Anzahl der Jünger lenkt auf V. 1 zurück; vgl. auch Apg 5,14. Lukas betont durch solche allgemeinen Aussagen, dass die Gemeinde unaufhörlich wächst. Die Nachricht in V. 7b, »eine große Menge der Priester« hätte sich der Gemeinde angeschlossen, bedeutet eine weitere Steigerung, denn bisher war aus dieser Gruppe noch niemand Christ geworden. Zur Wendung »gehorchte dem Glauben« vgl. den Begriff »Glaubensgehorsam« in Röm 1,5. In Apg 6,7 liegt Nachwirkung dieser Briefstelle oder Tradition aus dem paulinischen Missionsbereich vor.

Geschichtlicher Wert

In der Forschung besteht fast allgemeiner Konsensus darüber, dass es sich bei den Hellenisten um griechisch sprechende, bei den Hebräern um aramäisch sprechende Juden Jerusalems handelt. Diese Annahme kann sich indes nicht auf den Wortgebrauch berufen, denn »Hebräer« bezeichnet Phil 3,5 und 2Kor 11,22 keinesfalls aramäisch sprechende Juden, sosehr »Hebräer« in der Diaspora oft auf die Herkunft aus Palästina weist. Vielmehr stützt sich die obige These auf den näheren und weiteren Kontext von Apg 6,1–7. So tragen die Sieben, wie oben bereits erwähnt, griechische Namen im Unterschied zu den überwiegend semitischen Namen der zwölf Apostel.[147] Ferner belegt das von Lukas dreimal gebrauchte Adjektiv »hebräisch« den auf die Sprache bezogenen Sinn von »Hebräer«, kommt es doch ausschließlich in dem Ausdruck »in hebräischer Sprache« vor.[148]

[147] Von ihnen haben nur Andreas und Philippus einen griechischen Namen.
[148] Apg 21,40; 22,2; 26,14; vgl. Joh 5,2; 19,13. 17. 20.

Vers 8: Stephanus' Wirken entspricht dem der Apostel. Ebenso wie sie tut er Zeichen und Wunder.[149]

Vers 9: Streitgespräche mit theologischen Gegnern aus Synagogen in Jerusalem sind der Auftakt zu einem tödlich endenden Konflikt. Lukas geht es dabei um eine globale Gegnerschaft zu Stephanus aus dem Kreise hellenistischer Juden. Jedoch ist die Bezeichnung der Widersacher des Stephanus unklar. Bedeutet das griechische Wort »Synagoge« »Gemeinschaft« oder »Synagoge« oder beides?

Synagoge meint wohl »Synagogengemeinschaft«, denn die Existenz von landsmannschaftlichen Synagogengemeinschaften in Jerusalem ist in einem Fall archäologisch nachgewiesen.[150] Eine kurz vor dem Ersten Weltkrieg in Jerusalem gefundene griechische Inschrift aus der Zeit zwischen Herodes und 66 n.Chr.[151] hat u.a. zum Inhalt, dass die Synagoge von dem Priester und Synagogenvorsteher Theodotos, Sohn des Vettenos, erbaut und mit ihr ein Fremdenhaus und eine Wasseranlage für Pilger verbunden gewesen sei.

Vers 10: Der Versuch der hellenistischen Juden, Stephanus mit Argumenten zu bekämpfen, scheitert an der Weisheit und dem Geist, mit denen er redet. »Weisheit« und »Geist« sind Apg 6,3 Eigenschaften der sieben Hellenisten, zu denen Stephanus gehört. Lukas weist also an dieser Stelle auf V. 3 (und V. 5) zurück und verbindet so die beiden Abschnitte Apg 6,1–7 und 6,8–15 miteinander. Er schildert in Apg 6,10 Stephanus als Prediger, also ganz anders, als es nach dem in Apg 6,2 für ihn vorgesehenen Arbeitsauftrag, abgegrenzt gegen die Apostel, zu erwarten war. Man möchte, wenn man dem Gang der Darstellung folgt, bezweifeln, dass sich die tägliche Ver-

[149] Vgl. Apg 5,12.

[150] Vgl. ADOLF DEISSMANN: Licht vom Osten, Tübingen [4]1923, S. 378 (Abbildung, Text, Übersetzung und Kommentar); CARSTEN CLAUSSEN: Versammlung, Gemeinde, Synagoge, Göttingen 2002, S. 30–36 (Forschungsbericht).

[151] Vgl. zur Datierung JOHN S. KLOPPENBORG VERBIN: Dating Theodotos (CIJ II 1404), in: The Journal of Jewish Studies 51 (2000), S. 243–280.

sorgung der hellenistischen Witwen unter solchen Umständen überhaupt hätte verbessern können. Zum Inhalt von Apg 6,10 siehe noch die Zusage »Jesu« an seine Jünger Lk 21,15: »Ich werde euch Mund und Weisheit geben, der alle eure Widersacher nicht werden widerstehen oder widersprechen können!« Lukas sieht im Stephanusprozess dieses Versprechen »Jesu« verwirklicht.

Vers 11: Dieser Vers leitet – nach dem Misslingen des ersten Angriffes gegen Stephanus – den Bericht von einem zweiten Angriff ein. Stephanus' Gegner, die V. 10 genannten Mitglieder der hellenistischen Synagogengemeinschaften, bedienen sich dazu unlauterer Mittel, weil sonst Stephanus nicht beizukommen gewesen wäre. Sie stiften Männer an, die sagen: »Wir haben ihn Lästerworte reden hören gegen Mose und Gott.«

Vers 12: Zusätzlich hetzen sie das Volk auf, das bisher zu den Christen hielt[152], und die Ältesten und Schriftgelehrten, die schon früher an den Aktionen gegen die Jerusalemer Urgemeinde beteiligt waren.[153]

Verse 13–14: Ebenso wie bei der ersten Anschuldigung in V. 11 werden Zeugen aufgestellt, die behaupten, anstößige Aussprüche des Stephanus gehört zu haben. Lukas nennt sie ausdrücklich »falsche Zeugen«, während sie V. 11 noch neutral als »Männer« bezeichnet worden waren. Es sind jene falschen Zeugen, die Lukas beim Prozess Jesu unerwähnt ließ.[154] Auch das angebliche Jesuswort über die Tempelzerstörung in V. 14 ist von Lukas bewusst an diese Stelle gesetzt worden, da es hier – als falsches Zeugenwort, abgerückt von Jesus – keiner umständlichen Interpretation mehr bedarf.[155] Die Anklage in V. 13b, Stephanus habe gegen den Tempel und das Gesetz geredet, fasst den Inhalt von V. 14 zusammen.[156]

Vers 15: Indem Lukas Stephanus als engelgleich schildert, beglaubigt er ihn vor dem Hohen Rat. Der Vers findet seine Fortsetzung

152 Apg 2,47; 5,13; vgl. Apg 6,8.
153 Vgl. Apg 4–5.
154 Vgl. Mk 14,55–60 mit Lk 22,66–67.
155 Vgl. Mk 14,58; Mt 26,61; Joh 2,19.
156 Vgl. auch Apg 7,48–50.

im Visionsbericht Apg 7,55–56, wobei Parallelen zur lukanischen Darstellung der Verklärung Jesu vorliegen.[157]

Geschichtlicher Wert

Die Tradition von der Anwesenheit der Apg 6,9 genannten Juden in Jerusalem hat alle historische Wahrscheinlichkeit für sich. Jerusalem war damals ein geschätzter Wohnort für griechischsprechende Juden aus der Diaspora. Vgl. als Beispiele die Theodotos-Inschrift sowie Simon von Kyrene und seine beiden Söhne Alexander und Rufus.[158]

In Apg 6,8–15 benutzt Lukas Material aus dem Prozess Jesu, um den Prozess des ersten christlichen Märtyrers in einem ähnlichen Licht zu zeichnen. Zusätzlich zieht Lukas eine Parallele von Stephanus und Paulus. Besonders wichtig ist die Übereinstimmung von Apg 6,13 mit 21,28. Mit diesen Parallelen unterstreicht er die Kontinuität der Heilsgeschichte in der frühen christlichen Mission und Theologie. Apg 6,8–15 besitzt demnach (abgesehen von V. 9) keine Traditionsbasis und ist darum historisch wertlos.[159]

7,1–53: Die Rede des Stephanus

Die Stephanusrede – die längste Predigt in der Apostelgeschichte – hat folgenden Aufbau:

- V. 2–38: Die Geschichte Israels von Abraham bis Mose
  - 2–8a: Die Abrahamsgeschichte
  - 8b: Überleitungsnotiz: von Isaak zu den zwölf Patriarchen
  - 9–16: Die Josephsgeschichte
  - 17–38: Die Mosesgeschichte
- V. 39–50: Israels Abfall: Götzendienst und Tempelbau
  - 39–43: Götzendienst
  - 44–50: Bau des Tempels

[157] Vgl. Apg 6,15 / Lk 9,29; Apg 7,55–56 / Lk 9,32.

[158] Mk 15,21; vgl. Lk 23,26.

[159] Zum letzten Abschnitt vgl. SCHNELLE, Paulus, S. 85–86.

44–47: Das Zelt der Begegnung
und der Bau des Tempels für das Haus Jakob
48–50: Polemik gegen die Ansicht, Gott wohne im Tempel
V. 51–53: Die Schuld Israels: Polemik gegen die Hörer

Die Rede des Stephanus steht an einem Wendepunkt der Apostelgeschichte. Durch den Mund des ersten christlichen Märtyrers bringt Lukas zweierlei zum Ausdruck: a) Die Kirche hat ihre Wurzeln im Alten Testament; b) die den Stephanus aburteilende Instanz ist – immer schon dem heiligen Geist widerstrebend[160] – von der christlichen Gemeinde geschieden. Damit bereitet Lukas auf der Erzählebene die Trennung von Juden und Christen vor, die in den ersten fünf Kapiteln der Apostelgeschichte noch nicht vollzogen war.

Einzelne Punkte der Rede hat Lukas auf die Anklagesituation bezogen, so in Apg 7,53 die Versicherung, die Juden hätten das Gesetz nicht beachtet, oder die Aussage in Apg 7,46–47, Salomo habe für Jakob einen Tempel gebaut. Mit beidem erweist Lukas die Vorwürfe in Apg 6,11. 13–14, dass Stephanus gegen das Gesetz und gegen den Tempel gepredigt habe, als falsch.

Lukas benutzt die Stephanusrede aber auch dazu, seine andernorts ausführlich begründete Ansicht[161] von dem wahren Ort der Frömmigkeit darzulegen. Indem er den Tempel in seiner Geltung auf die Juden beschränkt, dient ihm die Stephanusrede gleichzeitig zur Ausarbeitung und weiteren Begründung seiner ihm eigentümlichen heilsgeschichtlichen Sicht.

Eine einheitliche Theologie hat die Stephanusrede wohl nicht. Apg 7,2–38 könnte man am ehesten als Einheit ansehen, und zwar nach dem Schema »Verheißung – Bedrängnis in Ägypten – Erfüllung durch »Mose«, wobei sich die Erzählung vom Götzendienst Israels in Apg 7,39–43 eng an die Mosesgeschichte in Apg 7,20–38 anschließen würde. Apg 7,44–50 lassen sich Apg 7,39–43 nicht unmittelbar zuordnen, während Apg 7,51–53 wiederum anders als die vorhergehenden Verse auf die Anklagesituation eingehen. Im

160 Apg 7,51.
161 Apg 17,22–31.

Alten Testament und im jüdischen Schrifttum finden sich zahlreiche Geschichtsabrisse, die Lukas kannte und an denen er sich bei der Komposition seiner Heilsgeschichte in der Stephanusrede ausrichten konnte.[162]

Geschichtlicher Wert

Stephanus hat diese Rede nicht gehalten, weder in Jerusalem noch woanders. Am Ende von Vers 4 könnte jedoch der Hinweis des Stephanus auf das Land, in dem die Mitglieder des Hohen Rates jetzt wohnen, Lukas' Wissen andeuten, dass Stephanus und seine Gefolgschaft nicht aus Judäa stammen.[163]

7,54–8,3: Steinigung des Stephanus und Verfolgung der Gemeinde

Vers 54: Der Hohe Rat reagiert mit Wut auf die Rede des Stephanus.

Verse 55–56: Lukas dürfte den Visionsbericht V. 55 und die Visionskundgabe V. 56 selbst gebildet haben, denn die Verse sind abhängig von Lk 22,69: »Von jetzt an wird der Menschensohn zur Rechten der Kraft Gottes sitzen.« Er hat dabei in dem soeben angeführten Satz aus seinem Passionsbericht die Aussage aus Mk 14,62 weggelassen: »Ihr werdet … sehen.«

Verse 57–58a: Lukas gestaltet auch sonst tumultuarische Szenen: vgl. Lk 4,28–29, Apg 5,33; 23,7–10.

Vers 58b: Die Bemerkung, dass die Zeugen ihre Kleider zu Füßen des Saulus ablegten, verknüpft Stephanus' Martyrium mit der nachfolgenden Geschichte über Paulus. Der große Missionar tritt so zunächst in einer Nebenrolle auf die Bühne.

Verse 59–60: V. 59 nimmt – sichtbar an der Wiederholung »steinigten« – den V. 58a unterbrochenen Erzählfaden wieder auf. Das Ster-

[162] Dtn 6,20–24; 26,5–9; Jos 24,2–13; Neh 9,6–31; Jdt 5,6–18; 1Makk 2,52–60; Ps 78; 105; 106; 136; Sir 44–50; 3Makk 2,2–12; 4Esr 3,4–36.

[163] Vgl. WALTER SCHMITHALS: Die Apostelgeschichte des Lukas, Zürich 1982, S. 66.

ben des Stephanus wird in auffallender Angleichung an Lukas' Bericht von Jesu Tod wiedergegeben: Das Rufen mit lauter Stimme Apg 7,60 erinnert an den letzten lauten Ruf Jesu in Lk 23,46. Jesu letztes Wort lautet dort: »Vater, in deine Hände lege ich meinen Geist.« Es entspricht fast wörtlich Ps 30,6 (LXX). Der Gebetsruf des Stephanus – »Herr Jesus, nimm meinen Geist auf« – richtet sich im Unterschied zu Lk 23,46 an Jesus, den er als erhöhten Herrn geschaut hat. Die Vergebungsbitte des Stephanus in Apg 7,60: »Rechne ihnen diese Sünde nicht an!« steht dem Jesuswort in Lk 23,34 nahe: »Vater, vergib ihnen, denn sie wissen nicht, was sie tun.«[164]

Vers 8,1a: Dieser Versteil geht auf Lukas zurück, der Paulus an der Hinrichtung beteiligen will. Man vgl. im Übrigen die Steigerung im Vergleich zu der Aussage in Apg 7,58, wo Paulus als Kleiderwächter fungiert; in V. 1a zeigt er sich mit der Tötung des Stephanus einverstanden.

Verse 1b–3: Die Nachricht von einer Bestattung verträgt sich kaum mit der Vertreibung aller Hellenisten aus Jerusalem. Lukas hat die Notiz selbst nachgetragen und bezeichnet die Bestatter als »fromme Männer«[165]. Man vgl. auch den Jesusbestatter Joseph von Arimathia, den Lukas als »gut und gerecht« beschreibt.[166] Ebenso wenig passt die Notiz über die Polizeiaktionen des Paulus in Jerusalem zur Zerstreuung aller Hellenisten. Dann wäre niemand mehr da gewesen, den Paulus hätte festnehmen können. (Die Apostel blieben ja unbehelligt.) Lukas wollte Paulus' aktive Verfolgungstätigkeit im Verhältnis zu Apg 7,58 und 8,1a steigern und erfand kurzerhand eine weitere Episode.

Geschichtlicher Wert

Lukas kannte eine Tradition von Steinigung des Stephanus und hat die Gestalt des Paulus, wie Apg 7,58b zeigt, künstlich in sie einge-

164 Ferner entspricht die Aussage Apg 7,60, »er beugte die Knie«, Lk 22,41, wo Jesus am Ölberg abweichend von der Vorlage – Mk 14,35: »Er warf sich auf die Erde« – die Knie beugte.

165 Ebenso Symeon (Lk 2,25) und Hananias (Apg 22,12).

166 Lk 23,50.

fügt. Ich nehme an, dass diese Tradition einen historischen Kern hat. Doch aus anderen Gründen (siehe sofort) fand diese Steinigung nicht in Jerusalem statt.

Lukas macht geschichtswidrig Paulus zum Zeugen und Teilnehmer an der Hinrichtung des Stephanus und zum Christenverfolger in Jerusalem. Aber Gal 1,17 belegt, dass Paulus Christen in Damaskus und nicht in Jerusalem nachgestellt hat, und Gal 1,22 zufolge war Paulus den Christen in Judäa – das heißt nach dem damaligen Sprachgebrauch den Christen in Jerusalem und im südlichen Teil von Palästina – unbekannt.[167] Lukas lässt Paulus später mit der Vollmacht des Hohenpriesters von Jerusalem nach Damaskus reisen, damit er von dort Christen gefesselt nach Jerusalem führe.[168] Indes besaß der Hohe Rat »in dieser Stadt keine offiziellen Befugnisse.«[169] Außerdem findet sich eine Reise von Jerusalem nach Damaskus nicht in den Paulusbriefen.

Ich bringe jetzt drei allgemeine Einwände gegen den historischen Wert des Gesamtabschnitts Apg 6,1–8,3 vor und begründe anschließend, warum Lukas Stephanus und die Hellenisten nach Jerusalem versetzt hat.

1) Der Einsatz der Erzählung in Apg 6 ist problematisch, denn zwischen der Sorge für die Witwen und dem anschließend geschilderten Streit über das Gesetz, der zur Lynchjustiz an Stephanus führt, besteht kein innerer Zusammenhang.

2) Stephanus wird als vom Geist erfüllter Prediger dargestellt, obwohl er doch für die Witwen tätig sein soll.

3) Es wirkt konstruiert, dass alle Hellenisten aus Jerusalem fliehen müssen, während ausgerechnet die Apostel in Jerusalem bleiben dürfen.

Nach den Hinweisen in der Pfingstgeschichte Apg 2,5–12 kann Lukas die Hellenisten als griechischsprachige Diasporajuden für

[167] Zu den weiteren Einzelheiten der Verfolgungsaktion des Paulus vgl. unten, S. 97–98.

[168] Apg 9,1–2.

[169] Vgl. CONZELMANN, Geschichte, S. 46.

seine Darstellung gut gebrauchen; im Erzählablauf der Apostelgeschichte dienen sie als Übergang von den Jerusalemer Aposteln zu Paulus. Als Mitglieder der Jerusalemer Gemeinde sind die Hellenisten demnach eine der Geschichtsschreibung dienende lukanische Erfindung, die ihre Bausteine aus Traditionen über Hellenisten außerhalb Jerusalems bezieht[170], zumal alle Elemente aus Apg 6,1–8,3 thematisch mit dem Rest der Apostelgeschichte verbunden sind. »Lukas versetzt mit dem Ursprung des Stephanuskreises auch das Martyrium des Stephanus nach Jerusalem, um auf diese Weise die mit ihm anhebende christliche Entwicklung so fest wie möglich an Israel und die apostolische Gemeinde anzuschließen.«[171] Die Gestalten des Stephanus und der Hellenisten vergrößern noch die Mannigfaltigkeit der ersten Jerusalemer Gemeinde und erklären zugleich, wie das Evangelium von den Jerusalemer Aposteln zu Paulus und den von ihm gegründeten griechischsprachigen Gemeinden der Diaspora gekommen ist.[172]

h) Apg 8,4–40: Überwindung des Magiers Simon durch Philippus und Bekehrung eines Eunuchen aus Äthiopien

4 Die *ZERSTREUTEN* nun zogen umher und predigten das **Wort**.

5 Philippus aber ging hinab in die Stadt Samarias und verkündigte ihnen
den Christus.

6 Die Volksmengen aber ***HINGEN*** dem von Philippus Gesagten einmütig
AN, indem sie zuhörten und die Zeichen sahen, die er tat. 7 Denn viele von
denen, die unreine Geister hatten – mit lauter Stimme schreiend fuhren
sie aus; viele Gelähmte und Lahme aber wurden gesund gemacht. 8 Es
entstand aber große Freude in jener Stadt.

[170] Vgl. unten, S. 83–90 uns S. 150.

[171] SCHMITHALS, Apostelgeschichte, S. 74.

[172] Bei der Arbeit an der Analyse von Apg 6,1–8,3 habe ich gelernt von CHRISTOPHER R. MATTHEWS: Acts and the History of the Earliest Jerusalem Church, in: Ron Cameron / Merrill P. Miller (ed.): Redescribing Christian Origins, Atlanta 2004, S. 159–175, und TODD PENNER: In Praise of Christian Origins, New York 2004, bes. S. 331–337.

9 Ein Mann aber namens Simon war schon vorher in der Stadt gewe-
sen, der zauberte und RISS das Volk von Samaria HIN, indem er sagte,
er selbst sei ein *Großer*; 10 dem ***HINGEN*** alle ***AN***, vom Kleinen bis zum *Gro-
ßen*, und sagten: Dieser ist *die Kraft* GOTTES, die die *große* genannt wird.

11 Sie ***HINGEN*** ihm aber ***AN***, weil er sie geraume Zeit mit den Zaubereien
HINGERISSEN hatte.

12 Als sie aber Philippus glaubten, der von der Königsherrschaft GOT-
TES und dem **NAMEN** Jesu Christi predigte, ließen sie sich **taufen**, sowohl
Männer als auch Frauen.

13 Simon aber, auch er kam zum Glauben, und nachdem er sich hatte
taufen lassen, hielt er sich zu Philippus. Und als er beobachtete, dass Zei-
chen und *große Kräfte* geschahen, war er HINGERISSEN.

14 Als aber die Apostel in Jerusalem hörten:

Samaria hat das **Wort** GOTTES angenommen,

sandten sie Petrus und Johannes zu ihnen.

15 Die zogen hinab und beteten für sie, damit sie ***heiligen Geist empfin-
gen***. 16 Denn er war noch auf keinen von ihnen gefallen, sondern sie waren
auf den **NAMEN** des Herrn Jesus lediglich **getauft**.

17 Daraufhin legten sie die Hände auf sie, und sie ***empfingen heiligen
Geist***.

18 Als aber Simon sah, dass durch das Auflegen der Hände der Apostel
der ***Geist*** gegeben wurde, brachte er ihnen *GELD* 19 und sagte: Gebt auch
mir diese Macht, dass derjenige, dem ich die Hände auflege, ***heiligen Geist
empfange***.

20 Petrus aber sagte zu ihm: Dein Silber fahre mit dir ins Verderben, weil
du damit gerechnet hast, das Geschenk GOTTES durch *GELD* zu erwerben.
21 Du hast weder Anteil noch Anrecht an dieser Sache, denn dein Herz ist
vor GOTT nicht aufrichtig. 22 Kehre nun um von dieser deiner Schlechtig-
keit und *bitte* den *HERRN*, ob dir vielleicht der Gedanke deines Herzens
vergeben werde. 23 Denn ich sehe, dass du in bitterer Galle und in einer
Fessel der Ungerechtigkeit bist.

24 Simon aber antwortete und sagte: *Bittet* ihr beim *HERRN* für mich,
dass nichts über mich komme von dem, was ihr gesagt habt.

25 Sie nun kehrten, nachdem sie Zeugnis abgelegt und das **Wort** des *HERRN* geredet hatten, nach Jerusalem zurück und predigten (in) vielen Dörfern der Samariter.

26 Ein Engel des *HERRN* aber redete zu Philippus und sagte: Steh auf und geh nach Süden auf die Straße, die von Jerusalem nach Gaza hinabführt! Sie ist einsam.

27 Und er stand auf und ging los.

Und siehe, ein Äthiopier, ein Eunuch, Hofbeamter der Kandake, der Königin der Äthiopier, der ihren ganzen Schatz verwaltete, der war nach
Jerusalem gekommen, um anzubeten, 28 und war (nun) auf dem Rückweg
und saß auf seinem Wagen und *las den Propheten Jesaja*.

29 Der ***Geist*** aber sagte zu Philippus: Tritt heran und schließ dich diesem Wagen an!

30 Philippus aber lief hin, hörte ihn *den Propheten Jesaja lesen* und sagte: Verstehst du denn, was du liest?

31 Der aber sagte: Wie könnte ich denn, wenn keiner mich anleitet?

Und er bat Philippus, aufzusteigen und sich zu ihm zu setzen.

32 Die Stelle der Schrift aber, die er las, war diese:

> Wie ein Schaf zur Schlachtung geführt wurde
> und wie ein Lamm vor seinem Scherer stumm ist,
> so *TAT* er *SEINEN MUND* nicht *AUF*.
> 33 Durch die Erniedrigung wurde sein Gericht aufgehoben.
> Seine Generation – wer wird sie beschreiben?
> Denn sein Leben wird von der Erde weggenommen.

[Jes 53,7–8]

34 Der Eunuch wandte sich aber an Philippus und sagte: Ich bitte dich, von wem sagt der Prophet das? Von sich selbst oder von einem anderen?

35 Philippus *TAT* aber *SEINEN MUND AUF*, und von dieser Schriftstelle ausgehend predigte er ihm Jesus.

36 Als sie aber auf der Straße weiterfuhren, kamen sie an ein Wasser, und der Eunuch sagt: Siehe, Wasser! Was hindert, dass ich **getauft** werde?

38 Und er befahl, der Wagen solle anhalten.

Und sie stiegen beide in das Wasser hinab, sowohl Philippus als auch der Eunuch; und er **taufte** ihn.

39 Als sie aber aus dem Wasser heraufstiegen, entrückte der ***Geist*** des *HERRN* den Philippus; und der Eunuch sah ihn nicht mehr. Denn er zog seines Wegs fröhlich.

40 Philippus aber fand man in Aschdod; und er reiste umher und predigte (in) allen Städten, bis er nach Cäsarea kam.

Textkritische Erläuterung: Apg 8,37 wurde später hinzugefügt. Der Text lautet: »Philippus aber sagte ihm: ›Wenn du aus deinem ganzen Herzen glaubst, ist es erlaubt.‹ Er aber antwortete und sagte: ›Ich glaube, dass Jesus Christus der Sohn Gottes ist‹.«

ANALYSE

8,4–25: Überwindung des Magiers Simon

Vers 4: Es handelt sich um eine allgemeine die vertriebenen Hellenisten betreffende Reise- und Verkündigungsnotiz, mit der Lukas zu den neuen Missionsorten der Hellenisten überleitet.

Verse 5–8: Diese Verse sind ein Sammelbericht über den Verkündigungserfolg des Philippus in Samarien.

Verse 9–13: Der erste Unterabschnitt, V. 9–11, greift auf die Zeit vor dem Kommen des Philippus zurück und erzählt die für das Verständnis des Folgenden notwendige Vorgeschichte der Tätigkeit Simons in Samarien. Der zweite Unterabschnitt, V. 12–13, schildert die Überlegenheit des christlichen Wundertäters und Predigers über Simon. Die neidvolle Bewunderung der Machttaten des Philippus durch Simon wird in der nächsten Episode zum Wunsch Simons, ebenso wie die Apostel durch die Handauflegung den heiligen Geist verleihen zu können.

Verse 14–24: Im zweiten Teil der Geschichte treten nach der erfolgreichen Missionierung Samariens die Jerusalemer Apostel Petrus und Johannes in Samarien auf, weil nur sie – und nicht der Hellenist Philippus – den heiligen Geist verleihen können. Auf diese Weise sanktioniert der Theologe Lukas nachträglich die durch den Hellenisten durchgeführte Mission Samarias. Zugleich erfährt

Simon eine Abfuhr von Petrus, als er den heiligen Geist kaufen will, und unterwirft sich dem Apostelfürsten.

Vers 25: Durch diese Rahmennotiz führt Lukas Petrus und Johannes wieder nach Jerusalem zurück.

Geschichtlicher Wert

Der *erste Teil* der Erzählung Apg 8,4–13 feiert Philippus als großen Wundertäter, der Samaria dem dort als »große Kraft« (= Gott)[173] verehrten Simon entrissen habe. Dies spiegelt die Konkurrenz des Kreises um Philippus mit einer rivalisierenden religiösen Gruppe in Samaria wider. Ob die Auseinandersetzung innerhalb der heidnischen Bevölkerung stattgefunden hat oder innerhalb der samaritanischen Religionsgemeinde, ist wohl zugunsten der zuerst genannten Möglichkeit zu beantworten. Begründung: Der Rivale des Philippus in Samaria, Simon, wurde, wie aus zeitgenössischen Quellen ersichtlich wird, als höchster Gott angerufen und mit Zeus identifiziert, seine Begleiterin Helena mit Athena, die als (erster) Gedanke Gottes aufzufassen sei. Darauf spielt Lukas in V. 21 nachträglich an.[174] Dann aber kann sich die Begegnung des Philippus mit Simon oder seinen Anhängern nur auf paganem Boden abgespielt haben.

Der *zweite Teil* der Geschichte, Apg 8,14–24, entspringt der theologischen Tendenz des Lukas, die Hellenisten an die Jerusalemer Gemeinde zu binden und ihre Unterordnung zu dokumentieren.[175] Seine Aussage, dass erst die Anwesenheit der Jerusalemer Apostel den Geist verleiht, wird durch das geisterfüllte Wirken des Philippus in Samarien, zu dem auch das Tun vieler »Wunder« gehört, his-

[173] Die Akklamation in Apg 8,10: »Dieser ist die Kraft Gottes, die die große genannt wird« ist von Lukas redaktionell bearbeitet worden. Sie lautet ursprünglich: »Dieser ist die große Kraft!« Vgl. die Veränderung von Mk 14,62 in Lk 22,69.

[174] Zur Simon-Magus-Bewegung vgl. GERD LÜDEMANN: The Acts of the Apostles and the Beginnings of Simonian Gnosis, in: New Testament Studies 33 (1987), S. 420–426.

[175] Vgl. später Apg 11,22.

torisch widerlegt. Bei Lukas trägt die Geistverleihung fast juristische Züge. Ihm zufolge erhält nur jeder »rechtgläubige« Christ den heiligen Geist.

8,26–40: Bekehrung eines Eunuchen aus Äthiopien

Lukas fügt mit Apg 8,26–40 seiner Schilderung der missionarischen Aktivitäten der Hellenisten außerhalb Jerusalems eine zweite Philippuserzählung hinzu. Sie berichtet von keiner Geistverleihung zugunsten des Eunuchen. Damit bleibt Lukas seinem in der ersten Philippusgeschichte sichtbar gewordenen Grundsatz treu, die Geistverleihung nicht mit den Hellenisten zu verbinden und diesbezügliche Nachrichten zu unterdrücken.

Im Gegensatz zur ersten Erzählung *handelt* Philippus in dieser Geschichte fast gar nicht. Lukas zeichnet ihn als von Gottes Geist geführte Person. »In dem einzigen Fall aber, wo die zweite Geschichte von einem selbständigen Tun des Philippus redet, lässt sie ihn als einen christlichen Prediger sichtbar werden, der überzeugend den Schriftbeweis führt.«[176]

Verse 26–28: Dies ist eine doppelte Exposition. Philippus erhält den Befehl von einem Engel, nach der Straße von Jerusalem nach Gaza zu reisen, und führt ihn aus. Ein äthiopischer Eunuch reist von Jerusalem zurück nach Hause und liest unterwegs im Jesajabuch. Die Wendung »von Jerusalem nach Gaza« bringt noch einmal zum Ausdruck, dass Lukas zufolge der Ausgangspunkt des Evangeliums in Jerusalem liegt.

Verse 29–35: Philippus begegnet dem Eunuchen und predigt ihm ausgehend von Jes 53,7–8 das Evangelium. Apg 8,32–35 geht vollständig auf Lukas zurück. Der Text enthält ebenso wie Lk 4,18–21 eine Deutung des Jesajabuches von Christus her.

Verse 36. 38: Philippus tauft den Eunuchen.

Verse 39–40: Philippus wird entrückt, während der Eunuch seine Fahrt wohlgemut fortsetzt, und kommt nach intensiver Predigttätigkeit in Cäsarea an.

176 ERNST HAENCHEN: Die Apostelgeschichte, Göttingen ^{7}1977, S. 306.

Geschichtlicher Wert

Die von Lukas benutzte Überlieferung hatte für ihre Träger paradigmatische Bedeutung für die Heidenmission. Und nicht nur dies: indem sie von der Bekehrung eines Eunuchen berichtet, der nach jüdischem Recht nicht »in die Gemeinde Jahwes eintreten darf«[177], wird die Aussage noch gesteigert, dass das Evangelium die Grenzen Israels überschreitet und sich gezielt an Nichtjuden wendet. Die Erzähler betrachteten die Geschichte vielleicht als Erfüllung von Jes 56,3b–5: »Und der Eunuch soll nicht sagen: Siehe, ich bin ein vertrockneter Baum, denn so spricht der Herr: Den Eunuchen, die meine Sabbate halten und wählen, woran ich Gefallen habe, und die an meinem Bund festhalten, ihnen gebe ich in meinem Haus und in meinen Mauern Denkmal und Name, was mehr ist als Söhne und Töchter. Einen ewigen Namen werde ich ihnen geben, der nicht getilgt wird.«

Die beiden Schilderungen belegen, dass Philippus aktiv Mission betrieb, um Heiden, Juden und denen, die im Sinne der Thora mit Mängeln behaftet waren, ohne Vorbedingungen Einlass in die christliche Gemeinde zu ermöglichen. Schranken des Gesetzes waren überwunden, alle hatten Zugang zu Christus. Bei der Ausbreitung der christlichen Religion befand sich Philippus in Konkurrenz zu rivalisierenden Gruppen wie der Simon-Magus-Bewegung. Die Theologie des Philippus entspricht der Theologie der Gemeinde von Antiochien, deren Missionar er war. Als Datum der Aktivitäten des Philippus nehme ich die Mitte der dreißiger Jahre an.

i) Zusammenfassung: Traditionen in Apg 1,1–8,40 und ihr historischer Wert

Lukas hat den allergrößten Teil von Apg 1,1 bis 8,3 erfunden. Den Unterschied zu einer Darstellung, die historische Elemente enthält,

[177] Vgl. Dtn 23,2: »Es soll kein Mann mit einem zerquetschten oder verstümmelten Zeugungsorgan in die Versammlung Jahwes eingehen.«

kann man an einem Vergleich von Apg 1,1–8,3 mit Apg 8,4–40 erkennen.

An folgenden Stellen von Apg 1,1–8,3 schälen sich *Traditionen* heraus, die ursächlich mit den ersten drei Jahren Christentum verbunden sind:

Erstens bei Verwendung von Jo 3,5 in Apg 2,21. Denn Paulus verwendet dieselbe Stelle in Röm 10,13 und kann die Christen allgemein solche nennen, »die den Namen unseres Herrn Jesus Christus anrufen« (1Kor 1,2). Wie die selbstverständliche Benutzung jenes Ausdrucks für Christen an der zuletzt genannten Stelle zeigt, setzt Paulus Jo 3,5 in 1Kor 1,2 voraus.

Zweitens im Zitat von Ps 110 in Apg 2,34–35, denn Paulus kennt den Gebrauch desselben Psalms in Röm 8,34.

Drittens in der Adoptionschristologie in Apg 2,34b, denn sie steht in Spannung zur sonstigen Christuslehre des Lukas und findet sich als Tradition in Röm 1,3–4.

Viertens in der Aussage des Petrus in Apg 2,38 über die Taufe auf den Namen Jesu, die in 1Kor 1,13 reflektiert wird.

Mit Blick auf den *historischen Wert* der vier genannten Überlieferungen für die Urgemeinde in Jerusalem bleibt zu bemerken, dass die ersten beiden Traditionen LXX-Zitate sind und ihr nur dann entstammen können, wenn für ihre Mitglieder Zweisprachigkeit vorauszusetzen ist.

Hinsichtlich der dritten Tradition besteht eine gewisse Wahrscheinlichkeit, dass sie nach Jerusalem gehört. Dasselbe gilt auch für die vierte Tradition. Doch wird man die Analyse der Paulusbriefe im nächsten Kapitel abwarten müssen.

Last but not least: Die beiden Philippusgeschichten Apg 8,4–40 enthalten Überlieferungen, deren wirklicher historischer Wert nach Abzug der lukanischen Eingriffe wohl noch steigt. Auch hier müssen wir ein endgültiges Urteil noch zurückstellen, bis die Untersuchung der Paulusbriefe, die jetzt folgt, durchgeführt ist.

KAPITEL 2

Die ersten drei Jahre Christentum in den Paulusbriefen

a) Zum Vorgehen

Die wichtigste Quelle über die ersten drei Jahre Christentum sind die sieben echten Briefe des Paulus.[1] Sie zeigen: Entgegen dem Bericht der Apostelgeschichte[2] stellte Paulus Christen nicht in Jerusalem nach, sondern in Damaskus. Dort wurde er »zu dem Christentum bekehrt, das er verfolgte«[3], und empfing hier, ungefähr drei Jahre nach Tod und »Auferstehung« Jesu, Unterricht im christlichen Glauben.[4]

Im Ersten Korintherbrief schreibt Paulus zweimal, dass er Traditionen, die er selbst empfangen hat, an die Gemeinde bei deren Gründung überliefert habe. Anschließend gibt er diese Traditionen wieder.[5] An anderen Stellen zitiert er Überlieferungen, ohne sie durch eine Einführungsformel kenntlich zu machen.[6] Da der Apostel in seiner christlichen Anfangszeit eine enge Bindung an die Gemeinde von Damaskus gehabt haben muss, nehme ich an, dass

[1] Siehe oben, S. 9, Anm. 1.

[2] Apg 8,1. 3.

[3] WALTER SCHMITHALS: Theologiegeschichte des Urchristentums, Stuttgart 1994, S. 110.

[4] LARRY W. HURTADO: Lord Jesus Christ, Michigan 2003, übergeht die Frage nach der Herkunft der Traditionen in den Paulusbriefen und wird daher dem Buch von WILHELM BOUSSET: Kyrios Christos, Göttingen ^{2}1921 (= ^{6}1967) nur teilweise gerecht. Hurtado erklärt S. 168, dass die Tradition, die Paulus in 1Kor 15,1–7 zitiert, nach allgemeinem Urteil (sic!) aus Jerusalem stamme, und erörtert an keiner Stelle, ob es eine hellenistische Gemeinde gegeben habe.

[5] 1Kor 11,23–25; 1Kor 15,3–5.

[6] Vgl. Röm 1,3–4; 3,25–26; Gal 3,28; Phil 2,6–11; 1Thess 1,9–10; 4,16–17. Weitere Beispiele bei HANS CONZELMANN / ANDREAS LINDEMANN: Arbeitsbuch zum Neuen Testament, Tübingen ^{14}2004, S. 132–146.

die meisten in seinen Briefen erscheinenden Traditionen von dort stammen.

Zunächst analysiere ich überlieferte Gründungsdaten: Jesu Tod und Auferstehung, Erscheinungen Jesu, Verfolgung der Gemeinde durch Paulus und Paulus' Bekehrung, sodann zwei überlieferte Rituale, Taufe und Herrenmahl, die das gemeinsame Leben in der neuen Gemeinde regelten.

b) Gal 1,11–24: Der Christenverfolger Paulus wird zum Prediger des Evangeliums

11 Ich teile euch nämlich mit, Brüder, dass das von mir verkündigte Evan-
gelium nicht von *MENSCHLICHER* Art ist. 12 Ich habe es nämlich auch nicht
von einem *MENSCHEN* empfangen und wurde (darüber) nicht belehrt –
sondern durch eine **OFFENBARUNG** Jesu Christi.

13 Denn ihr habt von meinem früheren Verhalten im Judentum
GEHÖRT, dass ich die Gemeinde GOTTES über die Maßen ***VERFOLGTE***
und sie zu ***VERNICHTEN*** suchte 14 und im Judentum mehr Fortschritte
machte als viele Altersgenossen in meinem Volk, war ich doch im Über-
maß ein Eiferer für meine väterlichen Überlieferungen.

15 Als aber der, der mich von meiner Mutter Leib an ausgewählt und
durch seine Gnade berufen hat, Gefallen hatte, 16 in mir seinen Sohn zu
OFFENBAREN, damit ich ihn unter den ***Heiden*** verkündigte, da sogleich zog
ich nicht Fleisch und Blut zu Rate 17 und *ging auch nicht nach Jerusalem
hinauf* zu denen, die vor mir ***APOSTEL*** (waren), sondern ich ging fort nach
Arabien und kehrte wieder nach Damaskus zurück.

18 *DANACH*, drei Jahre später, *ging ich nach Jerusalem hinauf*, um
Kephas kennenzulernen, und blieb fünfzehn Tage bei ihm. 19 Einen ande-
ren der ***APOSTEL*** aber sah ich nicht außer Jakobus, den Bruder des Herrn.

20 Was ich euch aber schreibe – siehe, vor GOTT: ich lüge nicht.

21 *DANACH* ging ich in die Gegenden von Syrien und Kilikien.

22 Ich war aber den Gemeinden in Judäa, die in Christus sind, dem
Angesicht (nach) unbekannt. 23a Sie hatten vielmehr nur ***GEHÖRT***:

23b Der, der uns einst ***VERFOLGTE***,

verkündigt jetzt den Glauben,
den er einst zu ***VERNICHTEN*** suchte;
24 und sie lobten GOTT um meinetwillen.

ANALYSE

Verse 11–12: Die Verse nehmen den einleitenden Satz des Briefes auf[7] und schärfen ein, dass das Evangelium des Paulus nicht von Menschen stammt, sondern auf einer Offenbarung Jesu Christi beruht. Sie bilden gleichzeitig die Überschrift für das Folgende: Um sich zu legitimieren, verweist Paulus auf den ihm von Gott gegebenen Auftrag.

Verse 13–14: Der Apostel bezieht sich auf ein Wissen der Empfänger (»ihr habt gehört«). Es betrifft sein vorchristliches Leben und seinen übermäßigen Eifer im Judentum, der ihn zur Verfolgung der »Gemeinde Gottes« trieb. Die Quelle dieses Wissens ist offenbar Tradition, die in V. 23 zitiert wird; vgl. die Verben »hören«, »verfolgen«, »vernichten«. Auch in anderen Briefen bezieht sich Paulus auf diese Tradition.[8] Das spricht für ihre weite Verbreitung. Der Ausdruck »Gemeinde Gottes«, der im Zusammenhang der Christenverfolgung des Paulus noch 1Kor 15,9 erscheint, ist Selbstbezeichnung der von ihm bekämpften Gemeinde von Damaskus, die Jerusalemer Gemeinde gebraucht den Ausdruck für sich aber auch.[9]

Verse 15–16: Paulus deutet in V. 15 seine Bekehrung im Licht von Prophetenberufungen im Alten Testament.[10] Sie ist – so Paulus – eine »Offenbarung Jesu Christi«, die nach V. 12 ein weiteres Mal seine eigene Unabhängigkeit von Menschen bekräftigt.

Vers 17: Die vorliegende Angabe über die Reisen des Paulus unmittelbar nach seiner Bekehrung erlaubt den Schluss, dass Pau-

[7] Gal 1,1: »Paulus, Apostel, nicht von Menschen noch durch einen Menschen, sondern durch Jesus Christus und Gott, den Vater, der ihn aus den Toten auferweckt hat.«
[8] 1Kor 15,8–9; vgl. Phil 3,6.
[9] Siehe unten, S. 149.
[10] Vgl. Jes 49,5; Jer 1,5.

lus in Damaskus Christen verfolgte. Man kehrt an einen Ort zurück, an dem man vorher war. Außerdem erfahren wir: Nach der Bekehrung verbrachte Paulus einige Zeit in Arabien.[11] Da der Apostel nichts über Absicht, Art und Dauer des Aufenthalts sagt, sind wir zur Füllung der Wissenslücke über diese Zeit auf andere Stellen aus den Paulusbriefen angewiesen.

Im Zweiten Korintherbrief schildert Paulus folgendes Vorkommnis: »In Damaskus ließ der Ethnarch des Königs Aretas die Stadt der Damaszener bewachen, um mich gefangenzunehmen, und durch ein Fenster wurde ich in einem Korb durch die Mauer heruntergelassen und entrann seinen Händen.«[12] Die Aktion des Ethnarchen – des Oberhauptes der ethnischen Gruppe der Nabatäer in Damaskus[13] –, von der Paulus hier berichtet, dürfte durch den in Gal 1,17 genannten Aufenthalt in Arabien hervorgerufen worden sein. Paulus hatte dort wahrscheinlich Heidenmission betrieben und war nach Damaskus zurückgekehrt. Die Nabatäer, obwohl mit den Juden verwandt, galten als Heiden.[14] Ihre Missionierung durch Paulus ließ diesen in den Augen der dortigen Machthaber zu einem Risiko werden. Er hatte die Aufmerksamkeit der Nabatäer erregt. Man schritt gegen ihn ein, so dass er bald aus Damaskus fliehen musste.[15]

[11] Die Apostelgeschichte enthält darüber keine Angabe. Ihre dreimalige Erzählung von der Bekehrung des Paulus (Apg 9,1–19a; 22,6–16; 26,12–18) ist legendarisch und bereichert unser Wissen von der Bekehrung des historischen Paulus nicht. Nur die Notiz zur Taufe des Paulus (Apg 9,18; 22,16) ist geschichtlich wertvoll (siehe unten, S. 117).

[12] 2Kor 11,32–33.

[13] Es handelt sich um den Ethnarchen des Nabatäerkönigs Aretas IV., der von 9 v.Chr. bis 40 n.Chr. regierte. Die Aktion des Ethnarchen in Damaskus dürfte eine Fortsetzung des Widerstandes sein, den Paulus gegen sich bereits während seiner Zeit in Arabien ausgelöst hat.

[14] Zur Reise nach Arabien vgl. MARTIN HENGEL / ANNA MARIA SCHWEMER: Paulus zwischen Damaskus und Antiochien, Tübingen 1998, S. 179–184.

[15] Lukas hat in seiner Version der Flucht des Paulus aus Damaskus (Apg 9,23–25) geschichtswidrig »die Juden« als Urheber der Attacke gegen Paulus eingesetzt und dafür den Ethnarchen des Aretas gestrichen. Die weitere Beschreibung von Paulus' Aufenthalt in Damaskus (Apg 9,19b–22) ist redaktionell. V. 22 schildert die Verkündigung des Paulus (»Jesus ist der Christus« – vgl.

Vers 18: Das Adverb »danach« zu Beginn dieses Verses und später in Gal 2,1 markiert die chronologischen Einschnitte der Periode vor der Jerusalemer Konferenz. Während es sich in Gal 1,18 auf die Bekehrung zurückbezieht, so in Gal 2,1 auf den Gal 1,18 genannten ersten Jerusalembesuch des Paulus in seinem christlichen Lebensabschnitt. Der Zweck dieses Besuches – der nur zwei Wochen dauerte – war, Kephas, den damaligen Leiter der Gemeinde, kennen zu lernen. Paulus teilt die Einzelheiten der Gespräche mit Kephas aber nicht mit. Wahrscheinlich wollte Paulus sich selbst davon überzeugen, dass er mit Kephas im Glauben übereinstimmt und dass die von ihm unternommene Heidenmission legitim ist.[16]

Vers 19: Paulus unterstreicht den privaten Charakter dieses Jerusalemaufenthalts. Außer Kephas hat er dabei nur den »Herrenbruder« Jakobus gesehen.

Vers 20: Paulus' feierlicher Schwur bekräftigt die Genauigkeit seiner bisherigen Angaben ab V. 13. Demnach ist ein zusätzlicher Jerusalembesuch des Paulus zwischen dem in Gal 1,18 erwähnten Kephasbesuch und dem später in Gal 2,1 erzählten Konferenzbesuch auszuschließen.

Vers 21: Der Apostel nennt Syrien und Kilikien als das Gebiet, in das er nach dem ersten Jerusalembesuch reiste.[17] Allerdings verrät er nicht, wie lange er in Syrien-Kilikien blieb und was er während der Gesamtdauer von vierzehn Jahren gemacht hat.[18]

Vers 22: Mit der Aussage, er sei den Gemeinden in Judäa unbekannt gewesen, unterstreicht Paulus ein weiteres Mal seine eigene Unabhängigkeit von Jerusalem, das Teil von Judäa war. Ferner geht

Apg 18,5. 28); sie richtet sich dem lukanischen Schema gemäß an die Juden von Damaskus. Zur Analyse von Apg 9,19b–25 vgl. GERD LÜDEMANN: Paulus, der Gründer des Christentums, Springe 2001, S. 38–42.

[16] Paul Wernle meint, die in den Briefen des Paulus enthaltenen Überlieferungen, die der Apostel »empfangen zu haben erklärt«, stammten aus dieser Begegnung mit Kephas. Vgl. PAUL WERNLE: Jesus und Paulus, in: Zeitschrift für Theologie und Kirche 25 (1915), S. 1–92, hier S. 15.

[17] Vgl. Apg 9,30.

[18] Zu Gal 1,21 vgl. weiter oben, S. 12 Anm. 21.

in Übereinstimmung mit V. 17 aus V. 22 hervor, dass er keine Christen in Jerusalem verfolgt hat.[19]

Verse 23–24: Paulus zitiert in V. 23b den Ausspruch von Christen, denen er einst nachstellte. Sein Inhalt: »Der, der uns einst verfolgte, verkündigt jetzt den Glauben, den er einst zu vernichten suchte.« Laut V. 23a hörten die Paulus unbekannten Christen in Judäa den Ausspruch und – so V. 24 – lobten Gott um seinetwillen.[20]

Geschichtlicher Wert

Paulus war ein Diasporajude[21], der in seinem vorchristlichen Lebensabschnitt den Gemeinden in Judäa einschließlich Jerusalems unbekannt war. Gegen Paulus' Herkunft aus der Diaspora spricht nicht, dass er sich in 2Kor 11,22 und Phil 3,5 »Hebräer« nennt. Obwohl dieser Ausdruck auch aramäischsprachige Juden bezeichnen kann[22], zielt er an den beiden genannten Stellen auf die Nationalität der Juden im Gegensatz zu den Heiden.

Nun wenden manche Forscher ein: Als Pharisäer – der Paulus nach eigenem Zeugnis war[23] – müsse Paulus den Christen Judäas bekannt gewesen sein. Denn eine pharisäische Ausbildung habe er nur in Jerusalem erhalten können. Außerdem berichte Lukas ausdrücklich davon, dass Paulus in Jerusalem unter Gamaliel[24] studiert und sich hier an Christenverfolgungen beteiligt habe.[25] Doch lassen die Eigenaussagen des Paulus nur den Schluss zu, dass er ausschließlich in Damaskus gegen Christen tätig wurde[26], und sein Schülerverhältnis zu Gamaliel entspringt, wie oben, S. 65–66, gezeigt, der Theologie des Lukas. Ferner gilt: »Auch in der Diaspora

[19] Vgl. bereits oben, S.12.

[20] Vgl. ALFRED SUHL: Die Briefe des Paulus, Stuttgart 2007, S. 22.

[21] Vgl. ANDREAS LINDEMANN: Paulus – Pharisäer und Apostel, in: Dieter Sänger / Ulrich Mell (Hrsg.): Paulus und Johannes, Tübingen 2006, S. 311–351, hier S. 322–323.

[22] So in der Apostelgeschichte; siehe oben, S. 75.

[23] Phil 3,5.

[24] Apg 22,3.

[25] Apg 7,58; 8,1. 3.

[26] Gal 1,17. 22.

muss es eine entwickelte jüdische Bildung gegeben haben, die sich nicht nur auf Alexandrien beschränkt haben kann. Das Synagogeninstitut kam ja aus der Diaspora.«[27]

Nicht nur die Christenverfolgung, auch die Bekehrung des Paulus fand in Damaskus statt. Offenbar war Paulus hier ansässig und hat die Christenverfolgung vor Ort selbst in die Hand genommen.[28] Er wurde durch ein Ereignis, das ich vorläufig als »Vision« bezeichne[29], zum Prediger des Evangeliums. Die Nachricht davon, dass Christen verfolgt wurden und der Urheber der Verfolgung sich bekehrt hatte, wirkte schon zu Lebzeiten des Apostels traditionsbildend. Paulus bezieht sich darauf mehrmals in seinen Briefen.[30]

Die Art der Verfolgung[31] lässt sich nicht näher bestimmen. Entweder hat sich Paulus um die Verhängung von Synagogenstrafen bemüht oder sich auf verbale Attacken beschränkt. Sicher ist jedoch, dass Paulus die Christen nicht deshalb verfolgte, weil sie den Gekreuzigten als Messias bekannten.[32] Denn dann wäre unerklärlich, warum die persönlichen Jünger Jesu, die die Todesart Jesu kannten und ihn nach seiner »Auferstehung« verehrten[33], nicht verfolgt wurden. Paulus ging in Damaskus gegen Judenchristen vor, weil diese »heidnisch lebten«[34] und an gemeinsamen Mahlzeiten mit Heidenchristen teilnahmen, ohne die Speisegesetze zu beachten. Die Lage ähnelte derjenigen nach der Bekehrung des Paulus,

[27] GERD THEISSEN: Diskussionsbeitrag, in: Martin Hengel / Ulrich Heckel (Hrsg.): Paulus und das antike Judentum, Tübingen 1991, S. 291. Siehe ferner TOR VEGGE: Paulus und das antike Schulwesen, Berlin 2006, S. 463–486, der darauf hinweist, dass Paulus pharisäische Bildung auch in der Diaspora erwerben konnte.

[28] Vgl. HELMUT KÖSTER: Einführung in das Neue Testament, Berlin 1980, S. 532.

[29] Siehe dazu weiter unten, S. 107.

[30] Gal 1,13–14. 23; 1Kor 15,8. Vgl. Phil 3,9.

[31] Vgl. 1Kor 15,9; Gal 1,13. 23; Phil 3,6.

[32] Anders MARTIN HENGEL: Abba, Maranatha, Hosanna und die Anfänge der Christologie (2004), in: DERS.: Studien zur Christologie. Kleine Schriften IV, Tübingen 2006, S. 496–534, hier S. 514; LARRY W. HURTADO: How on Earth Did Jesus Become God?, Michigan 2005, S. 34.

[33] Zu den Einzelheiten siehe unten, S. 145–150.

[34] Gal 2,14.

nur mit umgekehrtem Vorzeichen; der Apostel erfuhr als Christ scharfen Widerstand von Juden. Weil Paulus im Umgang mit Nichtjuden »heidnisch lebte«, erlitt er fünfmal die Synagogenstrafe der 39 Schläge.[35]

c) 1Kor 15,1–11: Ein komprimierter Geschichtsbericht in Bekenntnisform über die ersten drei Jahre Christentum

1 Ich tue euch aber, Brüder, das Evangelium kund, das ich euch verkün-
digt habe, das ihr auch angenommen habt, in dem ihr auch fest steht,
2 durch das ihr auch gerettet werdet, wenn ihr es festhaltet in dem
Wort(laut), in dem ich es euch verkündigt habe; es sei denn, ihr wäret
umsonst **zum Glauben gekommen**.

3a Denn an erster Stelle habe ich euch weitergegeben, 3b was ich auch
empfangen habe,

3c dass Christus starb für unsere Sünden *nach den Schriften*
4 und dass er begraben wurde
und dass er auferweckt ist am dritten Tage *nach den Schriften*
5 und dass er Kephas **ERSCHIEN**, dann den Zwölfen.
6 Danach **ERSCHIEN** er mehr als fünfhundert Brüdern auf einmal, von denen die meisten am Leben sind bis jetzt, einige aber sind entschlafen.
7 Danach **ERSCHIEN** er Jakobus, dann allen APOSTELN.

8 Zuletzt aber von allen, gleichsam als der unzeitigen Geburt, **ERSCHIEN**
er auch mir. 9 Denn ich bin der geringste der APOSTEL, der ich nicht wür-
dig bin, ein APOSTEL genannt zu werden, weil ich die Gemeinde GOT-
TES verfolgt habe. 10 Durch die *Gnade* GOTTES aber bin ich, was ich bin;
und seine *Gnade* mir gegenüber ist nicht vergeblich gewesen, sondern ich
habe mehr gearbeitet als sie alle; nicht aber ich, sondern die *Gnade* GOTTES, die mit mir ist.

11 Ob nun ich oder jene: so predigen wir, und so seid ihr **zum Glauben gekommen**.

[35] 2Kor 11,24. Vgl. WOLFGANG REINBOLD: Propaganda und Mission im ältesten Christentum, Göttingen 2000, S. 178–180. 207–208.

ANALYSE

Paulus erinnert in V. 1 und V. 3a die Adressaten zunächst daran, was er ihnen bei der Gründung der Gemeinde überliefert hat, und hebt hervor, dies selbst empfangen zu haben (V. 3b). Er führt die Reihe der Auferstehungszeugen – beginnend mit Kephas, dem Erstzeugen – bis zu sich hin fort.

Dabei betont er, wie oft der auferstandene Christus tatsächlich erschienen ist. Indem Paulus die Erscheinung vor den »mehr als 500« anführt und sagt, die meisten von ihnen seien noch am Leben, fordert er die Korinther indirekt auf, diese zu befragen.

Paulus hebt hervor, dass die ihm zuteil gewordene Erscheinung Christi von derselben Art gewesen sei wie die vor den anderen Zeugen und dass sie ihn damit auf dieselbe Stufe wie jene stelle. Er verteidigt sich an dieser Stelle wohl gegen Zweifel an der Rechtmäßigkeit seines Amts, umso mehr, als der in V. 7 angesprochene, in Jerusalem anzusiedelnde Kreis *aller* Apostel um Jakobus vermutlich Bedenken dagegen hätte, dass ihm ein weiteres Glied hinzugefügt würde. Paulus bezeichnet sich daher in V. 8 selbst als »die unzeitige Geburt« und in V. 9 mit der Erinnerung daran, dass er die Kirche verfolgt habe, als »den geringsten der Apostel«. Er betont weiter, mehr als alle zuvor Genannten gearbeitet zu haben – indes nicht er selbst, sondern Gottes Gnade, die mit ihm sei. Ein Hinweis darauf, dass sämtliche in V. 3–8 aufgeführten Personen sich in der Verkündigung grundsätzlich einig seien, rundet den Abschnitt mit V. 11 ab.

Die von Paulus verarbeiteten Überlieferungen

Die von Paulus in 1Kor 15,3c–5 wiedergegebene Tradition hat, wie auch das Druckbild der Übersetzung zeigt, eine andere Syntax als die in V. 6–7. Dies deutet auf unterschiedliche Herkunft hin. Daher ist jeweils eine eigene Analyse geboten.

Paulus zitiert in V. 3c–5 eine alte Überlieferung, die er den Korinthern bereits bei der Gründung der Gemeinde weitergegeben hat.[36]

> Dass Christus starb ***für unsere Sünden*** **nach den Schriften**
> und *dass er begraben wurde*
> und dass er auferweckt ist ***am dritten Tage*** **nach den Schriften**
> und *dass er Kephas erschien, dann den Zwölfen.*

In dieser Tradition, die aus einem parallel gebauten Zweizeiler besteht, geht es um einen je doppelten »Beweis«: einerseits aus den Schriften, auf die jedoch nur allgemein verwiesen wird (Fettdruck), und andererseits aus einer bestätigenden Tatsache (Kursivdruck). Zusätzlich stehen »für unsere Sünden« und »am dritten Tag« parallel zueinander (Kursiv- und Fettdruck). Diese Ausdrücke beziehen sich auf Jesu Tod bzw. seine Auferstehung. Der Hinweis auf das Begräbnis Jesu bekräftigt die Tatsache, dass Jesus wirklich starb, und die Aussage über die Erscheinungen vor Kephas und den Zwölfen die Tatsache, dass er auferweckt worden ist.

Innerhalb von 1Kor 15,3c-5 lassen sich drei ursprünglich voneinander unabhängige Überlieferungselemente herauslösen: 1) eine Formel vom Tod[37], 2) eine Formel von der Auferweckung[38] und 3) die Tradition einer Erscheinung vor Kephas und den Zwölfen.[39]

Das zeitliche Verhältnis der drei Überlieferungselemente zueinander stellt sich wie folgt dar: Aus der Erscheinung Christi vor Kephas (3) folgerte man, Gott habe Christus von den Toten erweckt (2).

[36] Um die Struktur der Tradition zu verdeutlichen, habe ich den Text etwas anders als in der Übersetzung von 1Kor 15,1–10 markiert.

[37] Vgl. Röm 5,6; 5,8; 14,15; 2Kor 5,14; 5,15; 1Thess 5,9–10. Zu den Einzelheiten vgl. PHILIPP VIELHAUER: Geschichte der urchristlichen Literatur, Berlin 1975, S. 16–18.

[38] Röm 4,25; 1Thess 1,10. Vgl. VIELHAUER, Geschichte, S. 15–16.

[39] Vgl. Lk 24,34 (»der Herr wurde wirklich auferweckt und erschien Simon«) sowie Mk 16,7 (»sagt seinen Jüngern und Petrus«).

Daraus ergab sich der weitere Schluss, er sei »für unsere Sünden« gestorben (1).

Die Herkunft der aus einer Doppelzeile bestehenden traditionellen Komposition liegt in einer griechischsprachigen Gemeinde. Ihre Mitglieder fassten »Christus« (ohne Artikel) als Eigennamen auf, nicht mehr als Titel (»der Messias«), und sie glaubten, dass Christus »für unsere Sünden« gestorben sei.

Die hebräische Bibel lehnte – von der möglichen Ausnahme Jes 53 abgesehen[40] – den Tod eines Menschen für fremde Sünden ab[41], der Sühnetod eines Einzelnen war ihr fremd. Das Gleiche gilt demgemäß auch für die aramäisch sprechende Urgemeinde, für deren Mitglieder die Auferweckung Jesu das Rätsel seines Todes beantwortet hatte. Griechischsprachige Juden und Judenchristen waren demgegenüber aus dem Griechentum mit der Vorstellung des stellvertretenden Sterbens für andere (z.B. aus Liebe) vertraut[42] und kannten von dort ebenfalls den freiwilligen Tod als sühnendes Opfer.[43] Beispiele des Sterbens als stellvertretende Sühne für das Gesetz oder das Volk finden sich im Judentum seit der Makkabäerzeit (2. Jahrhundert v.Chr.).[44] Christen aus Damas-

[40] Die Forschung darüber ist noch im Fluss und hat bisher kein konsensfähiges Ergebnis erreicht. Vgl. einstweilen GERD LÜDEMANN: Altes Testament und christliche Kirche, Springe 2006, S. 24–29. 159–163 (Lit.).

[41] Vgl. Ex 32,30–35 (Jahwe lehnt es ab, dass Mose für die Sünden des Volkes aus dem Buch des Lebens ausgetilgt wird) und Dtn 24,16: »Die Väter sollen nicht für die Kinder noch die Kinder für die Väter sterben, sondern ein jeder soll für seine Sünde sterben.« Vgl. ferner 1Kön 16,18–19.

[42] Vgl. Plato, Symposion 179b (Alcestis). Vgl. den Überblick bei MARTIN HENGEL: Der stellvertretende Sühnetod Jesu (1980), in: DERS.: Studien zur Christologie. Kleine Schriften IV, Tübingen 2006, S. 146–184, hier S. 151–155.

[43] König Kreon ist bereit, als »Sühnopfer« für sein Vaterland zu sterben (Euripides, Phoinikerinnen 969). Vgl. den Überblick von HENK S. VERSNEL: Making Sense of Jesus' Death. The Pagan Contribution, in: Jörg Frey und Jens Schröter (Hrsg.): Deutungen des Todes Jesu im Neuen Testament, Tübingen 2005, S. 213–294, hier S. 234–239.

[44] Vgl. 2Makk 7,37–38: [37] »Ich aber gebe wie (meine) Brüder Leib und Leben hin für die Gesetze der Väter und rufe Gott an, dass er bald (seinem) Volk gnädig gestimmt werde und dich unter Prüfungen und Geißeln bekennen lasse, dass allein er Gott ist. [38] In mir und meinen Brüdern möge der Zorn des

kus verknüpften mit Blick auf den Tod Jesu diese griechischen Vorstellungen allgemein »mit dem alttestamentlich-jüdischen Sühnegedanken, daß der vor Gott sündige Mensch einer Sühne bedarf.«[45] Zugleich verbanden sie das Geschick Jesu konkret mit dem Gottesknecht in Jes 53, der – das Geschick Jesu im Voraus abbildend – ausgeliefert wurde »um ihrer Sünden willen« (V. 12) und den Gott »für unsere Sünden ausgeliefert hatte« (V. 6), wobei die angeführten Stellen aus dem Buch Jesaja der Septuagintaversion näher stehen als dem hebräischen Text.[46] Bereits die älteste Herrenmahltradition betont durch das Motiv der Auslieferung eingangs 1Kor 11,23b die Parallelität zwischen dem Tod des Gottesknechts und Jesus. In dieselbe Richtung geht die im Brotwort (1Kor 11,24: »Dies ist mein Leib für euch«) ausgesagte Sühnehandlung.[47]

II. 1Kor 15,6

Eine weitere Einzeltradition ist enthalten in der Nachricht von einem Erscheinen Christi vor mehr als 500 Brüdern auf einmal. Die Erscheinung lag zeitlich nach der vor Kephas und den Zwölfen, aber vor der Erscheinung vor Jakobus und allen Aposteln.

Die nähere Bestimmung »auf einmal« stammt von Paulus, der damit die Glaubwürdigkeit der Erscheinung herausstreichen will. Wenn mehr als 500 Personen Jesus gesehen haben, so stärkt das die

Allmächtigen, der zu Recht über unser ganzes Geschlecht gekommen ist, zum Stehen kommen.« VERSNEL, Making Sense of Jesus' Death, S. 256–267, bestreitet, dass hier ein stellvertretender Sühnetod vorliegt. Doch besteht m.E. ein Zusammenhang zwischen dem »Sterben für« und dem Ende des Zorns des Allmächtigen.

[45] KLAUS WENGST: Christologische Formeln und Lieder im Urchristentum, Gütersloh 1972, S. 69.

[46] Vgl. Jes 53,6: »Jahwe aber ließ ihn unser aller Schuld treffen.« Jes 53,12: »Er hat die Sünden vieler getragen, und für die Übeltäter trat er ein.« Siehe weiter HANS CONZELMANN: Zur Analyse der Bekenntnisformel 1. Kor. 15,3–5 (1965), in: DERS.: Theologie als Schriftauslegung, München 1974, S. 131–141, hier S. 135.

[47] Siehe oben, S. 26, und unten, S. 125.

Zuverlässigkeit des Zeugnisses noch. Indem er hinzufügt, die meisten Zeugen lebten noch, fordert er indirekt die Korinther auf, bei denen nachzufragen.

III. 1Kor 15,7

Die Tradition einer Christuserscheinung vor Jakobus und allen Aposteln ist genauso formuliert wie die vor Kephas und den Zwölfen. Man vgl.

»er (Christus) erschien Jakobus, dann allen Aposteln« (V. 7)

mit

»er (Christus) erschien Kephas, dann den Zwölfen« (V. 5).

Die Parallele kann auf zweierlei Weise erklärt werden: Entweder formulierte Paulus in V. 7 auf der Grundlage von V. 5, oder in V. 5 und in V. 7 liegen zwei voneinander unabhängige Traditionen vor. Jedenfalls dürfte Paulus bei seinem ersten Jerusalembesuch von der Erscheinung vor Jakobus gehört haben, zumal er diesem dort begegnete. Sie gehört nicht zu dem, was er in Damaskus erfahren hat.

Geschichtlicher Wert

I. Der Tod Jesu (1Kor 15,3)

Der Tod Jesu am Kreuz ist unbestreitbar. Auch die Art der Hinrichtung hat Paulus den Korinthern während der Gründungspredigt mitgeteilt.[48]

II. Das Begräbnis Jesu (1Kor 15,4a)

Berichte über die Grablegung Jesu finden sich in den neutestamentlichen Evangelien, der Apostelgeschichte und dem nicht in den Kanon aufgenommenen Petrusevangelium.[49] Auf den ersten Blick

[48] 1Kor 2,2.

[49] Mt 27,57–61; Mk 15,42–47; Lk 23,50–56; Joh 19,38–42; Petrusevangelium 2,3–5 und 6,21–24; Apg 13,29. Zum Petrusevangelium vgl. GERD LÜDEMANN: Die Auferweckung Jesu von den Toten, Springe 2002, S. 47–49. 120–123.

bestätigen sie ein Begräbnis Jesu. Möglicherweise fand dieses aber gar nicht statt und Jesu Grablegung wurde erst aus dem Alten Testament erschlossen[50], denn die römische Justiz ließ Gekreuzigte in der Regel zur Abschreckung am Kreuz hängen.[51]

III. »Am dritten Tage« (1Kor 15,4b)

Eingangs sei in Erinnerung gerufen, dass die Angabe »am dritten Tag« in der 2. Zeile der Tradition in 1Kor 15,3c-5 parallel zu »für unsere Sünden« steht und deswegen als Interpretation – nicht als historische Information – zu betrachten ist.[52]

Die Formulierung »am dritten Tag nach den Schriften« legt es nahe, »am dritten Tag« aus der Bibel abzuleiten. Zumeist denkt man an Hos 6,2. Die Stelle lautet in der Übersetzung der LXX wie folgt: »Nach zwei Tagen wird er (= der Herr unser Gott) uns gesund machen, am dritten Tag werden wir auferstehen und vor ihm leben.«

Im Judentum diente diese Hoseastelle dazu, zu erschließen, an welcher Stelle in der Reihenfolge der Endzeit-Ereignisse die Auferstehung der Toten stattfinden würde.[53] So könnte die Auferstehung Jesu in 1Kor 15,4b als Erfüllung einer alttestamentlichen Weissagung verstanden worden sein. Gegen eine Herleitung des dritten Tages aus Hos 6,2 spricht scheinbar, dass diese Stelle im Neuen Testament nirgends zitiert wird und dass sie in der rabbinischen Exegese erst relativ spät vorkommt. 1Kor 15,4 könnte aber ein Beleg für eine jüdische endzeitliche Deutung von Hos 6,2 sein[54], zumal der »Stil der bloßen Anspielung, nicht der ausdrücklichen Zitation,

[50] Vgl. Jes 53,9: »Und er gab ihm bei Verbrechern sein Grab und bei einem Reichen seine Stätte.«

[51] LÜDEMANN, Auferweckung, S. 240 Anm. 111 (Lit.).

[52] Siehe oben, S. 100.

[53] Vgl. HARVEY K. MCARTHUR: »Am dritten Tag«. 1Kor 15,4b und die rabbinische Interpretation von Hosea 6,2, in: Paul Hoffmann (Hrsg.): Zur neutestamentlichen Überlieferung der Auferstehung Jesu, Darmstadt 1988, S. 194–202.

[54] Anders JÜRGEN BECKER: Die Auferstehung Jesu Christi nach dem Neuen Testament, Tübingen 2007, S. 108.

… einem frühen Stadium der geprägten kerygmatischen Aussagen«[55] entspricht.

Ein solches Verständnis lehnen manche Forscher ab und verknüpfen demgegenüber die Auferweckung Jesu am dritten Tage historisch mit der Auffindung des Grabes am dritten Tag.[56] Das ist exegetisch aber unmöglich, denn die Erzählung von der Entdeckung des leeren Grabes am dritten Tag *setzt* die Tradition einer Erscheinung Jesu vor Kephas und den Zwölfen bereits *voraus*.[57] Diese ist also älter als die Grabeserzählung und findet eine Parallele in der Formel 1Kor 15,5.

IV. Die Erscheinung vor Kephas und die Erscheinung vor den Zwölfen (1Kor 15,5)

Das Verhältnis der Erscheinung vor Kephas zu der Erscheinung vor den Zwölfen lässt sich auf zweierlei Weise bestimmen:

1. *Es handelt sich um eine Gruppenerscheinung.* In diesem Fall würde ein »dann« ein ursprüngliches »und« ersetzt haben. Paulus hätte demnach »Kephas und den Zwölfen« geändert zu »Kephas, dann den Zwölfen«, und zwar im Hinblick auf die anderen Erscheinungen, die er der Reihenfolge nach anzuführen beabsichtigte.

2. *Es handelt sich um eine Einzelerscheinung, an die sich die Erscheinung vor einer Gruppe angeschlossen hat.* Für diese These sprechen der Wortlaut von 1Kor 15,5 und folgende Überlegung: Laut Gal 1,18 begab sich Paulus drei Jahre nach der Bekehrung aus Damaskus nach Jerusalem, um Kephas kennen zu lernen – eine Reise, die voraussetzt, dass Kephas damals Leiter der Urgemeinde war. Diese Position hatte er wohl infolge einer Legitimierung durch »den Auferstandenen« erlangt, woraufhin er die Gruppe der Zwölf versammelte. Die wurde ebenfalls einer Erscheinung gewürdigt.

[55] CONZELMANN, Analyse, S. 135.

[56] Vgl. MARTIN HENGEL: Das Begräbnis Jesu bei Paulus und die leibliche Auferstehung aus dem Grabe (2001), in: ders.: Studien zur Christologie. Kleine Schriften IV, Tübingen 2006, S. 386–450, hier S. 399–400.

[57] Mk 16,7.

Von der Erscheinung vor den Zwölfen in Galiläa existiert im Neuen Testament kein eigener Bericht. Das Matthäus-, das Lukas- und das Johannesevangelium erzählen aber von Begegnungen des »Auferstandenen« mit den zwölf bzw. elf Jüngern.[58] Jedoch lassen sie sich mit der Erscheinung vor den Zwölfen nicht gleichsetzen, da sie stark legendarisch geprägt sind.

V. Die Erscheinung vor mehr als 500 Brüdern auf einmal (1Kor 15,6)

Zuweilen schließen Forscher aus der Wendung »mehr als« auf den ekstatischen Charakter der Erscheinung, zumal so viele Menschen anwesend gewesen sein sollen. Ferner setzen manche Exegeten die Erscheinung vor den mehr als 500 mit dem Kommen des heiligen Geistes am Pfingsttag, Apg 2,1–13, gleich.[59] Da jedoch »auf einmal« ein Zusatz des Paulus ist und Lukas den Pfingstbericht stark bearbeitet hat, sind beide Thesen unwahrscheinlich. Als historisch nehme ich eine Erscheinung vor einer großen Menge von Jesusanhängern an.

VI. Die Erscheinung vor Jakobus und die Erscheinung vor allen Aposteln (1Kor 15,7)

Über das Verhältnis der Erscheinung vor Jakobus zur Erscheinung vor allen Aposteln gilt Ähnliches wie zum Verhältnis der Erscheinung vor Kephas zu der vor den Zwölfen.

Zu den historischen Hintergründen dieser Einzelvision, die eine Art Bekehrung des Jakobus darstellt, sind nur Vermutungen möglich. Jedenfalls »sah« Jakobus seinen Bruder Jesus, zu dem er zu dessen Lebzeiten noch keine Bindung hatte[60], und zwar in Jerusalem, als sich die Gemeinde schon formiert hatte. Darauf schloss er sich ihr an und erhielt eine Ehrenstellung. In der Antike dachte man familienpolitisch.

[58] Mt 28,16–20; Lk 24,36–43; Joh 20,19–23.

[59] Das habe ich früher auch mehrfach vertreten; vgl. zuletzt LÜDEMANN, Auferweckung, S. 60–66.

[60] Vgl. Mk 3,21.

Die Einzelheiten der Schau »aller« Apostel entziehen sich ganz unserer Kenntnis. Vielleicht sind »alle Apostel« ein erweiterter Kreis der Zwölf.

VII. Die Erscheinungen als Visionen

Was geschah wirklich, wenn gesagt wird, Christus sei bestimmten Personen, Paulus eingeschlossen, »erschienen«?[61]

Die Verbform »er erschien« ist die Übersetzung von griechisch *ôphthê*, der dritten Person Aorist Passiv von *horan* (= sehen). Die Personen (Kephas etc.) stehen im Dativ. D.h., der griechische Satz *ôphthê Kepha* kann auf zweierlei Weise übersetzt werden: »er erschien Kephas« oder: »er wurde von Kephas gesehen«. Entsprechendes gilt für die anderen Personengruppen.

Nun beschreibt Paulus in 1Kor 15,3–7 mit dem Ausdruck *ôphthê* recht unterschiedliche Phänomene wie Einzelerscheinungen und Gruppenmanifestationen. Aber auch die Voraussetzungen der Erscheinungen weichen voneinander ab. Kephas hatte die erste Erscheinung Christi. Es handelt sich um eine »Primärerfahrung«. Er erzählte davon den anderen Jüngern. Sie »sahen« daraufhin Jesus ebenfalls. Ihre Erfahrung basierte also auf der des Kephas. Anders liegt der Fall bei Paulus; seine Christusschau unterscheidet sich von der der übrigen Osterzeugen (außer Kephas) und ist, obwohl er weiß, dass Christus anderen »erschienen« ist, als Primärerfahrung einzustufen. Doch besteht eine Differenz zwischen der Erscheinung vor Kephas und der vor Paulus darin, dass Kephas Jesus *wieder* sah, während Paulus Jesus zum *ersten Mal* sah. Mit anderen Worten, die Erscheinung Jesu vor Kephas und den Zwölf sowie vor Jakobus und allen Aposteln ist wenigstens zum Teil bezogen auf ihren persönlichen Umgang mit ihm, Paulus dagegen war dem Menschen Jesus nie begegnet.[62]

[61] Zum Folgenden vgl. LÜDEMANN, Auferweckung, S. 34–38.
[62] Vgl. LÜDEMANN, Paulus, S. 177–198.

Dennoch gebraucht Paulus den Ausdruck »er erschien« in V. 8 auch in Bezug auf sich selbst und stellt eine Parallele zwischen der Erscheinung Christi, die er selbst hatte, und den Erscheinungen vor den anderen Zeugen her. Es handelt sich also um das gleiche Phänomen, umso mehr als sich Paulus drei Jahre nach seiner Bekehrung mit Kephas darüber verständigt haben dürfte. Da er an vier weiteren Stellen von dem gleichen Ereignis mit teilweise anderen Ausdrücken berichtet, können diese Texte das Phänomen der »Erscheinungen« Christi in 1Kor 15,3–8 weiter erhellen:

> *1Kor 9,1*
> Bin ich nicht frei? Bin ich nicht ein Apostel? Habe ich nicht Jesus unseren Herrn gesehen? Seid ihr nicht mein Werk im Herrn?

In der Form einer rhetorischen Frage behauptet Paulus, den Herrn gesehen zu haben. Er verwendet die 1. Person Perfekt des Verbs »sehen«, wohlgemerkt als eine Form des Aktivs, und drückt hier also denselben Sachverhalt wie in 1Kor 15,8 als eigene aktive sinnliche Wahrnehmung aus. Der Apostel behauptet also eine visuelle Seite des 1Kor 15,8 Erfahrenen, dessen andere Seite er mit »erscheinen« wiedergibt. 1Kor 9,1 ist also von einer aktiven Wahrnehmung Jesu die Rede, deren andere Seite die in 1Kor 15,8 genannte Erscheinung ist. Vielleicht denkt Paulus an ein Sehen Jesu in seiner verwandelten Auferstehungsleiblichkeit, auf die er später 1Kor 15,35–49 zu sprechen kommt.

Da Paulus in 1Kor 15,8 für sich dasselbe Verb gebraucht wie für alle anderen, denen Jesus erschienen war, ist es eine gut begründete Annahme, dass die anderen in 1Kor 15 genannten Personen ähnlich wie Paulus im Rahmen ihres eigenen Weltbildes[63] Jesus »gesehen« haben. Das lässt sich durch weitere Stellen in den Briefen des Paulus noch präzisieren.

[63] Dies ist ein dreistöckiges Bild von der Welt: der Himmel ist oben, die Hölle unten, dazwischen befindet sich die Erde. Vgl. Phil 2,9–10.

Gal 1,15–16

15 Als aber der, der mich von meiner Mutter Leib an ausgewählt und
durch seine Gnade berufen hat, Gefallen hatte, 16 in mir seinen Sohn
zu offenbaren, damit ich ihn unter den Heiden verkündigte, da sogleich zog ich nicht Fleisch und Blut zu Rate.

Der Apostel beschreibt denselben Vorgang wie in 1Kor 9,1 damit, dass Gott ihm seinen Sohn »offenbart« habe. Da der Vers im Rahmen einer Erzählung über seine vor- und frühchristliche Zeit steht, dürfte er sich auf ein bestimmtes Ereignis beziehen. Dabei stellt Gal 1,16 klar, dass der Inhalt des Geschehens eine Offenbarung war, die Christus zum Gegenstand hatte. Das Motiv der Offenbarung passt zum »Sehen« in 1Kor 9,1.

Phil 3,7–8

7 Aber was für mich Gewinn war, das habe ich wegen Christus für *Verlust* gehalten.
8 Aber tatsächlich halte ich sogar alles für *Verlust* wegen der überragenden Größe der Erkenntnis Christi Jesu, meines Herrn, um dessentwillen ich mir das alles zum *Verlust* werden ließ, und ich halte es für Dreck, damit ich Christus gewinne.

Der Apostel spricht an dieser Stelle von der Erkenntnis Christi, die ihn dazu geführt habe, sein bisheriges Leben für »Dreck« zu halten. Der Abschnitt Phil 3,2–11 ist stark polemisch geprägt. Paulus betont in Phil 3,4–6, veranlasst durch Gegner, ähnlich wie schon in Gal 1,13–14 seinen untadeligen Wandel im Judentum und unterscheidet davon in Phil 3,9 die ihm durch die Erkenntnis Christi eröffnete »Gerechtigkeit aus Gott aufgrund des Glaubens«. Hier liegt wiederum eine Ausdeutung des Damaskusgeschehens vor, wenn auch nur eine spärliche Beschreibung dessen, was damals wirklich geschah.

2Kor 4,6

Denn Gott, der gesagt hat: »Aus Finsternis wird Licht leuchten« (vgl. Gen 1,3), der hat in unseren Herzen geleuchtet zum Erstrahlen der Erkenntnis der Herrlichkeit Gottes auf dem Angesicht Jesu Christi.

Auch diese Passage bezieht sich wohl auf die Bekehrung des Paulus, der Christus in einer Lichtgestalt sah.[64] Aber nicht nur dies: Um auszudrücken, was ihm vor Damaskus widerfuhr, setzt Paulus seine Schau Christi in Parallele mit der Lichtwerdung bei der Schöpfung.

»Jesus erschien Paulus« heißt konkret: Paulus hat den auferstandenen Jesus gesehen. Analoges gilt für die anderen Zeugen in 1Kor 15,5–7. Diese Schau wurde als Offenbarung erlebt. In ihr erhielten die Seher und Seherinnen Einblicke in eine überweltliche Sphäre, wobei sich »sehen« und »hören« nicht ausschlossen.

Das beschriebene Phänomen ist am ehesten als Vision zu bezeichnen. Visionen sind Vorgänge im menschlichen Geist und Produkte der eigenen Vorstellungskraft, obwohl es Visionäre regelmäßig anders behaupten: Sie meinen, von außen Bilder zu empfangen und Laute zu hören. »Der moderne Begriff der Vision ist ihm (Paulus) unbekannt, und wenn er ihn gekannt hätte, würde er ihn abgelehnt haben.«[65] So zweifelte er mit Sicherheit niemals daran, dass er Jesus damals wirklich gesehen habe, und die Vision wirkte auf ihn mit der Kraft einer objektiven Tatsache.

[64] Vgl. 1Kor 15.40. 49.

[65] Johannes Weiss: Das Urchristentum, Göttingen 1917, S. 20. Peter Lampe: Die Wirklichkeit als Bild, Neukirchen-Vluyn 2006, weist darauf hin: Ob jemand hinsichtlich der urchristlichen Ostererfahrungen den modernen Begriff der Vision akzeptiere, »hängt ab von der Wirklichkeit, die er oder sie bereits *vor* aller historischen Forschungsarbeit *für sich persönlich* konstruierte. Das der einen Entscheidung zugrunde liegende Wirklichkeitskonstrukt rechnet mit der Existenz Gottes und mit Gottes schöpferischem Wirken in den Ereignissen der Welt. Das der Gegenthese zugrunde liegende Wirklichkeitsverständnis schließt ein schöpferisches Wirken Gottes, das einen Verstorbenen mit neuer personaler Existenz zu beschenken vermag, prinzipiell aus. Welche der beiden konstruierten Wirklichkeiten heute die bessere ist, wäre zu streiten. Nur soll dann nicht so getan werden, als handele es sich dabei um einen Streit historischer Wissenschaft« (S. 112). Hätte Lampe Recht, so würde das zu einer Wiederbevölkerung des – zum Glück! – leer gefegten Götterpantheons führen, denn fortan wäre *kein* Offenbarungsanspruch mehr wissenschaftlich widerlegbar.

Das Ergebnis der Analyse von 1Kor 15,1–11 für die ersten drei Jahre Christentum

1Kor 15,3c–5 ist ein katechetisches Lehrstück und die Urgestalt der Theologie der damaszenischen Gemeinde, die mit der Interpretation des Todes Jesu als Sühne griechische und jüdische Traditionen verbindet. Das magere Schema Tod, Begräbnis und Auferstehung Jesu als Hauptinhalt des Evangeliums spiegelt den Befund wider, dass die Gemeinde nur wenig vom irdischen Jesus wusste.[66] Dies findet eine Parallele bei Paulus.[67]

Die drei in V. 3c–5 verarbeiteten Einzelelemente werfen Licht auf die christliche Urgeschichte, ebenso die Formeln aus V. 6–7. Alle stammen aus der Zeit zwischen 30 und 33, denn Paulus platziert sie chronologisch vor seine Bekehrung, die sich im Jahr 33 n.Chr. ereignete.

Die Erscheinungstraditionen in V. 5–7 haben die Form von kurzen Glaubensbekenntnissen, die ein Sehen des himmlischen Christus behaupten. Demnach standen am Anfang des christlichen Glaubens Visionen des »Auferstandenen«, die zum Glauben führten, dass ein Toter auferweckt wurde und ewig lebt.

Die Erscheinungstraditionen haben nichts mit den Erzählungen vom leeren Grab zu tun; ihre älteste Fassung, die Notiz einer Erscheinung Christi vor Kephas nahm ja nicht Bezug auf das leere Grab, und der Satz über die Bestattung Jesu bekräftigte dessen Tod, nicht das leere Grab. Außerdem gehören die Geschichten vom leeren Grab einem zweiten Stadium des urchristlichen Osterglaubens an, sie beantworten Fragen von Christen *und* von Gegnern. Gegenüber Christen betonen sie die Tatsächlichkeit der körperlichen Auferstehung Jesu, jüdische Gegner werden belehrt, dass nicht Jünger

66 Vgl. WILHELM HEITMÜLLER: Paulus und Jesus, in: Zeitschrift für die neutestamentliche Wissenschaft und die Kunde der älteren Kirche 13 (1912), S. 320–337, hier S. 331. Anders MARTIN HENGEL: Die vier Evangelien und das eine Evangelium von Jesus Christus, Tübingen 2008, S. 244–255: Die Gemeinden des Paulus hätten die wichtigsten Teile der Geschichte Jesu, einschließlich der Leidensgeschichte, gekannt.

67 Siehe dazu weiter unten, S. 129–144.

den Leichnam gestohlen haben, sondern dass Jesus wirklich auferstanden ist und das Grab verlassen hat. Schließlich: Das Zeugnis der Erweckung Jesu am dritten Tage ist eine theologische und keine historische Aussage; sie trägt nichts für die geschichtliche Frage aus, ob Jesu am dritten Tag – auferweckt – das Grab verlassen habe.

Aber wenn ein Grab in Jerusalem nicht der ursprüngliche Platz der ersten Erscheinung Jesu ist, fragt sich, ob nicht das Gleiche von Jerusalem als angeblichem Ort der ersten Erscheinung gesagt werden muss. Das Markusevangelium lokalisiert als ältestes Evangelium die Erscheinung vor Petrus und den Jüngern in Galiläa (Mk 16,7). Da Visionen in Galiläa *nach* denen in Jerusalem schwerlich entstanden sind – die Jerusalemideologie war im Judentum zu stark –, schließe ich, dass die Erstvisionen tatsächlich in Galiläa stattfanden. Die vorhandenen ältesten Texte in der Formel 1Kor 15,5–6 beziehen sich darauf: Jesu Erscheinung vor Kephas, vor den Zwölfen und vor den 500 Brüdern, während die Erscheinung vor Jakobus und allen Aposteln nach Jerusalem gehört.

d) Taufe

Ich will nun zwei wichtige Riten – Taufe und Herrenmahl – untersuchen, die bereits existierten, bevor Paulus Christ wurde. Sie spiegeln »einen Prozess der *Verselbständigung der frühen Christenheit* gegenüber ihren jüdischen Wurzeln«[68] wider. Zuerst behandle ich die Taufe.

Paulus führt im Galaterbrief aus:

> 26 ALLE SEID IHR nämlich Söhne Gottes – *durch den Glauben* – **in Christus Jesus.**
>
> 27 Die ihr nämlich auf Christus getauft wurdet, ihr habt Christus angezogen.
>
> 28 Da ist nicht Jude noch Grieche,

[68] PETR POKORNY / ULRICH HECKEL: Einleitung in das Neue Testament, Tübingen 2007, S. 138.

da ist nicht Sklave noch Freier,
da ist nicht männlich und weiblich,
ALLE SEID IHR nämlich einer **in Christus Jesus**.

Gal 3,26–28

Zwei Gründe legen nahe, dass V. 26–28 auf Tradition zurückgehen: a) der Text wirkt sperrig innerhalb des Kontextes, in dem Paulus erläutert, dass Christen Nachfahren Abrahams und daher frei vom Gesetz sind; nur das Paar »Jude-Grieche« passt in den Zusammenhang. b) Der Text wechselt von der ersten Person Plural in Gal 3,25 (»wir sind nicht mehr unter einem Zuchtmeister«) zur zweiten Person Plural in Gal 3,26 (»alle seid ihr nämlich Söhne Gottes«). Das Stück enthält traditionelle Tauflehre, die Paulus während der Gründungspredigt vorgetragen hat und hier ins Gedächtnis ruft.[69]

Die Tradition setzt in V. 26 damit ein, dass die Täuflinge als »Söhne Gottes« tituliert werden. Dies ist eine Ehrenbezeichnung, die sonst nur Juden gilt.[70] Diese empfangen den Status als Söhne Gottes üblicherweise erst beim Jüngsten Gericht.[71] Da für Paulus der Glaube zentrales Element des Christentums ist, fügt er »durch den Glauben« V. 26 hinzu. V. 27 erinnert Paulus die Galater an ihre eigene Taufe, bei der sie Christus angezogen haben.[72] Das übergezogene Taufkleid war in übertragener Redeweise Christus selbst. In diesen wurden die Täuflinge eingehüllt und dabei zu neuen Wesen verwandelt.

Das Ritual der Taufe überführt die Täuflinge in einen neuen Bereich, die »Realität« in Christus, in der die vorherigen Unterschiede von ethnischer Herkunft, von Religion, sozialer Stellung und Geschlecht nicht mehr gelten. Die »neue Schöpfung« hat sie

[69] Vgl. HENGEL / SCHWEMER, Paulus, S. 441–442; HANS DIETER BETZ: Der Galaterbrief, München 1988, S. 327.

[70] Vgl. Röm 9,4. 26.

[71] Vgl. 2Kor 6,18.

[72] Vgl. Röm 13,14.

abgelöst: »Denn weder Beschneidung gilt etwas noch Unbeschnittenheit, sondern eine neue Schöpfung«[73].

Die Christen, die diese und ähnliche Formeln im Zusammenhang mit der Taufe geprägt haben, beanspruchen, dass uralte Ideale und Hoffnungen in ihrer Gemeinde erfüllt worden seien. Sie formulieren eine utopische sakramentale Erklärung zur Wiedervereinigung *aller* Menschen, die damals sicher Aufmerksamkeit auf sich zog.[74]

Die Einzelaussagen zu den drei Gruppen von Menschen, welche die Taufe empfangen, haben »soziale und politische Implikationen von geradezu revolutionärer Tragweite.«[75]

Die Formel *»nicht Jude noch Grieche«* wandelt das hellenistische politische Schlagwort »Griechen und Barbaren« ab[76] und wurde – da »Jude« am Anfang steht – von griechischsprachigen Juden geprägt. Die Formel propagiert offensiv das Niederreißen kultureller und religiöser Schranken zwischen Juden und Nichtjuden und proklamiert die Universalisierung des Judentums.[77]

Die Formel *»da ist nicht Sklave noch Freier«* (V. 28b) »erklärt die Sklaverei in der Kirche für abgeschafft.«[78] Diese Aussage befindet sich in Einklang mit einer langen Tradition antiker Sozialkritik gegen die Institution der Sklaverei.[79] Der programmatische Satz hat unter Sklaven sicherlich das Interesse am Christentum geweckt.[80]

[73] Gal 6,15; vgl. 2Kor 5,17.

[74] Vgl. H. C. BALDRY: The Unity of Mankind in Greek Thought, Cambridge 1965; WOLFGANG SPEYER: Reale und ideale Oikumene in der griechischen und römischen Antike (2001), in: DERS.: Frühes Christentum im antiken Strahlungsfeld III, Tübingen 2007, S. 169–181.

[75] BETZ, Galaterbrief, S. 334.

[76] Siehe BETZ, Galaterbrief, S. 337. Vgl. Röm 1,14.

[77] Vgl. BETZ, Galaterbrief, S. 336.

[78] BETZ, Galaterbrief, S. 339.

[79] Vgl. BETZ, Galaterbrief, S. 341: Die Kritik an der Sklaverei begannen die Sophisten, die Kyniker und Stoiker setzten sie fort. Siehe ferner Ex 21,2.

[80] »Es ist ... anzunehmen, daß der alte utopische Traum von der Abschaffung der Sklaverei zur Zeit des Neuen Testaments immer noch lebendig, jedoch die Möglichkeiten zu seiner Verwirklichung sehr beschränkt waren. Die Sklaven

Die Formel »*da ist nicht männlich und weiblich*« (V. 28c) drückt aus, dass die Unterschiede zwischen Mann und Frau nichts mehr bedeuten. Es fällt auf, dass die Geschlechtsbezeichnungen hier das Neutrum haben. Doch dürfen sie – wie schon in Gen 1,27 LXX – auf Mann und Frau bezogen werden. Dann geht es in der Formel um die Aufhebung der sozialen, gesellschaftlich bedingten Unterschiede zwischen den Geschlechtern.

In Korinth können wir beobachten, wie Christinnen die Umsetzung der Taufformel zur Aufhebung der Unterschiede zwischen Mann und Frau forderten. Sie wollten wie die Männer im Gottesdienst unverschleiert auftreten. Paulus wies die Korintherinnen mit verschiedenen, gewundenen Begründungen an, davon Abstand zu nehmen.[81] Er spricht sich für die Beibehaltung des bisherigen Brauches aus, den er ihnen überliefert hat.[82]

Für Paulus ergaben sich daraus, dass »in Christus« die Unterschiede von Mann und Frau aufgehoben sind, keine Konsequenzen hinsichtlich einer Gleichstellung von Mann und Frau in Gemeinde und Gesellschaft. Auch bei Sklaven und Freien blieb es beim Status quo.[83] Nur die Aufhebung des Unterschieds von Jude und Grieche führte zu einer einschneidenden Änderung: Beide hatten fortan *wirklich* den gleichen Status. Dies ging hauptsächlich zu Lasten der Juden, denn als Mitglieder einer christlichen Gemeinde beschnitten sie ihre Söhne nicht mehr und hielten auch keine Speisegesetze mehr ein.[84]

selber betrachteten die Freiheit immer als ihr oberstes Ziel und versuchten, sie mit allen Mitteln zu erlangen« (BETZ, Galaterbrief, S. 342–343).

[81] 1Kor 11,2–16.

[82] 1Kor 11,2. Diese Überlieferung hat Paulus sicher nicht in Damaskus empfangen.

[83] Vgl. 1Kor 7,21 und die Ausführungen im Philemonbrief, die auf eine Freilassung des zu Paulus geflüchteten Sklaven Onesimus nicht zu sprechen kommen. Zum Inhalt des Briefs vgl. LÜDEMANN, Paulus, S. 71–92.

[84] Vgl. unten, S. 157.

Es fällt auf, dass Paulus meint, nicht zum Taufen gesandt zu sein, sondern zur Predigt des Evangeliums.[85] Dies ist jedoch keine Herabsetzung der Taufe, denn seine sonstigen Äußerungen über die Taufe belegen deren großes Ansehen im ältesten Christentum. Ihre Durchführung oblag in der Regel anderen Personen als Paulus; wir wüssten gern, wer sie waren.

Grundlage für die Ausbildung der christlichen Taufe sind die im Alten Testament vorgeschriebenen Waschungen und Reinigungsriten, die bei bestimmten Krankheiten, nach Menstruation und Ausfluss sowie bei Berührungen mit Unreinem durchzuführen waren.[86] Dabei ging es jeweils um Beseitigung von kultischer Unreinheit, nicht um Vergebung der Sünden.

Bis in die Zeit Johannes des Täufers hatte niemand andere Personen getauft, die Menschen vollzogen ohne Mitwirkung eines Taufenden die genannten Waschungen und Reinigungsriten selbst. Demgegenüber war die Johannestaufe eine Fremdtaufe. Johannes vollzog im Jordan den Wasserritus durch Untertauchen des Täuflings.

Weiter wird im Unterschied zu allen anderen jüdischen Waschungen die Johannestaufe nur einmal vollzogen und geschieht zur Vergebung der Sünden beim kommenden Gericht. Mit den traditionellen Reinigungsriten hat die Johannestaufe dennoch eines gemeinsam: auch sie bleibt ein vorbereitender Ritus. Während jüdische Waschungen durch Wiederherstellung der Reinheit beispielsweise den erneuten Zugang zum Heiligtum ermöglichen, soll auf die Johannestaufe, die mit Wasser geschieht, die Taufe mit Feuer und Geist durch einen Stärkeren folgen, der im nahen Gericht alle Unbußfertigen mit Feuer taufen, d.h. vertilgen wird.[87]

[85] 1Kor 1,17.
[86] Vgl. Lev 11,24–40; 14,1–9; 15,1–31; 16,4. 24; Num 19,1–22.
[87] Mt 3,11 / Lk 3,16.

In der älteren Forschung war es lange üblich, die Apostelgeschichte als Quelle für die Jerusalemer Urgemeinde und ihre Tauftätigkeit heranzuziehen. Das hat sich inzwischen geändert; die kritische Forschung gebraucht die Apostelgeschichte nur noch, wenn die Paulusbriefe ihre Angaben bestätigen oder zumindest nicht in Gegensatz zu ihr stehen. Außerdem ist die Pfingstgeschichte Apg 2,1–41, die den Erfolg der Mission durch Massentaufen dokumentiert, nicht vertrauenswürdig und, für sich genommen, kein zuverlässiger Beleg dafür, dass die Jerusalemer Urgemeinde überhaupt neue Jünger getauft hat.

Die erste chronologisch greifbare christliche Taufe ist die des Paulus in den frühen dreißiger Jahren. Er spielt darauf an[88] und setzt damit eine bereits etablierte christliche Taufpraxis in Damaskus voraus.

Die fraglos historische Nachricht von Jesu Taufe durch Johannes[89] legt nahe, dass manche Jesusjünger ebenfalls von Johannes getauft waren.[90] Und dass diese später auf den Namen Jesu getauft wurden, kommt im Neuen Testament nicht vor. Die Jerusalemer Gemeinde hat erst nach einigem Zögern neue Mitglieder getauft. Wahrscheinlich hat die Gemeinde von Damaskus den Anstoß dazu gegeben. Dies bedeutet aber nicht, dass beide Kirchen die Taufe in derselben Weise verstanden.

Nun legitimierten die ältesten Christen ihre Anschauungen gern nachträglich durch Worte Jesu, die sie kurzerhand »erfanden«. Bekannte Beispiele sind die Verleihung von Binde- und Lösegewalt an kirchliche Amtsträger[91] sowie die Einrichtung des Herrenmahls.[92] Aber für die Taufe gibt es – abgesehen vom Wort des Auferstandenen am Ende des Matthäusevangeliums, dem aber kein

[88] Röm 6,3; 1Kor 12,13; vgl. Apg 9,18.
[89] Mk 1,9.
[90] Vgl. Joh 1,35–36.
[91] Mt 16,17–19; 18,15–18; Joh 20,21–23.
[92] 1Kor 11,23–25.

Geschichtswert zukommt[93] – keine Anordnung Jesu. Auch seine Reden zur Aussendung der Jünger[94] enthalten keinen Taufbefehl, obgleich sie »in ihrer jetzigen Form hier und da Wendungen enthalten, die die Missionssituation der Kirche ins Auge fassen.«[95]

Da im Urchristentum früh getauft wurde, bietet sich die Johannes-Taufe als direkter Ausgangspunkt für die frühchristliche Taufentwicklung an. Der enge Zusammenhang der Jesus-Gemeinden mit der von Johannes ins Leben gerufenen Bewegung steht ja fest. Die Taufe wurde so zum Merkmal der christlichen Gruppen und dabei neu gedeutet: Sie geschah jetzt »auf den Namen Jesu«. Das lässt sich direkt aus dem Gebrauch der ironischen Formel von der »Taufe auf den Namen des Paulus«[96] erschließen; der Taufappell des Petrus[97] am Ende der Pfingstpredigt bestätigt dies noch. Die Taufe löste sich also von ihrer persönlichen Bindung an den Täufer und unterstellte die Getauften dem Namen Jesu, seiner Macht und Hoheit. »Die Taufformel, als Ritualformel, setzte auch voraus, daß hinter der Taufe eine größere Autorität lag, die ihr Sinn und Bedeutung verlieh«[98], nämlich Jesus, der »Auferstandene«.

Die Taufe war demnach verbunden mit der Nennung des Namens Jesu. Damit legte man diesen auf den Täufling und machte ihn zu Jesu Eigentum.[99] Nun hatte der Name Jesu schon zu seinen Lebzeiten exorzistische Kraft. Dass Jesus die Herrschaft Satans und seiner Diener gebrochen habe und deshalb vor diesen Mächten schützen könne, ist eine uralte, in das Leben Jesu reichende Erinnerung. Die Jünger meldeten Jesus: »Auch die Damonen sind uns in deinem Namen untertan.«[100] Selbst Personen, die dem Jüngerkreis fern

[93] Mt 28,19.
[94] Mk 6,8–11; Mt 10,5–16; Lk 10,1–12.
[95] Lars Hartman: Auf den Namen des Herrn Jesus, Stuttgart 1992, S. 32.
[96] 1Kor 1,13. 15.
[97] Apg 2,38
[98] Hartman, Auf den Namen, S. 46.
[99] Im Alten Testament wurde der Name Jahwes auf die Israeliten gelegt, so dass er sie segnete und sie zu seinem Eigentum wurden (Num 6,27).
[100] Lk 10,17.

standen, übten den Exorzismus im Namen Jesu.[101] Jedenfalls beansprucht das Wort: »Wenn ich aber durch Gottes Finger die Dämonen austreibe, dann ist das Königreich Gottes zu euch gekommen«[102] dem wissenschaftlichen Konsens zufolge den höchsten Grad von Echtheit, der für einen Jesusspruch angenommen werden kann.

Der exorzistisch wirkende Name Jesu und die Johannestaufe verschmolzen demnach zu einer neuen Größe. Die Nennung des Jesusnamens bei der Taufe machte den Täufling nicht nur zum Eigentum Jesu, sondern beschirmte ihn fortan auch vor der Macht der bösen Geister.[103]

Die Taufe in der Gemeinde von Damaskus und bei Paulus

Bei der Öffnung der Jesusbewegung für Nichtjuden veränderte sich der Charakter der Taufe, unmittelbar nach dem Tod Jesu. Diese Öffnung erfolgte zum ersten Mal sichtbar in der südsyrischen Metropole Damaskus, deren Christen Paulus um 33 n.Chr. verfolgte; sie hatten nämlich Heiden gleichrangig in ihre Gemeinde aufgenommen, aßen mit ihnen und feierten beim Herrenmahl die neue Schöpfung in Christus.

Griechischsprachige Gemeinden wie die von Damaskus verbanden auch Taufe und Geistverleihung miteinander. Denn – so Paulus in Anlehnung an Tradition – »wir wurden zu ein und demselben Leib getauft und alle auch mit ein und demselben Geist getränkt.«[104] Die Geistwirkungen waren Zungenreden, Prophezeiungen, Wundertaten, ekstatisches Gebet.[105]

Zum ersten Mal finden wir beim Heidenmissionar Paulus ferner die neue Deutung der Taufe als Taufe »in den Tod« oder »auf den Tod Jesu hin«, d.h. sie erhält eine symbolische Beziehung zum Ster-

101 Mk 9,38; Mt 7,22.

102 Lk 11,20 (vgl. Mt 12,28).

103 Vgl. WILHELM HEITMÜLLER: Taufe und Abendmahl im Urchristentum, Tübingen 1911, S. 10–14.

104 1Kor 12,13; vgl. 1Kor 6,17; 10,4.

105 Vgl. unten, S. 157. Siehe ferner BOUSSET, Kyrios, S. 110–113.

ben Jesu. Die Frage in Röm 6,3: »Wisst ihr nicht, dass wir, die auf Christus Jesus getauft wurden, in seinen Tod hinein getauft wurden?«, setzt voraus, dass die Römer diese vorpaulinische Interpretation der Taufe kennen. Paulus fährt fort:

> Wir wurden also mit ihm durch die Taufe in den Tod hinein begraben, damit, wie Christus durch die Herrlichkeit des Vaters von den Toten auferweckt wurde, so auch wir in der neuen Wirklichkeit des Lebens wandeln.
>
> *Röm 6,4*

Die traditionelle Formel Röm 6,3–4 definiert das Taufgeschehen »auf Christus Jesus« als eine sakramental vollzogene Anteilgabe an dessen Tod, Begräbnis aber auch Auferstehung[106] und entwickelt die ältere Formel »taufen auf« weiter; sie bezieht die Täuflinge in Tod und Auferstehung Jesu ein.

Die Todes- und Auferstehungsdeutung der Taufe lehnt sich an die Vorstellungswelt der Mysterienreligionen an. Während die antiken Götter einst als unsterblich galten, schrieb man im Hellenismus »den in Mysterien verehrten Gottheiten – Osiris, Tammuz, Attis, Adonis u.a. – ein Leidensgeschick zu. Dieses wurde im Kult vergegenwärtigt, so daß der Myste daran teil bekommen sollte. Kraft der Auferweckung, wie sie die Kultgottheit erfahren hatte, sollten ihre Verehrer zur Unsterblichkeit geführt werden.«[107] Ebenso in der christlichen Taufe, die den Täufling an Tod und Auferstehung Jesu teilhaben ließ. Die neue Taufdeutung entsprang der Situation der Heidenmission. Nichtjuden, die sich taufen ließen, vollzogen einen stärkeren Bruch mit ihrer Vergangenheit als Juden. Daher konnten sie ihre heidnische Vorzeit als Tod ansehen und ihr neues christliches Sein als Auferstehung.

Auffälligerweise verbindet Paulus die Taufe nicht direkt mit der Auferstehung Jesu. In Röm 6,4 ändert Paulus die enthusiastische Taufinterpretation der Korinther dahingehend, dass die Taufe die Christen zu einem neuen Leben in der Gegenwart befähigt, ihre

[106] Vgl. 1Kor 15,3–4.

[107] Eduard Lohse: Der Brief an die Römer, Göttingen 2003, S. 189.

Auferweckung aber der Zukunft vorbehält.[108] Er korrigiert eine Tradition, die Christi Auferstehung und die gegenwärtige Auferweckung der Christen annimmt, und legt auch in Röm 6,8 – »wenn wir aber mit Christus gestorben sind, glauben wir, dass wir auch mit ihm leben werden« – das Schwergewicht auf den Tod Christi und seine Konsequenzen für die Glaubenden.

Trotzdem geht aus den Gesprächen des Paulus mit der korinthischen Gemeinde hervor, dass er selbst einmal der von ihm in Röm 6 kritisierten Interpretation der Taufe zugeneigt gewesen sein muss und dass die Korinther sie von ihm übernommen haben.

Sie mag auch in einer weiteren Tauftradition stecken, die Paulus den Korinthern bei der Gründung der Gemeinde übermittelt hat. Nach der Beschreibung der unheiligen Vergangenheit der korinthischen Konvertiten fährt er fort: »Aber ihr wurdet abgewaschen, aber ihr wurdet geheiligt, aber ihr wurdet gerechtfertigt – durch den Namen unseres Herrn Jesus Christus und durch den Geist unseres Gottes«[109] Damit spielt der Apostel zweifellos auf die sakramental verstandene christliche Taufe an, bei deren Vollzug den Korinthern die vollständige Reinigung und Heiligkeit zugesprochen wurde. Die so verstandene Taufe verschaffte ihnen die Gewissheit, im Stand ungetrübten Heils zu sein.

Eine ähnliche Sicht der Taufe erscheint auch im Kolosserbrief, der aus dem unmittelbaren Umkreis des Apostels stammt. Der Paulusschüler führt aus, die Christen seien in der Taufe mit Christus begraben, und fährt fort: »In ihm wurdet ihr auch mitauferweckt durch den Glauben an die wirksame Kraft Gottes, der ihn aus den Toten auferweckte.«[110]

Die Korinther erweiterten eine solche Sicht der Taufe noch, indem sie sich für ihre verstorbenen Angehörigen taufen ließen und so das ewige Heil für sie erhofften.[111] Im Bezug auf sich selbst meinten sie, die Taufe habe sie schon jetzt vollkommen gemacht und an

[108] Röm 6,5.8.
[109] 1Kor 6,11.
[110] Kol 2,12.
[111] Vgl. 1Kor 15,29.

Christi Auferstehung teilnehmen lassen, so dass ihr sittliches Verhalten gleichgültig sei.

Im Gegenzug vergleicht Paulus die getauften Christen mit den aus der ägyptischen Gefangenschaft befreiten Kindern Israel[112] und spricht sogar von deren Taufe auf Mose.[113] Aber trotz dieser Taufe auf Mose seien die meisten von ihnen später vernichtet worden, weil ihre Sünden sie nicht in das verheißene Land Kanaan einziehen ließen.[114] Um wie viel mehr seien die Korinther bedroht, wenn sie trotz ihrer Taufe auf Christus das Beispiel der Wüstengeneration nachahmten.

Manchmal sieht es so aus, als könnte man die Verkündigung des Paulus darstellen, ohne die Taufe auch nur zu erwähnen. Es scheint so, dass Sakramente – Handlungen, die durch natürliche Mittel übernatürliche Kräfte wirksam machen – zur Gedankenwelt des Paulus nicht passen. Beides ist richtig: Paulus kennt keine Taufe ohne Glauben *und*: seine Ausführungen über Sakramente grenzen manchmal an Magie. Jedenfalls fand Paulus sakramentale Riten – Taufe und Herrenmahl – in seiner Muttergemeinde von Damaskus schon vor; er setzte sich mit ihnen auseinander und interpretierte sie.

e) Herrenmahl

Der Name »Herrenmahl« kommt nur einmal im Neuen Testament vor.[115] Der Begriff ist sicher vorpaulinisch und spiegelt ebenso wie der später bezeugte Ausdruck »Herrentag«[116] den Christuskult wider.

Inhalt und Ablauf des Herrenmahls, das Paulus in Korinth etabliert hat, sind in der von ihm weitergegebenen Tradition 1Kor 11,23–25 enthalten. Laut eigenem Bekunden hat er das Ritual vom »Herrn« empfangen. Doch kann dies nicht bedeuten, dass es

112 1Kor 10,1–10.
113 1Kor 10,2.
114 1Kor 10,8–10.
115 1Kor 11,20.
116 Offb 1,10.

auf Jesusworte zurückgeht, die Paulus einer Erzählung entnahm oder die ihm der »Herr« offenbarte; denn Paulus benutzt dieselben Begriffe, die er auch 1Kor 15,3 verwendet (»empfangen-überliefert«). Sie stehen für den Vorgang des Empfangs und der Weitergabe von Traditionen und beziehen sich an dieser Stelle darauf, dass Paulus bei seiner Bekehrung die genannte Überlieferung empfangen hat.[117] Demnach drückt Paulus mit der Wendung »vom Herrn« in V. 23a zusätzlich aus, dass der irdische Jesus, nämlich der Herr, Stifter des Herrenmahls ist.

Die Einrichtung des Herrenmahls als eines kultischen Ritus erscheint nicht nur in 1Kor 11, sondern auch in den synoptischen Evangelien.[118] Sie verstehen das Herrenmahl als Passahmahl und lassen die Jünger auf Geheiß Jesu einen passenden Raum zur Feier des Passah herrichten.[119] Darauf aufbauend sind manche Exegeten der Ansicht, das christliche Herrenmahl habe im jüdischen Passah seine Wurzeln, sein Vorbild; überhaupt sei das letzte Mahl Jesu, bei dem es gestiftet wurde, ein Passahmahl gewesen.[120]

Hans Lietzmann bemerkt dazu kritisch:
»Für das Passahmahl sind die folgenden Dinge charakteristisch: 1) Es wird ein Lamm verzehrt – das fehlt beim Abendmahl (= Herrenmahl, GL). 2) Es wird der Midrasch über den Auszug aus Ägypten und die Wüstenwanderung vorgetragen – das fehlt beim Abendmahl. 3) Man isst kein Brot, sondern ungesäuerte Mazzen – beim Abendmahl isst man Brot. 4) Vier Becher sind pflichtgemäß zu trinken – beim Abendmahl erscheint nur ein Becher. Das will sagen: die für das Passah charakteristischen Züge fehlen beim Abendmahl, und zwar alle, nicht nur diejenigen, deren Wegfall man aus der

[117] Vgl. JOACHIM JEREMIAS: Abendmahlsworte Jesu, Göttingen ^{4}1967, S. 180: »Wann übernahm Paulus selbst die Abendmahlsüberlieferung? Bei seiner Bekehrung? Das ist überaus wahrscheinlich.«

[118] Mk 14,22–25; Mt 26,26–29; Lk 22,15–20.

[119] Mk 14,12–16 parr.

[120] Vgl. besonders JEREMIAS, Abendmahlsworte (Lit.).

Umgestaltung einer einmal im Jahr begangenen in eine wöchentlich oder öfter abgehaltene Feier erklären könnte.«[121]

Paulus akzeptiert zwar die Interpretation von Jesu Tod als Passahopfer[122], doch verbindet er diese Deutung nicht mit dem Ritual des Herrenmahls.[123] Die Berichte vom Herrenmahl im Neuen Testament beschreiben daher kein Passahmahl; das christliche Herrenmahl wurzelt auch nicht im Passahmahl.

Matthäus hat im Wesentlichen den Bericht des Markus übernommen. Lukas ist abhängig von Markus und der Tradition, die sich bei Paulus findet. Um die Frage nach dem ältesten Text zum Herrenmahl zu beantworten, beginne ich mit der Analyse des bei Paulus aufbewahrten Texts; danach prüfe ich die Fassung des Markus.

Paulus schreibt an die Korinther:

23a Denn ich habe vom Herrn empfangen, was ich euch auch überliefert habe:

23b Der Herr Jesus in der Nacht, in der er ausgeliefert wurde, nahm Brot,
24 und dankte, brach es und sagte: **DIES IST MEIN LEIB** für euch; dies tut zur Erinnerung an mich.
25 Ebenso auch den Becher nach dem Mahl und sagte: **DIESER BECHER IST DER NEUE BUND IN MEINEM BLUT**; dies tut, sooft ihr trinkt, zur Erinnerung an mich.

1Kor 11,23–25

Paulus gibt die Einsetzungsworte asymmetrisch wieder – »dies ist mein Leib; dieser Becher ist der neue Bund in meinem Blut« – und kennt ein Mahl, das Brot- und Becherwort trennt.

121 HANS LIETZMANN: Messe und Herrenmahl. Eine Studie zur Liturgie, Bonn 1926, S. 211.

122 1Kor 5,7: »Unser Passahlamm, Christus, ist geschlachtet.«

123 Eine andere Frage ist es, ob die Christen in Jerusalem und an anderen Orten einmal im Jahr das Passah feierten und jeden Sonntag das Herrenmahl.

Der Bericht des Markus fügt die Einsetzungsworte symmetrisch ein – »dies ist mein Leib; dies ist mein Blut.« Es heißt:

22 Und als sie aßen, nahm er Brot, *sprach den Segen*, brach *es und gab es ihnen* und sagte: Nehmt, **DIES IST MEIN LEIB.**

23 Und er nahm einen Becher, *dankte und gab ihnen (den)*; und sie tranken alle daraus.

24 Und er sagte ihnen: **DIES IST MEIN BLUT DES BUNDES**, das vergossen wird für viele.

25 Amen, ich sage euch: Ich werde nicht mehr trinken vom Gewächs des Weinstocks bis zu jenem Tag, wenn ich es neu trinke in der Königsherrschaft Gottes.

Mk 14,22–25

Ein weiterer Vergleich von Paulus- und Markusfassung ergibt:

a) In beiden Fassungen ist der Tod Christi (»für euch« / »für viele«) ein wichtiges Element. Das Sterben Christi »für euch« geschieht zur Sühne und ist gleichbedeutend mit dem Tod »für eure Sünden«[124]. Es handelt sich um einen »stellvertretenden Sühnetod«[125]. Die Formulierung des Paulus bezieht das Brot in die Sühnehandlung mit ein, die Markusfassung den Becher als das Blut des Bundes, »das für viele vergossen wird.« Die einleitende Wendung »in der Nacht, in der er (›der Herr‹) ausgeliefert wurde« zeigt an, dass der Paulusfassung zufolge »der Herr« als Gottesknecht aus Jes 53 den Sühnetod für andere sterben wird.[126] Der Hinweis auf die Nacht, in der das Herrenmahl eingesetzt wurde, belegt nicht, dass »Paulus in Korinth die *Leidensgeschichte erzählt* hat«[127], son-

124 Vgl. 1Kor 15,3b: »Christus starb für unsere Sünden«.

125 Vgl. HENGEL, Sühnetod, S. 146–184. Zur gegenwärtigen Diskussion um »Sühne« und »Stellvertretung« siehe JÖRG FREY: Probleme der Deutung des Todes Jesu in der neutestamentlichen Wissenschaft, in: ders. / Jens Schröter (Hrsg.): Deutungen des Todes Jesu im Neuen Testament, Tübingen 2005, S. 3–50.

126 Zum gemeinsamen Hintergrund siehe oben, S. 26.

127 So aber MARTIN HENGEL: Die vier Evangelien und das eine Evangelium von Jesus Christus, Tübingen 2008, S. 249.

dern es geht um eine Verankerung der sakramentalen »Praxis der Gemeinde … in der Geschichte«[128]. Der Text des Markus lässt an Ex 24,8[129] als Herkunft für das Sühne- bzw. Opfermotiv denken. Im paulinischen Becherwort bezeichnet das Motiv des Bundes die neue Realität, nämlich die Erfüllung der Prophezeiung des Jeremia: »Siehe, es kommen Tage, spricht der Herr, da schließe ich mit dem Hause Israel und dem Hause Juda einen neuen Bund.«[130]

b) Paulus betont den Befehl Jesu, diesen Ritus »zur Erinnerung an mich« regelmäßig zu wiederholen, was bei Markus fehlt (aber vorausgesetzt ist). Dieser gemäß urchristlicher Tradition von Jesus in der Nacht seiner Auslieferung selbst eingesetzte Ritus – so Paulus – macht die heilige Vergangenheit wieder zur gegenwärtigen Wirklichkeit. Paulus- und Markusfassung sind Ätiologien, nämlich Kultberichte, die Ursprung und Bedeutung eines gegenwärtigen Brauches der Gemeinschaft erklären. Allerdings wird es kaum gelingen, eine einzige älteste Tradition des Herrenmahls herauszuschälen. Gemeinschaftliche Praxis prägte die Tradition von Anfang an. »Der einfache Wortlaut spricht dafür, daß das Brotwort den Beginn und das Kelchwort den Abschluß der dazwischen stattfindenden Mahlzeit markiert«.[131]

Nun sind sich die Einsetzungsworte bei Paulus und Markus sehr ähnlich und könnten auf *ein* Formular zurückgehen: »Dies ist mein Leib für euch, dies ist mein Blut des Bundes.«[132] Daher schließt die Feier eindeutig eine sakramentale Deutung der Handlung ein, die in dem wiederholten Ausdruck »dies ist« den Gläubigen Brot und Wein als Leib und Blut Jesu anbietet. So sind Brot und Wein wegen ihrer besonderen Qualität von anderen Speisen zu unterscheiden. Ihr Missbrauch führt zu Krankheit und Tod. Das war in Korinth mehrfach geschehen als Folge von unwürdigem Essen des Brots,

128 Hans Josef Klauck: Herrenmahl und hellenistischer Kult, Münster 1982, S. 304.

129 »Siehe das Blut des Bundes, den Jahwe mit euch geschlossen hat.«

130 Jer 31,31.

131 Andreas Lindemann: Der Erste Korintherbrief, Tübingen 2000, S. 255.

132 Vgl. Bernd Kollmann: Ursprung und Gestalten der frühchristlichen Mahlfeier, Göttingen 1990, S. 189.

das ja der »Leib Christi« ist, und von unwürdigem Trinken des Weins, der ja das »Blut Christi« ist.[133]

Der direkte Verzehr von Jesu Leib und das Trinken seines Blutes sind massiver Sakramentalismus. Die jeweiligen Deutungen (Leib *für euch* – Blut *des Bundes*) mildern ihn ab; doch ändert das nichts daran, dass die Gläubigen durch ein sakramentales Mahl Anteil am Schicksal einer gestorbenen und wieder auferweckten Gottheit – dem Herrn Jesus – bekommen.[134] »Für die populäre Auffassung wird das Abendmahl einfach ein Essen und Trinken des Leibes und des Blutes des Herrn ... sein.«[135]

Im selben Brief bekräftigt der Apostel die sakramentale Deutung des Herrenmahls:

16 Der Becher der Segnung, den wir segnen – ist er nicht Anteilhabe am Blut Christi?

Das Brot, das wir brechen – ist es nicht Anteilhabe am Leib Christi?

17 Denn *ein* einziges Brot, ein einziger Leib sind wir, die vielen, denn wir alle nehmen teil an dem *einen* Brot.

1Kor 10,16–17

Paulus charakterisiert das Herrenmahl zweimal durch das Substantiv »Anteilhabe«. Damit erinnert er die Korinther daran, dass der Becher und das Brot Anteilhabe am Blut und am Leib Christi bewirken. Wenn Paulus darauf besteht, dass die Korinther nicht gleichzeitig am Herrenmahl und an einem ähnlichen Ritus in einem heidnischen Heiligtum teilnehmen können[136], so geht daraus hervor, dass für Paulus die Partizipation an einer heiligen Mahlzeit Anteil an der Realität verleiht, die durch sie vergegenwärtigt wird.

133 1Kor 11,27–30.

134 Vgl. BULTMANN, Theologie, S. 150, der als Parallele auf die Attis- und Mithrasmysterien verweist.

135 BOUSSET, Kyrios, S. 109.

136 Vgl. 1Kor 10,20–21.

Die enge Beziehung von Taufe und Herrenmahl

Die Textanalysen haben gezeigt, dass Taufe und Herrenmahl in der griechischsprachigen Gemeinde von Damaskus und in den anderen griechischsprachigen Gemeinden in den ersten drei Jahren Christentum eng miteinander verbunden waren. Die Taufe versetzte die Christen in Christus, ließ Christus in den Christen wohnen, während das regelmäßig gefeierte Herrenmahl diese Verbindung erneuerte, stärkte und nährte. Der Herr Christus gab als Tischherr den Gläubigen Anteil an sich selbst, und zwar durch die göttlichen Substanzen »Brot« und »Wein«.

f) Mitarbeiter des Paulus aus Damaskus

In der Grußliste am Ende des Römerbriefes richtet Paulus in Röm 16,7 Grüße aus an »Andronikus und Junia, meine Landsleute und meine Mitgefangenen, die herausragen unter den Aposteln. Sie waren (schon) vor mir in Christus.«

Die Stelle ist aus fünf Gründen bemerkenswert. 1) Junia und Andronikus, ihr Mann, beides Juden, nahmen bereits *vor* Paulus – zwischen 30 und 33 n.Chr. – den christlichen Glauben an und wohnten wohl in Damaskus.[137] 2) Eine Frau, Junia, wird zu den »Aposteln« gerechnet.[138] 3) Andronikus und Junia waren in demselben Sinn Apostel wie Paulus.[139] 4) Daraus, dass Paulus sie Mitgefangene nennt, geht hervor, dass sie eine Gefangenschaft mit ihm geteilt hatten und ihm halfen. 5) Gegenwärtig unterstützen Andronikus und Junia – ebenso wie die anderen in der Grußliste

[137] Dass Andronikus und Junia ein Ehepaar sind, ergibt sich per Analogieschluss aus der Nennung des Ehepaars Priska und Aquila in Röm 16,3.

[138] Bis vor wenigen Jahren war es üblich, »Junias« und nicht »Junia« zu lesen. Doch ist es inzwischen Gemeingut der kritischen Exegese, dass Paulus die »Apostolin« Junia im Blick hat. Man vgl. LOHSE, Brief an die Römer, S. 409 Anm. 15: »Die Frage, ob ›Junia‹ einer Frau gilt und sie zu den urchristlichen Aposteln zu zählen ist, hat in neuerer Zeit besondere Aufmerksamkeit gefunden und wird weithin – zutreffend – dahin beantwortet, daß der Name tatsächlich eine Frau bezeichnet.«

[139] Vgl. REINBOLD, Propaganda, S. 41.

Röm 16,3–16 – Paulus dabei, seinen Romaufenthalt und die geplante Spanienreise[140] vorzubereiten.

g) Jesusworte in der Gemeinde von Damaskus und in den Briefen des Paulus

Paulus ist Jesus persönlich nie begegnet. Da er einige Worte von ihm kennt, stellt sich die Frage, wer sie ihm übermittelt hat. Antwort: die von ihm einst verfolgte Gemeinde von Damaskus! Daher gilt: Indem ich nach Jesusworten in den Paulusbriefen frage, untersuche ich zugleich Jesusworte der Gemeinde von Damaskus.

Folgende Probleme sind zu behandeln: War das Leben Jesu – von der Geburt bis zum Tod – für Paulus wichtig, und falls ja, in welcher Weise? Welche allgemeine Auffassung von Jesus hatte Paulus überhaupt? Welche Traditionen über ihn benutzte der Apostel?

Der auferstandene Jesus ist der irdische Jesus

Die bisherigen Ausführungen haben deutlich gemacht, dass der »auferstandene Jesus« höchste Bedeutung für Paulus hatte. Der himmlische Jesus war ihm – so die Gewissheit des Paulus – vor Damaskus erschienen und hatte ihn zum Heidenapostel berufen.

Obwohl Paulus beim Bekenntnis zu Jesus als dem **Herrn** in erster Linie an den auferstandenen Jesus denkt, gebraucht er gleichzeitig diesen Titel als Bezeichnung Jesu für die Zeit zwischen dessen Geburt und Tod.

Folgende Stellen belegen dies:

> Den Verheirateten aber gebiete ich, nicht ich, sondern der **Herr**, dass eine Frau sich vom Mann nicht (durch Scheidung) trennen soll … und dass ein Mann seine Frau nicht entlassen soll.
>
> *1Kor 7,10–11*

[140] Vgl. Röm 15,24.

So hat auch der **Herr** denen, die das Evangelium verkündigen, verordnet, vom Evangelium zu leben.

1Kor 9,14

Der **Herr** Jesus in der Nacht, in der er ausgeliefert wurde, nahm Brot …

1Kor 11,23

(Juden,) die sowohl den **Herrn** töteten, Jesus, als auch die Propheten …

1Thess 2,15

Gott aber hat den **Herrn** auferweckt und wird auch uns auferwecken durch seine Macht.

1Kor 6,14

… des Kreuzes unseres **Herrn** Jesus Christus …

Gal 6,14

… die Brüder des **Herrn** … Jakobus, den Bruder des **Herrn.**

1Kor 9,5 / Gal 1,19

Denn ihr kennt die Gnadengabe unseres **Herrn** Jesus Christus, dass er euretwegen arm wurde, obwohl er reich war.

2Kor 8,9

Wenn Paulus in 2Kor 1,19 von »Gottes Sohn, Christus Jesus, der unter euch durch uns verkündigt worden ist«, spricht, bezieht er sich sowohl auf den Menschen Jesus als auch auf den auferstandenen Herrn. Die paulinische Verkündigung von Jesus schloss dessen himmlische Präexistenz ein. Das geht deutlich aus dem Nebeneinander von Jesu Geburt und der Sendung des Sohnes in Gal 4,4 hervor.[141]

Paulus hat also einen Titel, »Herr«, der ursprünglich nur vom Auferstandenen gebraucht wurde, auf den irdischen Jesus und hernach auf den Präexistenten übertragen. Für Paulus sind der Präexistente, der Irdische und der Auferstandene ein und dieselbe Person.

141 Gal 4,4: »Als aber die Fülle der Zeit kam, sandte Gott seinen Sohn, von einer Frau geboren, unter das Gesetz gestellt.«

Christus kennen – das geschieht nicht auf fleischliche Weise:

> Daher kennen wir von jetzt an niemanden nach dem Fleisch. Wenn wir Christus auch nach dem Fleisch gekannt haben, so kennen wir ihn doch jetzt nicht mehr (so).
>
> *2Kor 5,16*

Denn immer sind irdischer und erhöhter Herr ein und derselbe und verlangen eine Erkenntnis, die dem Rechnung trägt. Doch blieb es für Paulus immer wichtig, dass Jesus als Jude geboren wurde[142] und unter dem Gesetz lebte.[143]

Wenn Paulus einschärft, Jesus sei nachzuahmen oder Jesus diene als Beispiel, denkt er wiederum an den irdischen, auferstandenen und den präexistenten Jesus.[144] Dessen Sohnschaft besteht im Gehorsam gegenüber Gottes Willen. Das ist seine Hauptqualität. Paulus beschreibt sie im Philipperbrief so:

> Er entäußerte sich selbst
> und nahm die Gestalt eines Sklaven an,
> ein Menschengleicher wurde er;
> und im Äußeren vorgefunden als Mensch,
> 8 erniedrigte er sich,
> wurde gehorsam bis zum Tod – zum Tod aber am Kreuz.
>
> *Phil 2,7–8*

Im Römerbrief stellt Paulus sogar den Gehorsam Jesu dem Ungehorsam Adams gegenüber:

> Wie durch den Ungehorsam des einen Menschen die Vielen zu Sündern gemacht wurden,
> so werden auch durch den Gehorsam des einen die Vielen zu Gerechten gemacht werden.
>
> *Röm 5,19*

142 Röm 1,3; 15,8.
143 Gal 4,4.
144 Vgl. Röm 15,2–3; 1Kor 11,1; 2Kor 8,9; 10,1; 1Thess 1,6.

Wie wir noch sehen werden, zitiert Paulus sehr selten Sprüche Jesu und spielt nur gelegentlich auf Jesusworte an. Er stellt Jesus als unhinterfragbare Autorität hin[145], aber beansprucht trotzdem – nämlich als von Christus Bevollmächtigter – Vollmacht. Denn er meint, »den Geist Gottes zu haben.«[146]

Kreuz und Auferstehung Jesu als zentrales »Heilsereignis« bei Paulus

Paulus' Bezug auf Jesus bleibt immer in dessen Tod und »Auferstehung« verankert, denn nur so war es – Paulus zufolge – möglich, Sünde und Tod zu überwinden und Gottes Heilsplan durchzusetzen.[147] Hierin liegt die Kraft der paulinischen Botschaft, und darum kann Paulus den gekreuzigten Jesus als die Mitte seiner Verkündigung bezeichnen: »Denn während Juden Zeichen fordern und Griechen Weisheit suchen, verkündigen wir Christus als *Gekreuzigten,* (wobei dieser den) Juden ein Ärgernis (ist), (den) Heiden aber eine Torheit.«[148]

Häufigkeit des Vorkommens und Funktion der Worte Jesu in den Briefen des Paulus

Da feststeht, dass Jesu irdische Existenz für Paulus wichtig war, ist nun die Häufigkeit der Worte Jesu bei Paulus zu bestimmen. In einem *ersten Schritt* analysiere ich deshalb die ausdrücklichen Zitate von Worten Jesu bzw. solche, die in der Forschung dafür gehalten werden. In einem *zweiten Schritt* untersuche ich, ob und in welchem Ausmaße Anspielungen auf Worte Jesu in den Paulusbriefen vorliegen.[149]

[145] Vgl. 1Kor 7,10.
[146] 1Kor 7,40b.
[147] Röm 8,3; vgl. Kol 1,22; 2,14–15.
[148] 1Kor 1,22–23. Vgl. Gal 3,1: »O unverständige Galater! Wer hat euch bezaubert, denen Jesus Christus als *Gekreuzigter* vor Augen gemalt wurde?«
[149] Für das Folgende vgl. VICTOR PAUL FURNISH: Theology and Ethics in Paul, Nashville 1968, S. 51–59.

Zitate von Jesusworten?[150]

1Kor 7,10–11

10 Den Verheirateten aber gebiete ich, nicht ich, sondern der Herr, dass
eine Frau sich vom Mann nicht (durch Scheidung) trennen soll –
11 wenn sie sich aber doch trennt, soll sie unverheiratet bleiben oder sich
mit dem Mann versöhnen – und dass ein Mann seine Frau nicht entlassen soll.

Das Verbot der Scheidung hat eine Parallele in Mk 10,1–12 und wird auch in Q[151] überliefert.[152] Die älteste Stufe der Tradition hat sich in Q erhalten; hier wird vorausgesetzt, dass das Recht zur Scheidung einzig auf Seiten des Mannes liegt, während Markus und Paulus zufolge auch die Frau eine Trennung initiieren kann. Dies geht auf griechisch-römische Vorbilder zurück, was durch die Tatsache bekräftigt wird, dass Paulus in 1Kor 7,10–11 zuerst die Frage behandelt, ob Frauen sich scheiden lassen dürfen. Offensichtlich hatten sich korinthische Christinnen, weil es rechtlich möglich war, von ihren Männern getrennt.

Obwohl Paulus an dieser Stelle ein Jesuswort zitiert, kann dieses in seiner bei Paulus begegnenden Form nicht auf Jesus zurückgehen. Als Mitglied der jüdischen Gesellschaft Palästinas war Jesus das Recht der Scheidung für Frauen unbekannt. Entweder ist das 1Kor 7,10–11 begegnende Jesuswort daher eine entwickelte Form eines älteren Jesusspruchs, oder Paulus selbst hat eine einfachere Form eines Jesusspruchs auf die Situation in Korinth angewandt und zuvor entsprechend ergänzt.[153]

150 Das in der Forschung gelegentlich als Jesuswort behandelte Stück 1Kor 11,23–25 gehört nicht hierher und wurde bereits oben, S. 124–127, behandelt.

151 Q (= Quelle) ist der Name für das aus den Übereinstimmungen von Matthäus und Lukas erschlossene Spruchevangelium, über dessen Existenz sich die meisten Neutestamentler einig sind. Zur Einführung vgl. JOHN KLOPPENBORG: Q, the Earliest Gospel, Louisville, KY 2008.

152 Mt 5,32 / Lk 16,18.

153 Eben das muss man für Matthäus voraussetzen, der in Mt 5,32 (vgl. Mt 19,9) den Q-Spruch über Scheidung verwendet. Er lässt »Jesus« aber eine Sonder-

1Kor 9,14

So hat auch der Herr denen, die das Evangelium verkündigen, verordnet, vom Evangelium zu leben.

Paulus nennt an dieser Stelle den »Herrn« als Beispiel, um das Recht der Missionare auf den Unterhalt durch die Gemeinde zu verteidigen, obwohl er auf jegliche Unterstützung durch die korinthische Gemeinde verzichtet.[154] So weit ist er davon entfernt, Herrenworte auf sich selbst zu beziehen.

In 1Kor 9 führt er folgende Gründe zugunsten des Unterhaltsrechtes an: a) In V. 7 Vernunft und allgemeine Erfahrung, b) in V. 9 das Alte Testament, c) in V. 13 allgemeine religiöse Praxis und schließlich d) in V. 14 die Lehre Jesu. Alle diese Argumente unterstützen die Sitte, dass Apostel und andere Missionare auf Kosten der Gemeinde unterhalten werden, die sie aufgebaut haben. Wahrscheinlich hat Paulus das folgende in Q überlieferte Jesuswort im Auge: »Der Arbeiter ist seiner Nahrung / seines Lohnes wert.«[155] Es geht aber nicht auf den historischen Jesus zurück, sondern wurde ihm erst nachträglich zugeschrieben, um die Rechte von Missionaren nach »Ostern« zu begründen.[156]

1Kor 14,37

Wenn einer meint, ein Prophet zu sein oder ein vom Geist Erfasster, soll er anerkennen, dass das, was ich euch schreibe, ein Gebot des Herrn ist.[157]

Kein Zweifel, einige in Korinth betrachteten sich als Propheten oder Träger des Geistes. Gegen deren Autorität besteht Paulus darauf, ebenfalls den Geist zu haben, konkret: die Vollmacht Gottes.[158] Daher kann dieser Text nicht als Beleg für ein Wort Jesu gelten.

klausel nennen: Wegen Ehebruchs darf der betrogene Ehemann seine Frau entlassen.

154 Vgl. 1Kor 9,12; 2Kor 11,7. 9; 12,13.

155 Mt 10,10b / Lk 10,7b. Zum Inhalt vgl. Dtn 24,14–15; Jer 22,13.

156 GERD LÜDEMANN: Jesus nach 2000 Jahren, Springe ²2004, S. 218. 416.

157 In einigen Handschriften heißt es: »vom Herrn kommt«.

158 Vgl. 1Kor 7,40.

2Kor 12,9

Und er hat zu mir gesagt: Meine Gnade ist genug für dich, denn die Kraft kommt in Schwachheit zur Vollendung.

Der »Auferstandene« reagiert auf das dreimalige Gebet des Paulus, ihn von seinem Leiden zu befreien, und lehnt dies ab. Begründung: In der Schwachheit komme die Gnade Christi zur Vollendung. Für die Suche nach Jesusworten trägt diese Antwort »Jesu« nichts aus.

1Thess 1,8

Von euch her ist das Wort des Herrn nicht allein in Makedonien und Achaia erklungen, sondern an jedem Ort ist euer Glaube an Gott herausgekommen, so dass wir (darüber) nichts zu sagen brauchen.

Hier bezieht sich das »Wort des Herrn« nicht auf einen Spruch Jesu, sondern auf das von Paulus in Thessalonich gepredigte Evangelium. Dafür sagt Paulus an anderen Stellen »das Wort«[159] oder »das Wort Gottes«[160]

1Thess 4,13–17

13 Wir wollen aber nicht, dass ihr unwissend seid, Brüder, über die Ent-
schlafenden, damit ihr nicht trauert wie auch die übrigen, die keine
Hoffnung haben. 14 Denn wenn wir glauben, dass Jesus starb und auf-
erstand, so wird auch Gott die Entschlafenen durch Jesus mit ihm
zusammenführen.

15a Denn dies sagen wir euch mit einem Wort des Herrn: 15b wir, die
Lebenden, die, die übrig bleiben bis zur Ankunft des Herrn, kommen
den Entschlafenen keineswegs zuvor.

16 Denn der Herr selbst wird mit einem Befehlsruf, mit der Stimme
eines Erzengels und mit der Posaune Gottes, vom Himmel herab-
kommen, und zuerst werden die Toten in Christus auferstehen;
17a danach werden wir, die Lebenden, die, die übrig bleiben,

[159] Vgl. 1Thess 1,6.
[160] Vgl. 1Thess 2,13.

> zugleich mit ihnen in Wolken fortgerissen werden zur Begegnung mit dem Herrn, in die Luft; [17b] und so werden wir für immer mit dem Herrn zusammen sein.

Vertreter der Ansicht, dass in diesem Abschnitt ein Ausspruch Jesu enthalten sei, verstehen V. 15a – »denn dies sagen wir euch mit einem Wort des Herrn« – als Einleitung zu V. 15b–17. Doch fasst V. 15 unter Verweis auf das Herrenwort, das in V. 16–17 folgt, dessen Ertrag zusammen: die Verstorbenen werden keinen Nachteil gegenüber den bei der Parusie des Herrn Lebenden haben. Sie stehen vorher auf und werden dann mit den Überlebenden zusammen dem Herrn entgegen in die Luft entrückt werden.

Einige Forscher sehen V. 16–17a als ursprüngliches Wort Jesu an, das er in Vorausschau der Verfolgung der Jünger gesprochen habe.[161] Ihr eigener Tod werde ihnen nicht zum Nachteil gereichen, wenn Jesus auf den Wolken des Himmels zurückkomme. Andere Exegeten haben auf Entsprechungen zwischen V. 16–17a und anderen Passagen aus den synoptischen Evangelien hingewiesen.[162] In V. 16–17a liegt aber kein Wort Jesu vor, sondern eine von Paulus an dieser Stelle eingefügte »Offenbarung« in Miniaturform, die er selbst nachträglich als Wort des Herrn stilisiert hat. Sie ist ebenso wie andere Jesus zugeschriebene Zukunftsaussagen in den synoptischen Evangelien ganz in jüdischem Denken beheimatet.[163]

Apg 20,35
Seliger ist zu geben, als zu bekommen.

Apg 26,14
Es ist schwierig für dich, gegen den Stachel auszuschlagen.

Ich füge diese beiden Worte hier an, obwohl sie nicht den Paulusbriefen, sondern der Apostelgeschichte entstammen. Sie sollen hier aber doch ihren Platz finden, da der lukanische Paulus das erste

[161] Vgl. JOACHIM JEREMIAS: Unbekannte Worte Jesu, Gütersloh ³1963, S. 77–79.
[162] Mt 16,28; 24,30–31. 34; 25,6; 26,64; Mk 13,26–27; Lk 13,30.
[163] Hingewiesen sei nur auf 4Esra 7 und 13.

Wort in der Rede an die Ältesten von Ephesus in Milet als Spruch Jesu anführt und das zweite Wort Teil der direkten Rede Jesu an Paulus ist.

Der erste Spruch entspricht einem persischen Brauch, den Thukydides erwähnt.[164] Außerdem findet sich eine Parallele im Ersten Clemensbrief. Dessen römische Verfasser loben ca. 96 n.Chr. die früheren positiven Eigenschaften der Korinther: »Alle wart ihr demütiger Gesinnung, ohne Prahlerei, eher euch selbst unterordnend als (andere) unterordnend, lieber gebend als nehmend.«[165] Jedoch führen die Absender diese Maxime nicht als Jesuswort ein.

Das zweite Logion findet sich bei Euripides[166], ohne dass man an eine direkte literarische Beziehung denken müsste. Die Wendung »gegen den Stachel ausschlagen« war damals sprichwörtlich.

Anspielungen auf Worte Jesu?[167]

Röm 12,14
Segnet die euch verfolgen; segnet, und verflucht nicht!

Diese Mahnung des Paulus stimmt in etwa mit dem Ausspruch Jesu in Lk 6,27b–28a überein: »Liebt eure Feinde, behandelt die gut, die euch hassen, segnet die, die euch fluchen, betet für die, die euch beschimpfen!« Vgl. ähnlich Mt 5,44: »Liebt eure Feinde und bittet für die, die euch verfolgen.« Die Version des Matthäus geht wohl auf Q zurück, während das Wort bei Lukas eine weiterentwickelte Fassung darstellt. Ausgangspunkt der zitierten Texte dürfte indes die Mahnung des Paulus (!) sein.[168]

164 Thukydides II 97,4.
165 1Clem 2,1.
166 Bakchen 794–795.
167 Vgl. zum folgenden Abschnitt HENGEL, Evangelien, S. 250, der allgemein – ohne vorherige analytische Textarbeit – betont, dass Paulus in den ermahnenden Teilen seiner Briefe auf Jesusüberlieferungen anspielt.
168 Zu den Einzelheiten vgl. JÜRGEN SAUER: Rückkehr und Vollendung des Heils, Regensburg 1991, S. 224–228.

Röm 12,17a

Vergeltet niemandem Böses mit Bösem!

Dieser Versteil erinnert an Mt 5,39a: »Ich aber sage euch, dass ihr dem Bösen keinen Widerstand leisten sollt.« Jedoch wurde dieses Jesuswort zusammen mit dem vorhergehenden Jesuswort V. 38 (»Ihr habt gehört, dass gesagt wurde: ›Auge um Auge, und Zahn um Zahn‹«) von Matthäus in Anlehnung an die ihm vorliegende fünfte Antithese (Mt 5,39b–42) gebildet, so dass schon deswegen Röm 12,17a von einem Jesuswort nicht abhängig sein kann.

Röm 12,21b

Besiege das Böse mit dem Guten!

Obwohl zu dieser Ermahnung keine nähere Parallele in den synoptischen Evangelien vorliegt, kann man an Jesu Lehre von der Gewaltfreiheit denken und darin eine Analogie sehen.[169] Jedoch reicht dies nicht zur Annahme einer ursächlichen Beziehung zwischen Paulus und Jesus an dieser Stelle. Zudem ist das Thema, Böses durch Gutes zu ersetzen, ein allgemeiner Topos auch im Judentum.[170]

Röm 13,7

Gebt allen, was ihr ihnen schuldig seid: die Steuer, wem die Steuer, den Zoll, wem der Zoll, die Furcht, wem die Furcht, die Ehre, wem die Ehre (zukommt)!

Dieser Vers hat eine gewisse Ähnlichkeit mit Mk 12,17a: »Was des Kaisers ist, gebt dem Kaiser, und was Gottes ist, Gott.« Da jedoch die entscheidende zweite Hälfte von Mk 12,17a bei Paulus fehlt, ist Röm 13,7 schwerlich von Mk 12,17a abhängig.

169 Vgl. Mt 5,39b–42.

170 Testamente der XII Patriarchen. Benjamin 4,3: »Der, der Gutes tut, besiegt den Bösen, da er von dem Guten beschirmt wird.«

Röm 13,8–10
8 Seid niemandem irgendetwas schuldig, als nur einander zu *lieben;*
denn wer den anderen *liebt,* hat das Gesetz erfüllt. 9 Denn das: »Du
sollst nicht ehebrechen, du sollst nicht töten, du sollst nicht stehlen, du
sollst nicht begehren«, und wenn es ein anderes Gebot (gibt), ist in die-
sem Wort zusammengefasst: »Du sollst deinen Nächsten *lieben* wie dich
selbst!« 10 Die *Liebe* tut dem Nächsten nichts Böses an. (So ist) nun des
Gesetzes Erfüllung die *Liebe.*

Die Betonung der zentralen Rolle der Liebe sehen manche Interpreten als bewusste Aufnahme von Jesu Ethik an, wie sie in den Synoptikern aufbewahrt ist.[171] Jedoch ist das Doppelgebot der Liebe (Gott lieben und den Nächsten) an den genannten Stellen bei Paulus zum einfachen Gebot der Nächstenliebe verkürzt worden.[172] Dies ist zwar kein Gegensatz zum Doppelgebot der Liebe, doch spricht das Fehlen der Doppelgliedrigkeit gegen eine Herleitung von Röm 13,8–10 aus der Jesustradition.

Röm 14,10
Du aber, was urteilst du über deinen Bruder?

Eine nahe Parallele zu diesem Vers liegt in Mt 7,1 vor: »Urteilt nicht, damit ihr nicht beurteilt werdet!« Aber auch zum Verbot des Beurteilens gibt es zahlreiche Entsprechungen in der jüdischen Literatur. Man vgl. zwei weitere Parallelen aus dem Neuen Testament:

Röm 2,1: Deshalb bist du ohne Entschuldigung, o Mensch, als wer auch immer du urteilst; denn worin du den anderen verurteilst, verurteilst du dich selbst; denn du machst dasselbe, der du urteilst.

Jak 4,11–12: 11 Verleumdet einander nicht, Brüder! Wer einen Bruder
verleumdet oder über seinen Bruder urteilt, verleumdet das Gesetz und
urteilt über das Gesetz. Wenn du aber über das Gesetz urteilst, so bist

[171] Mk 12,28–34; Mt 22,34–40; Lk 10,25–28.
[172] Vgl. auch Gal 5,14.

du nicht Täter, sondern Beurteiler des Gesetzes. [12] Einer ist der Gesetzgeber und Beurteiler, der retten und verderben kann. Du aber, wer bist du, der du über den Nächsten urteilst?

Angesichts dieser Parallelen empfiehlt sich die Annahme, dass alle genannten Stellen einen allgemeinen jüdischen Topos reflektieren. Röm 14,10 hat keine ursächliche Beziehung zu Jesustraditionen.

Röm 14,13
Darum lasst uns nun nicht mehr einer über den anderen urteilen. Sondern beurteilt (es) vielmehr (als erstrebenswert), dem Bruder weder Anstoß noch Ärgernis zu bereiten.

Die erste Vershälfte nimmt Röm 14,10a (»Du aber, was urteilst du über deinen Bruder?«) auf. Der Gebrauch des Begriffs »Ärgernis«, der ähnlich in den synoptischen Evangelien verwendet wird[173], reicht nicht aus, um eine Abhängigkeit des Paulus von der Jesustradition an dieser Stelle wahrscheinlich zu machen. Das Alte Testament liefert den allgemeinen Denkhorizont für das Bild vom Anstoß bzw. Ärgernis.[174]

Röm 14,14
Ich weiß und bin gewiss im Herrn Jesus, dass nichts unrein ist durch sich selbst – außer für den, der es für unrein hält, für ihn ist es unrein.

Diese Sätze erinnern an ein Jesuswort in Mk 7,15: »Es gibt nichts von außerhalb des Menschen in ihn Hineinkommendes, das ihn verunreinigen kann; sondern die Dinge, die aus dem Menschen herauskommen, sind es, die den Menschen verunreinigen.«[175] Im Kontext des Römerbriefs beschäftigt sich Paulus mit einer bestimmten Frage in der Gemeinde in Rom, wobei die Wendung »ich weiß und bin gewiss im Herrn Jesus« das von Paulus Gesagte nicht auf Jesus zurückführt, sondern die religiöse Basis der von ihm selbst gemach-

[173] Vgl. Mk 9,42; Mt 18,7; Lk 17,1–2.
[174] Lev 19,14; Jes 57,14.
[175] Vgl. Mt 15,11.

ten Ausführungen benennt. Während das Wort Mk 7,15 echt sein dürfte[176], ist der Grund einer gewissen Nähe zwischen Paulus und Jesus an diesem Punkt unklar. Unwahrscheinlich ist jedoch, dass die Formulierung des Paulus von Jesus herrührt. Sie ist eher von einer aufgeklärten hellenistischen Theologie entwickelt worden, die sich z. B. in 1Kor 8,4 niederschlägt.

1Thess 4,9

Ihr selbst seid von Gott gelehrt, einander zu lieben.

Diese Aussage des Paulus hat keine Parallele in den Evangelien. Doch wird zuweilen angenommen, dass dieser Satz des Apostels den Geist Jesu widerspiegle. Mit einer solchen Behauptung kann man alles und nichts beweisen.

1Thess 5,2

Der Tag des Herrn kommt so wie ein Dieb in der Nacht.

Diese Voraussage des Paulus bedient sich des gleichen Bildes wie die Q-Parallele Mt 24,43 / Lk 12,39.[177] Das gebrauchte Bild kann keinesfalls wahrscheinlich machen, dass Paulus hier von einem Jesuswort abhängig ist.

1Thess 5,3

Wenn sie sagen: »Friede und Sicherheit«, dann kommt plötzlich Unheil über sie wie die Geburtswehe über die Schwangere; und keineswegs können sie entkommen.

Die Plötzlichkeit von Gottes Kommen zum Gericht am Ende der Welt ist sicherlich ein Element der Verkündigung Jesu[178], doch auch in der jüdischen Literatur ein allgemeiner Topos. Die Annahme, hier liege ein Wort Jesu zugrunde, empfiehlt sich daher nicht.

176 Vgl. LÜDEMANN, Jesus, S. 72.

177 Man vgl. ferner Thomasevangelium 21,5; 2Petr 3,10a; Offb 3,3b.

178 Vgl. Lk 12,39–40.

1Thess 5,6

Also lasst uns nun nicht schlafen wie die übrigen, sondern wachen und nüchtern sein.

Die Ermahnung hat eine gewisse Entsprechung in Mt 24,42: »Wacht also, denn ihr wisst nicht, an welchem Tag euer Herr kommt!«[179] Doch auch hier gilt, dass Ermahnungen zur Wachsamkeit und Nüchternheit in jüdischer Literatur häufig erscheinen.

1Thess 5,13b

Haltet Frieden miteinander!

Diese Ermahnung entspricht Mk 9,50: »Haltet Frieden untereinander!« Jedoch lenkt Markus mit der Aufforderung zum Frieden zum Ausgangspunkt des Jüngerstreites Mk 9,33–34 zurück und formuliert selbst den Spruch als Ertrag des zusammengehörigen Textes Mk 9,42–48.[180] Schon deswegen kann in 1Thess 5,13b von einer Abhängigkeit des Paulus von einer Jesustradition keine Rede sein.

1Thess 5,15

Seht zu, dass niemand einem Böses für Böses vergelte, sondern strebt allezeit nach dem Guten füreinander wie für alle!

Zur Analyse vgl. oben zu Röm 12,17a.

1Thess 5,16

Freut euch allezeit!

Zuweilen gilt dieser Vers als Reflex von Lk 6,23: »Freut euch an jenem Tag … euer Lohn im Himmel ist groß« oder von Lk 10,20b: »Freut euch aber, dass eure Namen aufgeschrieben sind in den Himmeln!« Doch kann man aufgrund eines einzigen Wortes schwerlich eine ursächliche Beziehung herleiten. Außerdem ist der Bezug jeweils ein anderer, bei Lukas die Zukunft, bei Paulus die Gegenwart.

[179] Vgl. Mk 13,37; Lk 21,36.

[180] Mk 9,44. 46 gehören nicht zum ursprünglichen Text.

Ergebnis

Erstens: Paulus war mit Traditionen über Jesus vertraut, kannte aber nur wenige Einzelheiten aus dessen Verkündigung. Jesu Lehre eignete sich nicht als Richtschnur für eine Kirche in einer Gesellschaft hellenistischer Prägung. Diese Beobachtung ergibt sich u.a. aus 1Kor 7,25, wo Paulus feststellt, dass er kein »Gebot des Herrn« über die »Jungfrauen« habe. Nicht nur dies, auch die Sorgfalt des Apostels, seine eigenen Auffassungen von denen »des Herrn« zu unterscheiden (1Kor 7,12), zeigt, welchen Wert und welche Bedeutung Paulus den »Geboten des Herrn« zuschreiben konnte und welches Gewicht er zugleich seinen eigenen Anordnungen zumaß.

Zweitens: Paulus zitiert selten Jesusworte und geht nur an zwei Stellen (1Kor 7,10–11; 9,14) auf spezifische oder bereits veränderte Worte Jesu ein. Die gelegentlich vertretene Auffassung, Paulus habe in seinen Gemeinden die Bekanntschaft mit zahlreichen Herrenworten voraussetzen können, weil er sie während der Gründungspredigt weitergegeben habe, überzeugt nicht. Worauf er zurückgreifen kann, ist eine gewisse Kenntnis der griechischen Übersetzung des Alten Testaments, der Septuaginta. Mit ihr wurden die Konvertiten von Paulus selbst oder früher von der lokalen Synagoge bekannt gemacht. Darum zitiert Paulus ethische Instruktionen aus der Septuaginta oder spielt auf sie an. Wenn er sich in der jeweiligen Gemeinde auf seine Gründungspredigt bezieht, zitiert er keine Herrenworte, sondern erinnert an die Verkündigung über Jesus Christus.[181] Die einzige mögliche Ausnahme ist Paulus' Verweis auf die Überlieferung vom Herrenmahl 1Kor 11,23–25, die sich auf die Nacht der Auslieferung bezieht. Aber auch hier gibt der Apostel unter Bezug auf das letzte Mahl eine kultische Praxis der Gemeinde wieder, deren Stiftung durch die von ihm verfolgte Gemeinde auf den »Herrn« zurückgeführt wurde.

Im Brief an die Römer, in dem der Apostel die Hauptpunkte seiner Verkündigung zusammenfasst und der keine paulinische Gründungspredigt in Rom voraussetzen kann, gibt es kein einziges Zitat

[181] 1Kor 2,1–5; 15,3–5.

eines Jesuswortes. Jesu Lehre hat für Paulus offenbar eine weit geringere Bedeutung als das Alte Testament.

Drittens: Paulus bezieht sich nicht ein einziges Mal auf Jesus als »Lehrer«, stellt dessen Worte niemals als »Lehre« hin und nennt die Christen kein einziges Mal »Jünger«. Gleichzeitig ist es von höchster Bedeutung, dass Paulus in den wenigen Fällen, wo er Worte Jesu zitiert, sie niemals als solche bezeichnet. Vielmehr ist sein Bezugspunkt in solchen Fällen »der Herr selbst«, der mit dem auferstandenen Herrn identisch ist.

Viertens: Der Ausdruck »Gesetz Christi« kann nicht als Zusammenfassung der Lehre Jesu verstanden werden, sondern bezeichnet das Gesetz der Liebe. Mit anderen Worten, die Ausdrücke »unter dem Gesetz Christi«[182] und »das Gesetz Christi«[183] vermögen nicht die Hypothese zu stützen, dass der Apostel die überlieferten Worte Jesu als neue Thora angesehen habe.[184]

h) Überlieferungen aus Damaskus: ein Rückblick

Auf S. 129 habe ich ausgeführt, dass Paulus die in seinen Briefen enthaltenen Jesusworte in Damaskus kennen gelernt haben muss. Ich gehe jetzt weiter und sage: Paulus hat nur wenige Jesusworte gekannt und benutzt, weil die Gemeinde von Damaskus genauso wie er nur wenige Worte Jesu kannte und benutzte.

Aus Damaskus stammt ferner der in 1Kor 15,3–5 enthaltene Katechismus, der erhebliche theologische Reflexion zeigt, und den Tod Jesu unter Verarbeitung griechischer und jüdischer Vorbilder als Sühne »für unsere Sünden« interpretiert.

Taufe und Herrenmahl wurden bereits als sakramentale Riten vollzogen, Paulus verfolgte Christen, die sich als Gruppe schon formiert hatten. Den Gottesdienst hielten die Christen von Damaskus wohl bereits am Sonntag.[185] Seinen Mittelpunkt bil-

[182] 1Kor 9,21.
[183] Gal 6,2.
[184] Vgl. Furnish, Theology, S. 59–65.
[185] Vgl. 1Kor 16,2. Siehe ferner Offb 1,10; Apg 20,7; Did 14,1.

dete das Herrenmahl, das ein Teil des allgemeinen christlichen Mahles war.[186]

Die Christen aus Damaskus verstanden sich als Gemeinde Gottes – analog der Jerusalemer Gemeinde, die sich hebr. *qahal* Jahwes nannte. Sie vermieden aber bewusst die Übersetzung »Synagoge« für *qahal* und übersetzten es mit »Gemeinde« bzw. Kirche«. Damit drückten sie aus, dass fortan Juden und Nichtjuden gleichrangig in der neuen Schöpfung vereint waren.

i) Überlieferungen aus Jerusalem

Bisher habe ich nur wenig über die christliche Gemeinde von Jerusalem gesagt und, da das Stück Apg 1,1–8,3 historisch fast wertlos ist, im Allgemeinen davon abgesehen, auf seiner Grundlage Aussagen über die ersten drei Jahre Christentum in Jerusalem zu machen. Jedoch hatte ich aufgrund allgemeiner Überlegungen zur Entstehung der christlichen Taufe die Frage bejaht, ob die Jerusalemer Gemeinde bald die Taufe im Namen Jesu geübt hat. Daran anknüpfend will ich nun auf der Grundlage der Paulusbriefe zusammenstellen, was sich ihnen über die Gemeinde in Jerusalem entnehmen lässt. Um möglichst viel zu erkennen, vergleiche ich zwischendurch immer wieder einmal die Gemeinde von Jerusalem mit der Gemeinde von Damaskus, denn – das sei hier betont – wir wissen nur wenig über das früheste Christentum.[187]

Nach dem Tod Jesu ließ sich ein Teil seiner Jünger im Anschluss an »Visionen« in Jerusalem nieder, wobei – wie aus 1Kor 15,3–7 hervorgeht – Kephas als Empfänger der Erstvision und Jakobus als Empfänger einer späteren Vision zu den führenden Gestalten gehörten.[188] Dem Vergleich der Ostergeschichten der Evangelien mit-

[186] Die Unabhängigkeit des Herrenmahls als eines separaten Ritus belegt Paulus durch seine Bemerkung in 1Kor 11,34: »Wenn einer Hunger hat, esse er daheim, damit ihr nicht zum Gericht zusammenkommt.«

[187] Vgl. MARTIN HENGEL: Abba, Maranatha, Hosanna und die Anfänge der Christologie (2004), in: DERS.: Studien zur Christologie. Kleine Schriften IV, Tübingen 2006, S. 496–534, hier S. 507.

[188] Vgl. 1Kor 15,5. 7; Gal 1,18–19.

einander ist zu entnehmen, dass der »auferstandene« Jesus von den Jüngern sowohl in Galiläa als auch in Jerusalem gesehen wurde, wobei das älteste Evangelium dieses »Ereignis« in Galiläa lokalisiert.

Die Christen in Jerusalem verehrten Jesus als ihren »Herrn«. Dies geht aus einem in den Paulusbriefen enthaltenen aramäischen Ruf *marana tha* (»unser Herr, komm«), hervor[189], der nur der Jerusalemer Gemeinde entstammen kann. Auch ist Paulus' Rede von den »Brüdern des Herrn«[190] und von Jakobus, »dem Bruder des Herrn«[191], wohl Anlehnung an Jerusalemer Sprachgebrauch und damit ein weiterer Beleg für eine frühe Verwendung des Herrentitels für Jesus in Jerusalem. Der aramäische Ruf Maranatha drückt nicht nur die Hoffnung auf ein Kommen Jesu in der Zukunft aus, sondern setzt die Erhöhung Jesu zur Rechten Gottes voraus. Paulus verwendet diese Vorstellung, die auf die Auslegung von Ps 110 zurückgeht, in Röm 8,34 innerhalb eines traditionellen Hymnus. Daraus hatte bereits Paul Wernle eine Gegenwartsbedeutung des »Herrn« erschlossen: »Wir werden doch nicht an das Märchen von dem Christus, sitzend zur Rechten Gottes in Untätigkeit und ohne Verkehr mit seiner Gemeinde, im Ernst glauben wollen?«[192] Die Taufe auf den Namen Jesu ist zudem ein starkes Indiz dafür, dass die Jerusalemer Christen von einem Wirken Jesu in der Gegenwart überzeugt waren. Jedenfalls ist Jesus auch in Jerusalem »zum Adressaten der Gebete geworden, er ist durch das Gebet erreichbar.«[193]

Zugleich belegt das Gebetsfragment Maranatha eine Naherwartung dieser Gemeinde und erfleht als christologische Interpretation der zweiten Bitte des Vaterunsers[194] das Kommen des Herrn in der Parusie.[195]

Das Vaterunser[196] geht zum großen Teil auf Jesus zurück. Das steht schon für die ursprüngliche Anrede »Vater« fest, die auf das

189 1Kor 16,22.
190 1Kor 9,5.
191 Gal 1,19.
192 WERNLE, Jesus, S. 55
193 POKORNY / HECKEL, Einleitung, S. 132 Anm. 72
194 Mt 6,10 / Lk 11,2. Vgl. EDUARD LOHSE: Das Vaterunser, Tübingen 2008.

aramäische Abba[197] zurückgeht. Nur wenige Juden redeten vor Jesu Auftreten zu Gott in so vertrauensvoller, ja geradezu intimer Weise. Die zweite Bitte des Vaterunsers, zugespitzt auf das demnächst kommende Gottesreich und das bald eintretende Ende der Welt, zielt im Einklang mit der Grundstruktur der Verkündigung Jesu auf ein zukünftiges Reich. Die Wendung vom »Kommen des Reiches« ist neu. Sie tritt an die Stelle der Rede vom »Kommen Gottes«, wie sie sich im Alten Testament findet.[198] Die Erwartung des ältesten Jerusalemer Christentums richtete sich dagegen auf das Kommen des Herrn als Menschensohn, so dass sich die zweite Vaterunser-Bitte aus ihr nicht ableiten lässt.

Ein Weiteres kommt hinzu: Im Ersten Thessalonicherbrief, seinem ältesten erhaltenen Schreiben aus dem Jahr 40 n.Chr., malt Paulus sechs Jahre nach dem Besuch bei Kephas das Enddrama so aus, dass innerhalb der ersten Generation der Herr vom Himmel herabkommt.[199] Diese Naherwartung dürften sowohl die griechischsprachigen Gemeinden von Damaskus als auch die Kirchen im Umkreis von Jerusalem geteilt haben. Aber während in Jerusalem das Kommen des Herrn vorwiegend zeitlich gedacht ist, warten die Gemeinden auf griechischem Boden nicht nur auf den in der Zukunft Kommenden, sondern versammeln sich, um den im Kult gegenwärtigen Herrn zu verehren. Jetzt lautet der Gebetsschrei neben *Marana tha* »Herr ist Jesus«.[200]

Der Jerusalemer Gemeinde zufolge war Jesus nicht schon zu seinen Lebzeiten Messias, sondern erst seit seiner Auferstehung. Dies geht aus dem Römerbrief hervor.[201] Paulus schreibt in dessen

195 Vgl. MARCO FRENSCHKOWSKI: Art. Kyrios, in: Reallexikon für Antike und Christentum XXII, Stuttgart 2008, Sp. 754–794, hier Sp. 780.

196 Mt 6,9–13 / Lk 11,2–4.

197 Vgl. Mk 14,36.

198 Vgl. Jes 35,4: »Sagt den verzagten Herzen: Seid getrost, fürchtet euch nicht! Seht, da ist euer Gott! Er kommt zur Rache; Gott, der da vergilt, kommt und wird euch helfen.«

199 1Thess 4,13–17. Zu diesem Text siehe oben, S. 135–136.

200 Röm 10,9; 1Kor 12,3.

Adresse, Röm 1,1–7, unter Rückgriff auf eine traditionelle Formel, er sei gesandt zur Verkündigung des Evangeliums Gottes

> 3 *über seinen Sohn,*
> der geboren wurde aus Davids Samen
> gemäß dem Fleisch
> 4 und (der) eingesetzt wurde zum Sohn Gottes in Kraft
> gemäß dem Geist der Heiligkeit
> seit der Auferstehung von den Toten,
> *Jesus Christus unseren Herrn.*

Nach allgemeinem Konsens gehen die kursiv geschriebenen Wendungen »über seinen Sohn« und »Jesus Christus unseren Herrn« auf Paulus zurück. Das eingerückte Stück entstammt einer Überlieferung. Sie kennzeichnet das Erdenleben Jesu lediglich dadurch, dass er wie viele Juden von David abstammt und nicht etwa schon Messias ist. Zu diesem macht ihn erst Gott, indem er ihn auferweckt und zum Sohn Gottes inthronisiert.[202] Zwar spricht die Formel gar nicht vom »Christus«. Doch ist ein von David abstammender Sohn Gottes nichts anderes als der Messias, den die Urgemeinde mit dem Menschensohn aus dem Buch Daniel gleichsetzte.[203] Wenn sich aber der Glaube an den Messias Jesus ursprünglich auf den »Auferstandenen« bezieht, hat der historische Jesus keinen messianischen Anspruch erhoben. Damit erledigen sich Versuche, die nachösterliche Christologie aus der Predigt Jesu abzuleiten.

In Verbindung mit der Organisation der Kollekte bezeichnet Paulus die Mitglieder der Jerusalemer Gemeinde wiederholt als »die Heiligen«[204] oder die »Armen«[205], was dasselbe meint. Diese Begriffe geben sicherlich ihren Anspruch wieder, das auserwählte, für

201 Zum Folgenden vgl. FRANK SCHLERITT: Der vorjohanneische Passionsbericht, Berlin 2007, S. 527–529.

202 Vgl. Ps 2,7.

203 Dan 7,13–14. Vgl. WILHELM BOUSSET: Jesus der Herr, Göttingen 1916, S. 11.

204 Röm 15,26–27; 1Kor 16,15; 2Kor 8,4; 2Kor 9,1. Vgl. HANS CONZELMANN: Grundriß der Theologie des Neuen Testaments, [4]1987, S. 39.

205 Gal 2,10. Vgl. CONZELMANN, Grundriß, S. 39.

die Endzeit ausgewählte Volk zu sein und am Vorort des Heils zu wohnen.[206]

In eine ähnliche Richtung weist die Bezeichnung »Gemeinde Gottes«, die Paulus mit Blick auf die früher von ihm verfolgten Christen verwendet.[207] Er geht auf die Jerusalemer Gemeinde zurück, die ihn aus Dtn 23,1–8 gewonnen hatte. Sie beansprucht damit, das wahre Gottesvolk am Sinai zu sein. Daraus wird in der Kirche von Damaskus – wie oben, S. 145, bereits angedeutet – die Überzeugung, dass in ihr Juden und Heiden im gemeinsamen Herrenmahl die neue Schöpfung verkörpern, und zwar in Christus.

Die Jerusalemer Gemeinde wurde von Anfang an von Christen in Damaskus in hoher Wertschätzung gehalten. Sie erzählten den Jerusalemern von der Bekehrung des Paulus und diese lobten Gott dafür.[208]

Trotz deutlicher Differenzen im Glauben und in der Praxis muss die beiden Gemeinden also eine Reihe gemeinsamer Überzeugungen verbunden haben. Dazu gehört das Bekenntnis zu Gott dem Schöpfer, das Verständnis von Gott als Vater und das Bekenntnis zu Jesus als Herrn.

Jedoch gab es von Anfang an gewaltige Unterschiede. In beiden Gemeinden wurde zwar auf den Namen Jesu getauft, in Damaskus aber noch zusätzlich in Jesus hinein, so dass Gläubige an seinem Tod und seiner Auferstehung Anteil bekamen. In Jerusalem brachen die Jünger das Brot zur Erinnerung an Jesus, in Damaskus nahmen die Christen die übernatürlichen Elemente von »Brot« und »Wein« ein. Es gibt keinen Weg von den Gemeinschaftsmahlen Jesu zu einem sakramental verstandenen Herrenmahl. Da hat sich nicht die eine Sichtweise zur anderen hin fortbewegt. Ebenso gibt es keine Entwicklung der Taufe auf den Namen Jesu, die sich aus der Johannestaufe zur Vergebung der Sünden entwickelt hat, hin zu einer Taufe, welche die Täuflinge mit Christus sterben und auferstehen

[206] Vgl. HANS LIETZMANN: Geschichte der Alten Kirche I, Berlin [4]1961, S. 54.
[207] Gal 1,13; 1Kor 15,9.
[208] Gal 1,24.

lässt. Auch hier unterscheidet sich die Auffassung der Gemeinde von Damaskus radikal von der Sicht der Gemeinde in Jerusalem.

Ebenso stammt die Vorstellung von Jesu Tod »für unsere Sünden«, die sich u. a. in der Liturgie des Herrenmahls findet, nicht aus Jerusalem.[209]

Zur Jerusalemer Gemeinde gehörten keine Heiden, sondern ausschließlich Juden, von denen erwartet wurde, dass sie alle Gebote und Verbote des jüdischen Gesetzes einhielten.

j) Überlieferungen aus Antiochien

Lukas hat die meisten Einzelheiten der ersten Kapitel der Apostelgeschichte frei erfunden und die Hellenisten zu Unrecht nach Jerusalem versetzt. Doch enthalten die beiden Philippusgeschichten Apg 8,4–40 wertvolles historisches Material; auch die weitere Schilderung der Hellenisten in Apg 11,19–26 belegt, dass Lukas sich bei ihr auf Überlieferungen aus Antiochien stützen konnte.

Eine Kernaussage der beiden Philippusgeschichten ist, dass die Mission der Hellenisten sich – im Wettbewerb mit anderen religiösen Konkurrenten – an Heiden gerichtet hat. In Antiochien haben sie zuerst den »Griechen« das Evangelium gepredigt.[210] Diese missionarische Tätigkeit wird durch die Paulusbriefe als Primärquelle bestätigt, denn Paulus hat, wie der »Zwischenfall von Antiochien«[211] 48 n.Chr. belegt, dort regelmäßig Tischgemeinschaft mit Juden- und Heidenchristen; er reist mit einem Vertreter Antiochiens, dem aus Zypern gebürtigen Barnabas, zur Klärung von Streitfragen des Gesetzes nach Jerusalem und verbringt vorher in den späten dreißiger Jahren mindestens ein Jahr gemeinsam mit Barnabas in Antiochien.[212]

209 Siehe oben, S. 101–102.
210 Apg 11,20.
211 Gal 2,11–21.
212 Apg 11,26.

k) Offene Fragen

Die *erste Frage* betrifft die Existenz von Jesusjüngern während der ersten drei Jahre Christentum in Jesu Heimat Galiläa. Viele halten die rekonstruierte Logienquelle Q[213] für ein Grunddokument christlicher galiläischer Gemeinschaften, deren Mitglieder kein Interesse an Tod und Auferstehung Jesu zeigten, sondern Jesu Worte tradierten.[214] Gegen diese These hat sich Birger A. Pearson ausgesprochen. Er bestreitet die Verbindung von Q mit einem galiläischen Christentum und siedelt Q in Antiochien oder Jerusalem an.[215] Grundsätzliche Fragen zu Q stellt Martin Hengel. Er bezweifelt die Existenz der Logienquelle Q nicht grundsätzlich[216], hält ihre Rekonstruktion aber für komplizierter, als die gegenwärtige Q-Forschung es tut.

Völlig anders als Vertreter der neuen Q-Forschung hatte einst Ernst Lohmeyer das galiläische Christentum beschrieben. Er hielt die Brüder und Verwandten Jesu für die Leiter der galiläischen Gemeinden und für Missionare.[217] Paulus erwähnt in der Tat die »Brüder des Herrn« als gleichberechtigte Missionare neben Kephas und den übrigen Aposteln.[218] Allerdings bleibt zweifelhaft, ob Lohmeyers Beschreibung bereits für die ersten drei Jahre Christentum

213 Siehe oben, S. 133 Anm. 151.

214 So John Dominic Crossan: The Birth of Christianity, San Francisco 1998, S. 407–417 (»Eine geteilte Tradition«). Er unterscheidet im Anschluss an Helmut Köster zwischen »Sammlungen von Jesusworten« und dem »Kerygma von Tod und Auferstehung«.

215 Birger A. Pearson: A Q Community in Galilee?, in: New Testament Studies 50 (2004), S. 476–494.

216 Hengel, Evangelien, S. 274–353 (»VII. Postscriptum: Überlegungen zur Logienquelle, zum Lukas- und zum Matthäusevangelium«). In einer E-Mail vom 15. September 2008 schrieb mir Martin Hengel zu diesem Abschnitt seines Buches: »In einem postscriptum setze ich mich ausführlich mit der ... Q-Euphorie auseinander. Es geht ja nicht an, daß man Evangelientexte nicht mehr mit Lukas oder Matthäus, sondern jetzt plötzlich mit Q zitiert, als gäbe es hier eine Art textus receptus, den man einfach so zitieren kann.«

217 Ernst Lohmeyer: Galiläa und Jerusalem, Göttingen 1936, S. 80–81.

218 1Kor 9,5.

zutreffen kann, denn die Integration der Familie Jesu in die älteste Kirche erfolgte erst in einem zweiten Schub.[219]

Die *zweite Frage* bezieht sich auf die Gründung der Gemeinde von Damaskus. Ernst Lohmeyer meinte, sie sei von Galiläa aus erfolgt.[220] Doch die Theologie der Gemeinde von Damaskus hat keine dynastischen Züge, die für die Theologie der Jesusverwandten typisch ist.[221] Martin Hengel hält die Hellenisten für die Erstprediger in Damaskus.[222] Ich lasse die Frage bewusst offen.

Die *dritte Frage* hat das Verhältnis von Glaubensformeln zu Jesustraditionen zum Inhalt. Die Gemeinde von Damaskus (bis 33 n.Chr.) und Paulus (bis ca. 53 n.Chr., dem mutmaßlichen Abfassungsjahr des Römerbriefs, des wohl letzten Paulusschreibens) verbinden die beiden Größen nicht miteinander und kennen überdies nur wenige Jesustraditionen. Vermutlich würde ein vertieftes Studium des Markusevangeliums weiterhelfen, denn sein Verfasser komponiert nicht nur Jesustraditionen zu einem Ganzen, sondern verarbeitet ansatzweise auch Glaubensformeln.[223]

[219] Die Integration bedurfte einer gewissen Zeit, denn Jesus wurde von seiner eigenen Familie zu seinen Lebzeiten abgelehnt (Mk 3,21).

[220] LOHMEYER, Galiläa, S. 56.

[221] Vgl. GERD LÜDEMANN: Paulus, der Heidenapostel II, Göttingen [2]1990, S. 167–263.

[222] HENGEL / SCHWEMER, Paulus, S. 146.

[223] Mk 8,31; 9,31; 10,32–34; 16,6.

KAPITEL 3

Jerusalem und Damaskus – zwei Hauptorte der ersten drei Jahre Christentum

Im Folgenden präsentiere ich die exegetischen Resultate noch einmal in Erzählform, um ihre Verständlichkeit zu erhöhen. Zugleich versuche ich, sie in die damalige Zeit einzufügen und so zu einem Teil die Entstehung des Christentums besser zu erklären.

a) Christentum in Jerusalem

Das Auftreten Jesu hatte durch seine Hinrichtung ein Ende gefunden. Die Motive für die Exekution auf Befehl des römischen Präfekten Pilatus lagen darin, dass er Jesus für einen politischen Aufrührer hielt oder halten wollte. Die Kreuzesaufschrift »Der König der Juden«[1] zeigt, wie Jesu Auftreten als politisches Wirken verstanden werden konnte.

Jesu Jünger, die von Galiläa mit ihm nach Jerusalem zum Passahfest gezogen waren, hatten ihn bei der Festnahme im Stich gelassen, nach anfänglichem Zögern auch Simon Petrus mit dem aramäischen Beinamen Kephas (= Fels), eine Führungsgestalt unter den Jüngern Jesu schon zu dessen Lebzeiten. Anhängerinnen Jesu, die ebenfalls von Galiläa nach Jerusalem gereist waren, hielten dagegen länger bei ihm aus. Zu ihnen gehörte mit Sicherheit Maria aus dem galiläischen Fischerort Magdala, die von Jesus von einer schweren Krankheit geheilt worden war.[2]

War damit scheinbar alles zu Ende, so brach nicht lange nach dem Tod Jesu am Kreuz und der Flucht der Jünger nach Galiläa etwas Neues an. Petrus sah in einer Vision Jesus lebendig, und damit war

[1] Mk 15,26.
[2] Lk 8,2.

der Inhalt der Visionen, die die anderen noch haben würden, vorgegeben. Die Kunde verbreitete sich schnell, dass Gott Jesus nicht im Tod gelassen, ja, ihn zu sich erhöht hatte und dass dieser demnächst als Menschensohn auf den Wolken des Himmels wiederkommen werde. Die Jesusbewegung erlebte einen Neuanfang. Jetzt konnten seine Jünger nach Jerusalem zurückgehen (diese Stadt war für Juden ohnehin der Ort des finalen Heils[3]), dort anknüpfen, wo ihr Meister das Werk hatte unvollendet lassen müssen, und das Volk sowie seine Oberen zur Umkehr rufen. Vielleicht verstand man die Gegenwart als allerletzte Bußfrist, die Gott gegeben hatte. Der von Jesus zu seinen Lebzeiten gegründete Zwölferkreis[4] »sah« ihn nun ebenfalls.[5] Daran schlossen sich die Vision des Herrenbruders Jakobus und die Visionen eines größeren Kreises von Aposteln an.[6]

Für die genannten Vorgänge ist weniger als ein Jahr anzusetzen. Vieles lief dabei nebeneinander her. Neben der Erfahrung des »Auferstandenen« in Visionen sind folgende Phänomene fassbar:

1. Ps 110 galt als Beleg für die Erhöhung Jesu zur Rechten Gottes durch die Auferstehung.
2. Jesus wurde als »unser Herr« angerufen.
3. Die Gemeinde übernahm die Naherwartung Jesu.
4. Gott – so die Jünger – hatte Jesus durch die Auferweckung zum Messias gemacht.
5. Mit dem Brotbrechen knüpfte die versammelte Gemeinde an die Mahlgemeinschaften Jesu in Galiläa an.

Die von Kephas in Galiläa betriebene Wiederherstellung des Zwölferkreises ist die *erste Institutionalisierung*. Dadurch stellte er sicher, dass bei Anbruch der als unmittelbar bevorstehend erwarteten Königsherrschaft Gottes, eingeleitet durch das Kommen des Menschensohns Jesus auf den Wolken des Himmels, die zwölf Stämme Israels repräsentiert sein würden. Kephas war Leiter der

[3] Vgl. Jes 60,13; Micha 4,1–2a; Hag 2,6–9; 1Hen 90,28–33.

[4] Mt 19,28; Mk 3,13–19 parr.

[5] 1Kor 15,5.

[6] 1Kor 15,7.

Urgemeinde. Darum hat Paulus ihn alsbald, nämlich drei Jahre nach seiner Bekehrung, aufgesucht, um ihn kennen zu lernen.[7]

In Mt 16,18–19 findet sich eine Tradition, welche die Führungsstellung des Kephas legitimiert. In ihr spricht der »Auferstandene«, der dem Erstzeugen Simon / Kephas / Petrus die Leitung der Kirche einschließlich der Vollmacht zur Sündenvergebung überträgt.[8] »Die Gemeinde, deren Autorität Petrus ist, wird in der Endzeit, wenn die Mächte der Unterwelt die Menschen überwältigen, gerettet werden. Hier spricht das eschatologische Bewußtsein der palästinensischen Gemeinde als der Gemeinde der Gerechten der Endzeit.«[9] Die Kirche wird als Bau angesehen. Kephas (= Fels) ist das Fundament.

Daran knüpft die spätere Bezeichnung des aus Jakobus, Kephas und Johannes bestehenden Leitungsgremiums (von 36–48 n.Chr.) als der drei »Säulen« an. Dessen Formierung ist eng verbunden mit dem Aufstieg des Herrenbruders Jakobus, der als leiblicher Bruder Jesu in der Urgemeinde schnell zu Autorität und Ehren kam. Ebenso seine Brüder, die – wie Paulus bestätigt[10] – von Anfang an Mission mit dem gleichen Recht trieben wie »die übrigen Apostel und Kephas«.

Die *zweite Institutionalisierung* betrifft die Johannestaufe. Sie wurde bald in christianisierter Form auf den Namen Jesu praktiziert und bewirkte wie bei Johannes die Vergebung der Sünden.[11] Der eigentliche Grund für die Übernahme der Johannestaufe dürfte die schlichte Tatsache der Taufe Jesu durch Johannes gewesen sein.

Die Christen in Jerusalem verstanden sich als Teil des jüdischen Volkes, nahmen am Tempelkult teil und lebten gemäß der Thora. Von außen gesehen waren sie eine jüdische Sekte, die sich als die Gemeinde der Endzeit, als der erwählte Rest Israels ansah. Ein »enthusiastisches Bewusstsein des Geistbesitzes, d.h. des Gottes-

[7] Gal 1,18.
[8] Zur Disziplinargewalt vgl. Mt 18,18; Joh 20,23.
[9] RUDOLF BULTMANN: Die Geschichte der synoptischen Tradition, Göttingen [7]1967, S. 148–149.
[10] 1Kor 9,5.
[11] Mk 1,4.

geistes, der am Ende der Zeit ausgegossen werden sollte, in Zungen reden ließ, die Gabe der Prophetie brachte«[12], hatten sie allerdings nicht. Für eine so weit reichende These gibt es keine Belege, und die Pfingstgeschichte fällt als Zeugnis für das Selbstbewusstsein der Jerusalemer Gemeinde aus.[13]

b) Christentum in Damaskus

Die Anfänge des Christentums in Damaskus, einer Stadt von ca. 45.000 Einwohnern[14] an der östlichen Grenze des Römischen Reiches, sind dunkel. Und doch ist das damaszenische Christentum genauso alt wie das in Jerusalem.

Damaskus war »eine selbstbewußte hellenistische Polis mit einer makedonisch-griechischen Bürgerschaft«[15], die stolz auf ihre Bildung war. Herodes der Große ließ hier ein neues Theater und ein Gymnasium bauen, aber auch das Hauptheiligtum der Stadt, der Tempel des Jupiter Damascenus, wurde in der frühen Kaiserzeit glanzvoll ausgestaltet. Die Stadt war eine berühmte Handelsmetropole und nicht zuletzt bedeutsam als Außenposten römischer Macht im Osten. Mehrere Hauptstraßen führten durch Damaskus, darunter eine von Judäa nach Mesopotamien, wo sich die babylonische Diaspora befand.

Zur Zeit der Entstehung des Christentums gab es in Damaskus viele Juden. Sie lebten in Synagogengemeinschaften und Haussynagogen.[16] Eine Zentralsynagoge wie in Antiochien fehlte offen-

[12] So HELMUT KÖSTER: Einführung ins Neue Testament, Berlin 1980, S. 520, mit Blick auf die Jerusalemer Urgemeinde.

[13] Vgl. oben, S. 34–35.

[14] Schätzung nach RODNEY STARK: The Rise of Christianity, San Francisco 1997, S. 132. Zum Vergleich: Nach Stark hatte Athen 30.000 Einwohner, Alexandrien 400.000, Antiochien 150.000, Ephesus 200.000, Pergamon 120.000, Rom 650.000, Sardes 100.000, Korinth 100.000. Die Reiseentfernung von Jerusalem nach Damaskus betrug 210 km (STARK, Rise, S. 137). Die Reisegeschwindigkeit zu Fuß betrug pro Tag zwischen 25 und 30 km.

[15] HENGEL / SCHWEMER, Paulus, S. 97.

[16] Vgl. CARSTEN CLAUSSEN: Versammlung, Gemeinde, Synagoge, Göttingen 2002, S. 294–310.

bar.[17] Der jüdische Historiker Josephus spricht von 10.500 Juden[18], an anderer Stelle von 18.000, wobei er dort aber Frauen und Kinder hinzurechnet.[19] Josephus zufolge fand die jüdische Religion Zulauf unter fast allen nichtjüdischen Einwohnerinnen.[20]

Dank der Vorarbeit des Judentums fiel die Botschaft griechischsprachiger Judenchristen – woher sie kamen, ist unklar – in Damaskus auf fruchtbaren Boden. Die bei der Taufe ausgesprochene programmatische Formel: »Hier ist weder Jude noch Grieche, weder Sklave noch Freier, weder männlich noch weiblich« zielte darauf, die Vision von der *einen* Menschheit zu verwirklichen, und verschmolz jüdische und hellenistische Ideale. Ein Gemeinschaftsgefühl von unerhörter Kraft stellte sich ein. Alte Grenzen – seien sie religiöser, sozialer, ethnischer oder biologischer Art – wurden für ungültig erklärt und neue Horizonte eröffnet. All dies hatte – so die damaszenischen Christen – ein himmlisches Wesen, Christus, Gottes Sohn, aus dem Volk Israel bewirkt. Er war der Sohn einer jüdischen Frau und schenkte durch Sühnetod und Auferstehung seiner Gemeinde ewiges Leben. Beim gemeinsamen Essen war er als Kultherr gegenwärtig und gab den Gläubigen durch die göttlichen Substanzen Brot und Wein – sein Leib und sein Blut – Anteil an sich selbst. So vermischten sich Juden mit Griechen, wobei die Judenchristen der Observanz der jüdischen Thora Ade sagten.

Die geisterfüllten Gottesdienste der Christen in Damaskus zogen Neugierige und religiöse Sucher mit Sicherheit an. Sie sind wohl ähnlich verlaufen wie die Gottesdienste sieben Jahre später in Thessalonich und Korinth.[21]

[17] Vgl. Claussen, Gemeinde, S. 98.

[18] Josephus, Jüdischer Krieg II 561

[19] Josephus, Jüdischer Krieg VII 368.

[20] Vgl. Josephus, Jüdischer Krieg II 559–561.

[21] Vgl. 1Kor 14. Siehe weiter Martin Hengel / Anna Maria Schwemer: Paulus zwischen Damaskus und Antiochien, Tübingen 1998, S. 309, die in diesem Zusammenhang von den Gottesdiensten in Antiochien – nicht Damaskus – sprechen.

Für Paulus war vor seiner Bekehrung das Praktizieren der Einheit von Judenchristen und Heidenchristen beim gemeinsamen Essen der Anlass gewesen, gegen die Damaszener vorzugehen. Sie hatten ja den für alle Juden geltenden Zusammenhang von ethnischer und religiöser Identität beseitigt und zusätzlich den Unterschied von Freien und Sklaven, Mann und Frau für aufgehoben erklärt. Insofern muss man annehmen, dass eine so radikale Tradition wie Gal 3,26–28, die u.a. diese jüdische Identität aushebelt, der allerersten Zeit entstammt. Ferner halte ich es für sicher, dass die Gemeinde von Damaskus im wörtlichen Sinn nicht nur – wie Paulus – den Unterschied von Juden und Heiden als aufgehoben betrachtete, sondern auch – anders als Paulus – den Unterschied zwischen Freien und Sklaven, Männern und Frauen.

Eine wichtige Institutionalisierung war die des »Herrentags[22], an dem das Herrenmahl gefeiert wurde. Nach urchristlichem Glauben war Jesus am »Herrentag«, dem Tag nach dem Sabbat, von den Toten auferweckt worden (1Kor 15,4b). Vielleicht beging die damaszenische Christengemeinde anfangs auch noch den Sabbat, doch streicht die ebenfalls allwöchentlich begangene Feier des Herrenmahls am Sonntag ihre Eigenständigkeit schon stark heraus. Anders als die Jerusalemer Gemeinde, die sich als Teil des Tempels verstand, war die judenchristliche Gemeinde von Damaskus von den jüdischen Synagogen getrennt; ihre Mitglieder lebten ja heidnisch.

Trotz allem wollten die Damaszener – sie waren zum Großteil geborene Juden[23] – an der Gemeinschaft mit der Jerusalemer Kirche festhalten, und dieses Einheitsstreben leitete auch Paulus bei seiner Mission von Beginn an. Er reiste dreimal nach Jerusalem, um die Gemeinschaft zu festigen und mögliche Missverständnisse mit den Jerusalemer Christen auszuräumen. Im Interesse der Einheit erzählte er ihnen sicher nicht alles, was in seinen Gemeinden vor sich ging und wie Judenchristen von der Thora entfremdet wur-

[22] So wörtlich in Offb 1,10.
[23] Vgl. Gal 2,15 (Paulus über sich und Kephas).

den.[24] Bis zuletzt auf eine Einigung hoffend verschloss Paulus die Augen vor den unüberbrückbaren Gegensätzen zwischen seinen Gemeinden und der Jerusalemer Kirche. Er scheiterte mit seinen Bemühungen. Jerusalemer »Brüder« zeigten ihn während seines dritten Besuchs bei der Behörde an und sorgten dafür, dass die Jerusalemer Gemeinde die von Paulus überbrachte Geldsammlung als vergiftet zurückwies.[25] Seine weiteren Pläne, in Spanien missionarisch zu wirken[26], schlugen fehl. Er erreichte Rom nur als Gefangener und erlitt hier den Märtyrertod.

c) Einheit und Verschiedenheit des Christentums in Damaskus und in Jerusalem

In den ersten drei Jahren nach Jesu Tod erkennen wir zwei verschiedene Formen von Christentum mit den Zentren Damaskus und Jerusalem. Ihre Träger hatten vielfältige Beziehungen zueinander und nicht wenige gemeinsame Überzeugungen. Doch angesichts der massiven Differenzen in Praxis und Glaube gehörten sie faktisch zwei verschiedenen Religionen an[27], die nur durch die gewaltige Arbeit des Paulus eine Zeitlang zusammengehalten wurden.

Die damaszenische Kirche und ihre Botschaft fanden bald Eingang in Antiochien. Eine freie Gemeinde bildete sich. Dies ging bis 48 n.Chr. gut. In diesem Jahr schickte der damalige Leiter der Jerusalemer Gemeinde, Jakobus, Abgesandte nach Antiochien, um dort das gemeinsame Essen von Juden- und Heidenchristen zu unterbinden.[28] Er hatte gegen Paulus Erfolg und schob damit Einheitsphantasien von Juden- und Heidenchristen wirksam den Riegel vor.

Paulus trug die Religion der Damaszener in seiner Missionsarbeit bis nach Kleinasien und Griechenland; er bildete fähige Schüler aus,

[24] Vgl. den antipaulinischen Vorwurf Apg 21,21. Siehe unten, S. 181.

[25] Zum Konflikt zwischen Paulus und seinen judenchristlichen Kritikern vgl. Gerd Lüdemann: Paulus, der Heidenapostel II, Göttingen ²1990, passim.

[26] Vgl. Röm 15,28.

[27] Vgl. Rudolf Bultmann: Urchristentum und Religionsgeschichte, in: Theologische Rundschau. Neue Folge 4 (1932), S. 1–21, hier S. 3–6.

[28] Gal 2,11–14.

die nach seinem Tod die christliche Botschaft, wie er sie verstand, bewahrten und weiterentwickelten.

Von der Gemeinde von Damaskus hören wir erst wieder 325 n.Chr., als der dortige Bischof am Konzil von Nizäa teilnahm.[29] Erwähnenswert ist, dass die älteste erhaltene griechische Kircheninschrift (318/319 n.Chr.) aus der Nähe von Damaskus stammt.[30] Sie gehört aber nicht zu einem katholischen Gotteshaus, sondern bezeichnet ein Kirchengebäude, das die »ketzerischen« Markioniten nutzten.[31]

Die Kirche von Damaskus ist die einflussreichste aller christlichen Kirchen der Frühzeit, denn sie prägte Paulus, die maßgebliche Gestalt der gesamten Kirchengeschichte. Sie war eine Universalreligion mit einem Kult, in dem »der Herr« Jesus verehrt wurde, und den Riten Taufe und Herrenmahl, in denen die Christen von Damaskus mit »dem Herrn« in eine sakramentale Gemeinschaft traten. Die Damaszener kannten nur wenige Worte des irdischen Jesus und benutzten sie spärlich. All dies zeigt, wie sehr das Christentum in Damaskus sich von dem in Jerusalem unterschied.

Der Göttinger Theologe Wilhelm Bousset (1865–1920) schreibt mit Recht über das Christentum von Damaskus und das anderer hellenistisch geprägter Orte: »Der volle Strom der neuen universalen Religionsbewegung flutete bereits, als Paulus in die Arbeit ein-

[29] Lukas erzählt Ende des ersten Jahrhunderts n.Chr. von Paulus' Bekehrung in der Nähe von Damaskus (Apg 9,1–19a) und lässt Paulus selbst die Geschichte von seiner Bekehrung jeweils leicht variiert zweimal wiederholen (Apg 22,3–16; 26,4–18). So viel lag ihm daran. Im Anschluss an die Erzählung seiner Bekehrung berichtet Lukas von seiner Predigt zu den Juden von Damaskus und von seiner Flucht aus Damaskus (Apg 9,19b–31). Der zuletzt genannte Abschnitt ist ganz sekundär (siehe oben, S. 94 Anm. 15). Die drei Berichte von der Bekehrung des Paulus widersprechen Paulus' Eigenzeugnissen (siehe oben, S. 94 Anm. 11); zwei von ihnen enthalten aber die korrekte Information über die Taufe des Paulus (Apg 9,18; 22,16).

[30] Aus dem Dorf Lebaba, 22 km südsüdöstlich von Damaskus.

[31] Die Inschrift beginnt mit den Worten: »Synagoge der Markionisten«. Vgl. Adolf von Harnack: Die älteste griechische Kircheninschrift (1915), in: ders.: Schriften zur Alten Kirche II, Leipzig 1980, S. 305–325.

trat, auch er ist zunächst von diesem Strom getragen.«[32] Das heißt: Die für alle Menschen offene aus Juden und Heiden bestehende christliche Religionsgemeinde von Damaskus ist ohne Paulus entstanden. In ihr galt bereits vor seiner Bekehrung der Grundsatz: »Hier ist weder Jude noch Grieche, weder Sklave noch Freier, weder männlich noch weiblich.«

[32] BOUSSET, Kyrios, S. 76.

ANHANG 1

Der historische Wert der Apostelgeschichte[1]

a) Der Impuls durch Adolf von Harnack

Adolf von Harnack stellte im Jahr 1897 die in der Folgezeit viel diskutierte These auf, wir befänden uns in der Kritik der Quellen des ältesten Christentums in einer rückläufigen Bewegung zur Tradition.[2] Dies galt besonders für die Apostelgeschichte, eine Quelle, die Harnack zufolge neben den Paulusbriefen und der Kirchengeschichte Eusebs von Cäsarea ein Pfeiler für die historische Erkenntnis des frühen Christentums ist. Den »Beweis« für sein Votum legte Harnack in den Jahren 1906–1911 in drei Monographien vor: *Lukas der Arzt*[3], *Die Apostelgeschichte*[4], *Neue Untersuchungen zur Apostelgeschichte*[5]. Sie markieren das Ende der kritischen Erforschung der Apostelgeschichte im 19. Jahrhundert.[6]

b) Zur Forschungsgeschichte

Diese nahm ihren Anfang in den Arbeiten Ferdinand Christian Baurs. Der Tübinger Professor hatte die geschichtlichen Daten der Paulusbriefe und die der Apostelgeschichte untersucht und war zum Ergebnis gekommen, dass »eine Vergleichung dieser beiden

[1] Antrittsvorlesung als Professor für Neues Testament am 1. Februar 1984 in der Aula der Universität Göttingen, publiziert in meinem Buch: Das frühe Christentum nach den Traditionen der Apostelgeschichte, Göttingen 1987, S. 9–24. Überarbeitet.

[2] ADOLF HARNACK: Geschichte der altchristlichen Literatur bis Eusebius II.1, Leipzig 1897, S. X.

[3] Leipzig 1906.

[4] Leipzig 1908.

[5] Leipzig 1911.

[6] Man vgl. W. WARD GASQUE: A History of the Criticism of the Acts of the Apostles, Tübingen 1975, S. 21–106.

Quellen … zu der Überzeugung führen (muss), dass bei der großen Differenz der beiderseitigen Darstellungen die geschichtliche Wahrheit nur entweder auf der einen oder der andern Seite sein kann.«[7]

Diese Erkenntnis leitet Baur im ersten Teil seines Paulusbuches aus dem Jahr 1845 bei der Analyse jedes Kapitels der Apostelgeschichte. Baur behandelt hier »Das Leben und Wirken des Apostels Paulus«[8], wobei er der Sequenz der Apostelgeschichte folgt. Dabei entsteht eine Art Kommentar zur Apostelgeschichte mit dem Hauptzweck, ihre historischen Elemente herauszuschälen. Methodische Schritte, den Geschichtswert der Apostelgeschichte zu bestimmen, sind der Vergleich mit den Paulusbriefen, religionsgeschichtliche Betrachtungen, Quellenkritik und die Ermittlung der Tendenz. Jedoch haben Baur zufolge auf der Erzählebene nur wenige Abschnitte der Apostelgeschichte einen positiven historischen Wert. Diesen mindere weiter Lukas' teilweise Benutzung der Paulusbriefe. Auf der anderen Seite seien die von der Apostelgeschichte benutzten Traditionen von großer Wichtigkeit. Baur bemerkt daher: Die Apostelgeschichte »bleibt … eine höchst wichtige Quelle für die Geschichte der apostolischen Zeit, aber auch eine Quelle, aus welcher erst durch strenge historische Kritik ein wahrhaft geschichtliches Bild der von ihr geschilderten Personen und Verhältnisse gewonnen werden kann.«[9] Strenge historische Kritik bediente sich der tendenzkritischen Frage nach dem Zweck der Apostelgeschichte. Baur zufolge ist die Apostelgeschichte im zweiten Jahrhundert verfasst worden, um die verfeindeten Parteien der Pauliner und Judaisten zu versöhnen.[10]

Dieser tendenzkritischen Sicht schlossen sich in der Folgezeit die Baurschüler Albert Schwegler und Eduard Zeller an und stellten den Wert der Apostelgeschichte als historischer Quelle für die von

[7] FERDINAND CHRISTIAN BAUR: Paulus, der Apostel Jesu Christi, Stuttgart 1845, S. 5.

[8] BAUR, Paulus, S. 15–243.

[9] BAUR, Paulus, S. 13.

[10] Vgl. BAUR, Paulus, S. 5–6.

ihr dargestellten Ereignisse ebenso entschieden in Frage.[11] Zudem erfuhr die Baursche Analyse der Apostelgeschichte im Jahr 1870 durch Franz Overbeck eine glänzende Vertiefung.[12] Zwar bestimmt er den Zweck der Apostelgeschichte anders als Baur. Ihr Verfasser sei von alten Parteiungen fast unberührt und schreibe als Heidenchrist[13], der unbefangen die eigenen Verhältnisse in die der apostolischen Urzeit übertrage. Die Apostelgeschichte »ist der Versuch eines selbst vom urchristlichen Judaismus schon stark beeinflussten Heidenchristentums, sich mit der Vergangenheit, insbesondere seiner eigenen Entstehung und seinem ersten Begründer Paulus auseinander zu setzen.«[14] Doch in der Verpflichtung, das frühe Christentum rein historisch zu erforschen[15], ist sich Overbeck mit Baur einig. Über Baur hinaus verfeinert er wie bereits Zeller[16] vor ihm die quellenkritische Methode[17], denkt aber ebenfalls gering über den Geschichtswert der lukanischen Darstellung.

Die Auslegung der Apostelgeschichte durch Baur und Overbeck fand im 19. Jahrhundert keineswegs allgemeine Zustimmung. Das Gegenteil war der Fall. Sie wurde öfter Zielscheibe gelehrter und ungelehrter Polemik.[18] Trotzdem blieb die Tübinger Analyse der Apostelgeschichte über Jahrzehnte hinweg selbstverständlicher Ausgangspunkt der Kritik auf liberaler Seite[19], bis ausgerechnet

[11] ALBERT SCHWEGLER: Das nachapostolische Zeitalter II, Tübingen 1846; EDUARD ZELLER: Die Apostelgeschichte, Stuttgart 1854.

[12] Vgl. FRANZ OVERBECK: Über die Christlichkeit unserer heutigen Theologie, Leipzig ³1903, S. 3.

[13] Vgl. FRANZ OVERBECK: Über das Verhältnis Justins des Märtyrers zur Apostelgeschichte, in: Zeitschrift für wissenschaftliche Theologie 15 (1872), S. 305–349.

[14] FRANZ OVERBECK: Kurze Erklärung der Apostelgeschichte von Dr. W.M.L. deWette, Leipzig ⁴1870, S. XXXI.

[15] OVERBECK, Christlichkeit, S. 4.

[16] ZELLER, Apostelgeschichte, S. 489–524.

[17] Vgl. OVERBECK, Erklärung, S. XXXVII–LII, zur »Wir-Quelle«.

[18] Vgl. die Proben bei GERD LÜDEMANN: Paulus, der Heidenapostel II, Göttingen ²1990, S. 27–31.

[19] Man vgl. nur OTTO PFLEIDERER: Das Urchristentum, Berlin 1902; CARL HEINRICH WEIZSÄCKER: Das apostolische Zeitalter der christlichen Kirche, Tübingen ³1902.

von hier der wuchtige Gegenschlag Adolf von Harnacks erfolgte, der nach dem eingangs genannten Votum zur steigenden Glaubwürdigkeit der altkirchlichen Traditionen eine dreibändige Apologie des Lukas veröffentlichte und den Geschichtswert der lukanischen Darstellung ungleich höher veranschlagte als die Tübinger und die ihnen folgenden liberalen Theologen. Harnack zufolge ist die altkirchliche Tradition darin im Recht, dass der Paulusbegleiter Lukas die Apostelgeschichte verfasst habe.[20] Er komme in den Wir-Stücken[21] zu Wort, die zusammen mit allen anderen Texten im zweiten Teil der Apostelgeschichte wertvolle, historisch korrekte Berichte eines Augenzeugen seien. Die Schilderung der Ereignisse von Apg 1–12, bei denen der »Augenzeuge« naturgemäß nicht anwesend war, gehe dagegen auf verschiedene Quellen unterschiedlicher Qualität zurück.

Der Gegensatz zwischen Harnack und der Baurschule in der Einschätzung des historischen Wertes der Apostelgeschichte könnte daher nicht größer sein. Baurschule und Harnack sind bis heute die großen Antipoden, wie ein kurzer Blick auf die Erforschung der Apostelgeschichte in der Zeit nach Harnack lehrt:

Die Harnacksche Linie führen weiter Alfred Wikenhauser, der den Geschichtswert der Apostelgeschichte als hoch veranschlagt[22], und Eduard Meyer. Für ihn ist die Verfasserschaft des Paulusbegleiters Lukas eindeutig erwiesen, die Apostelgeschichte »eines der bedeutsamsten uns aus dem Altertum erhaltenen Geschichtswerke«[23]. Band III seines Opus »Ursprung und Anfänge des Christentums« entwirft eine »Geschichte« des frühen Christentums hauptsächlich auf der Grundlage der Apostelgeschichte. Resonanz findet Harnacks Beitrag zur Apostelgeschichte im angelsächsischen

[20] Ältester Beleg für diese Tradition um 185 n.Chr.: Irenäus, haer III 1: »Lukas, der Begleiter des Paulus, hat das von jenem verkündete Evangelium in einem Buch niedergelegt.«

[21] Apg 16,10–17; 20,5–15; 21,1–18; 27,1–28,16.

[22] Alfred Wikenhauser: Die Apostelgeschichte und ihr Geschichtswert, Münster 1921.

[23] Eduard Meyer: Ursprung und Anfänge des Christentums I, Stuttgart 1923, S. X.

Bereich bis auf den heutigen Tag[24], und schließlich besteht auch in der gegenwärtigen deutschen Forschung zunehmend die Tendenz, den historischen Wert der Apostelgeschichte als hoch anzusehen.[25] Die zu neuem Leben erwachte sozialgeschichtliche Forschung zum frühen Christentum verstärkt in der Regel diesen Trend.[26]

In der Baur-Nachfolge befinden sich vornehmlich solche quellenkritischen Arbeiten wie die von Julius Wellhausen[27], welche die Apostelgeschichte als Trümmerhaufen hinterlassen und hinter herausgeschälten Traditionen bzw. Quellen den Geschichtswert der Apostelgeschichte fast aus den Augen verloren haben.

Zu ihnen gehören auch die Beiträge von Martin Dibelius[28] – sie erproben erfolgreich die stilkritische Methode an der Apostelgeschichte – und weite Teile der nordamerikanischen Forschung: F. J. Foakes Jackson, Kirsopp Lake und Henry J. Cadbury setzen als Herausgeber und Mitverfasser mit dem fünfbändigen Werk »The Beginnings of Christianity« (1920–1933) einen Markstein kritischer Forschungen zur Apostelgeschichte.[29] Weiter haben in den USA Donald W. Riddle[30] und John Knox[31] auf den sekundären Charakter der Apostelgeschichte hingewiesen.

[24] Vgl. den Überblick von GASQUE, History, S. 251–266.

[25] Repräsentativ MARTIN HENGEL: Zwischen Jesus und Paulus (1975), in: DERS.: Paulus und Jakobus. Kleine Schriften III, Tübingen 2002, S. 1–56 (Nachtrag: S. 57–67); JÜRGEN ROLOFF: Die Apostelgeschichte, Göttingen 1981.

[26] Vgl. E. A. JUDGE: Christliche Gruppen in nichtchristlicher Gesellschaft (1964), in: DERS.: The First Christians in the Roman World, Tübingen 2008, S. 464–525; GERD THEISSEN: Studien zur Soziologie des Urchristentums, Tübingen [2]1983; MATTHIAS KLINGHARDT: Gemeinschaftsmahl und Mahlgemeinschaft, Tübingen 1996.

[27] JULIUS WELLHAUSEN: Noten zur Apostelgeschichte, NGG.PH 1, Berlin 1907, S. 1–21; DERS.: Kritische Analyse der Apostelgeschichte, AGG.PH NF 15.2. Berlin 1914.

[28] MARTIN DIBELIUS: Aufsätze zur Apostelgeschichte, Göttingen [5]1968.

[29] F. J. FOAKES JACKSON / KIRSOPP LAKE (ed.): The Beginnings of Christianity I–V, London 1920–1933.

[30] DONALD W. RIDDLE: Paul. Man of Conflict, Nashville 1940.

[31] JOHN KNOX: Chapters in a Life of Paul. Revised by the author and edited with introduction by Douglas R. A. Hare, Macon, GA 1987.

Ferner ist hier die von Hans Conzelmann[32] und Ernst Haenchen[33] begründete redaktionsgeschichtliche Erforschung des lukanischen Doppelwerkes und besonders der Apostelgeschichte zu nennen. Ihr geht es vor allem darum, Leser des Lukas zu werden, d.h. den lukanischen Sinn der jeweiligen Texte zu ermitteln. Allerdings muss man kritisch anmerken, dass entgegen der Absicht der Begründer jenes Auslegungsansatzes – Conzelmann hat eine bedeutende Geschichte des Urchristentums geschrieben[34] – die redaktionsgeschichtliche Forschung nicht selten zu einer fast vollständigen Vernachlässigung der historischen Frage in Bezug auf das in der Apostelgeschichte Berichtete geführt hat. Diese Geringschätzung ist einerseits in einer übergroßen Skepsis gegenüber fast allem, was Lukas geschrieben hat, begründet, andererseits in der Überzeugung, dass die Rekonstruktion von Geschichte theologisch fragwürdig und vor allem das Kerygma, die Verkündigung, von Bedeutung sei. Demgegenüber gilt aber, dass seit dem Aufkommen des historischen Denkens die genaue Rekonstruktion der Geschichte des frühen Christentums zum Verstehen des Kerygmas notwendig, ja überhaupt Voraussetzung seines Verständnisses ist. Da Lukas sich selbst als Historiker versteht, muss die wissenschaftliche Theologie diesen Anspruch ernst nehmen und den Geschichtswert der Apostelgeschichte immer wieder thematisieren. »Mit der Ausblendung der geschichtlichen Dimension wäre die Intention eines solchen Autors verfehlt.«[35]

c) Lukas – ein Paulusbegleiter?

Die Frage der Augenzeugenschaft des Verfassers der Apostelgeschichte ist von so großer Bedeutung, dass sie hier noch einmal behandelt werden muss. Sollte die Untersuchung ergeben, dass

[32] Hans Conzelmann: Die Mitte der Zeit, Tübingen ^{6}1977; ders.: Die Apostelgeschichte, Tübingen ^{2}1972.

[33] Ernst Haenchen: Die Apostelgeschichte, Göttingen ^{7}1977.

[34] Hans Conzelmann: Geschichte des Urchristentums, Göttingen ^{6}1989.

[35] Friedrich Avemarie: Die Tauferzählungen der Apostelgeschichte, Tübingen 2002, S. 4.

»Lukas« kein Augenzeuge gewesen ist, wäre die Apostelgeschichte nur eine Sekundärquelle und ihr Geschichtswert im Allgemeinen geringer als jener der Paulusbriefe.

Brauchbare Argumente zur Problemlösung dürften sich aus historischen Erwägungen gewinnen lassen: Es gehört zu den Glücksfällen der Paulusforschung, dass das erhaltene Quellenmaterial ein sicheres Urteil über die Anzahl der Jerusalemreisen des Paulus während seiner Zeit als Christ ermöglicht. In dem autobiographischen Bericht Gal 1,15–24 betont Paulus in den Versen 18 und 20, zwischen Bekehrung und Jerusalemer Konferenz[36] nur einmal in Jerusalem gewesen zu sein. Das Referat in Vers 10 über die Kollektenvereinbarung zugunsten der »Armen« und die Geschichte der Kollekte in den Gemeinden des Paulus[37] machen die These zwingend: Paulus war nach der Konferenz nur noch einmal in Jerusalem, nämlich um die Kollekte zu überbringen.

Die Bedingung der soeben aufgestellten These ist, dass die Durchführung der Kollekte in den paulinischen Gemeinden sich direkt an die Kollektenvereinbarung anschloss und nicht eine längere Zeit zum Erliegen gekommen war[38], bis Paulus nach der Gründung seiner Gemeinden an die in diesem Fall dann mehrere Jahre zurückliegende Kollektenvereinbarung anknüpfte. Steht aber die direkte Beziehung zwischen Vereinbarung und Einsammlung fest, kann also förmlich von einer Kollektenreise gesprochen werden, dann ist es ausgeschlossen, dass Paulus vor der Ablieferung der Kollekte noch einmal nach Jerusalem reiste, und zwar mit leeren Händen.

Demnach fuhr Paulus als Christ mit an Sicherheit grenzender Wahrscheinlichkeit nur dreimal nach Jerusalem.

Hingegen berichtet die Apostelgeschichte mit Blick auf diesen Zeitabschnitt im Leben des Paulus von nicht weniger als fünf Jeru-

[36] Gal 2,1–10.

[37] Vgl. 1Kor 16,1–4; 2Kor 8–9; Röm 15,25–26.

[38] So Dieter Georgi: Remembering the Poor: The History of Paul's Collection for Jerusalem, Nashville, TN 1992, S. 46: Gründe für die Unterbrechung der Kollekte seien die Trennung von Barnabas wegen des Zwischenfalls von Antiochien und die Entfremdung von der dortigen Gemeinde gewesen.

salemreisen.[39] Dieser Befund erklärt sich am besten durch die Annahme, Lukas habe keine persönliche Anschauung vom Leben des Paulus gehabt. Wer das Gegenteil für richtig hält, müsste verständlich machen, warum Lukas zwei zusätzliche Reisen erfunden hat.

d) Benutzte Lukas Briefe des Paulus?

Nun wusste Lukas mehr, als er berichtete, und schreibt im Prolog Lk 1,1–4[40] selbst, dass er Vorgänger hatte. Er arbeitete demnach unter Verwendung von Traditionen, zu denen schriftliche Quellen und mündliche Überlieferungen, aber auch allgemeine Informationen zu rechnen sind.

Kannte und benutzte der Verfasser der Apostelgeschichte aber die Briefe des Paulus?

Eine Antwort darauf lässt sich nur geben, wenn der Gebrauch paulinischer Briefe eindeutig zu belegen oder zu widerlegen ist.[41] Wir müssen also nach Übereinstimmungen zwischen Apostelgeschichte und Paulusbriefen suchen und weiter fragen, ob sie sich am besten durch eine Benutzungshypothese erklären lassen.

Im Folgenden nenne ich die wichtigsten Gründe für die Annahme, dass Lukas Paulusbriefe verwendet hat[42]:

1. Alle in der Apostelgeschichte als Stationen der paulinischen Wirksamkeit erwähnten Orte und Landschaften mit Ausnahme von Cäsarea, Tarsus, Zypern, Malta und Beröa werden auch im Corpus Paulinum genannt. Die Reisestationen des Paulus in der Apostelgeschichte weisen überdies an einem Punkt überraschende Übereinstimmungen mit den aus den Briefen zu rekonstruierenden auf: So fährt Paulus jeweils von Philippi über Thessalonich und Athen nach Korinth.[43]

[39] Apg 9,26–30; 11,30; 15,2–4; 18,22; 21,15–17.

[40] Zum Text vgl. unten, S. 186–187.

[41] Vgl. Andreas Lindemann: Paulus im ältesten Christentum, Tübingen 1979, S. 165.

[42] Vgl. Richard I. Pervo: Dating Acts, Santa Rosa, CA 2006, S. 51–141.

[43] Vgl. die in Apg 16–18 und 1Thess 2–3 vorausgesetzte identische Stationenfolge.

Kritik: Eine große Übereinstimmung in den Reise- und Missionsstationen sowie den Hauptorten paulinischer Wirksamkeit lässt auch andere Thesen als die der direkten Abhängigkeit zu.

2. Die Übereinstimmungen zwischen 2Kor 11,32–33 und Apg 9,24–25, den Berichten von Paulus' abenteuerlicher Flucht aus Damaskus, brechen an derselben Stelle ab: Paulus wird in einem Korb durch die Stadtmauer hinabgelassen.

Kritik: Lukas hätte sich die nachfolgende Passage, 2Kor 12,1–10, für seine Darstellung entgehen lassen, was bei der Annahme einer direkten Benutzung von 2Kor 11,32–33 durch Lukas kaum verständlich ist. Außerdem könnte Apg 9,23–25 auch auf Tradition zurückgehen, die ihrerseits durch 2Kor 11,32–33 vermittelt ist.[44]

3. Die in der Apostelgeschichte genannten Namen der Mitarbeiter des Paulus entsprechen größtenteils den Angaben der Briefe des Paulus.

Kritik: Die Namen der Mitarbeiter des Paulus waren Bestandteil des Wissensschatzes der paulinischen Gemeinden und können keine Benutzung von Paulusbriefen erweisen. Zudem findet sich ein Teil der in den Paulusbriefen erscheinenden Namen in der Apostelgeschichte gar nicht (vgl. die Namen in der Grußliste Röm 16,1–16).

4. Einzelne Stellen[45] oder der Gebrauch bestimmter Ausdrücke wie »vernichten« oder »Eiferer«[46] legen eine literarische Abhängigkeit nahe.

Kritik: Die zuletzt angeführten Ausdrücke erscheinen bereits in Gal 1,13–14 als Bestandteil vorpaulinischer Tradition, von der die Galater schon gehört haben. Ferner setzt die Erwähnung der Reise Apg 19,21 nicht zwingend Benutzung der Briefe voraus.

5. Lk 21,34–36 ist von 1Thess 5,1–11 abhängig.[47]

Kritik: Wenn 1Thess 5,1–11 auf verschiedene Traditionselemente zurückgeht[48], ist die herkömmliche Ansicht, dass Lk 21,34–36 ähn-

[44] Vgl. Christoph Burchard: Der dreizehnte Zeuge, Göttingen 1970, S. 158.
[45] Siehe Apg 19,21 (vgl. Röm 15,24–25).
[46] Siehe *porthein* Apg 9,21 (vgl. Gal 1,23) und *zêlôtês* Apg 22,3 (vgl. Gal 1,14).
[47] Vgl. Lars Aejmelaeus: Wachen vor dem Ende, Helsinki 1985, S. 136–137.
[48] Aejmelaeus, Wachen, S. 136.

liche Traditionselemente verwende, mindestens genauso wahrscheinlich.

Die angeführten Gründe weisen allesamt auf beachtliche Übereinstimmungen. Einzelne Traditionen könnten in der Tat von der Lektüre der Paulusbriefe durch »Lukas« herrühren. Aber es gibt dafür keinen zwingenden Grund. Daher dürfte der Befund besser durch die Annahme zu erklären sein, dass Lukas Traditionen aus den paulinischen Missionsgebieten benutzt hat.

e) Zu Lukas' Benutzung von Traditionen

Gehen die oben aufgeführten Stellen nicht auf den Gebrauch paulinischer Briefe zurück, dann auf die Verwendung von Traditionen. In diesem Fall muss die Frage nach dem historischen Wert der Apostelgeschichte neu formuliert werden. Zu fragen ist in erster Linie nicht nach dem historischen Wert der Apostelgeschichte selbst, sondern nach dem historischen Wert der in ihr verarbeiteten Traditionen.

Nun stehen der Eruierung von Traditionen in der Apostelgeschichte erhebliche Schwierigkeiten entgegen. Die Gründe hierfür liegen im literarischen Charakter der Apostelgeschichte begründet und darin, dass – anders als beim Lukasevangelium – keine Vorlagen der Apostelgeschichte erhalten sind (abgesehen natürlich von Zitaten aus dem Alten Testament und dem Rückgriff auf das Evangelium). Aufgrund des spezifischen Charakters der Apostelgeschichte greifen die klassischen Methoden der Quellenkritik nicht immer. Die Vokabelstatistik ist nur selten fruchtbar, da Lukas die benutzten Vorlagen in seine Sprache umgeschmolzen hat (und um das zu beweisen, ist Vokabelstatistik unentbehrlich). Die Beobachtung von Spannungen führt nicht zwingend auf eine Vorlage zurück, da sie auch in Variationen des Schriftstellers Lukas begründet sein können.

Als Nächstes untersuche ich probehalber einige Texte aus dem zweiten Teil der Apostelgeschichte, der ausschließlich Paulus gewidmet ist, denn hier bieten seine Briefe oft eine historische Kontrollmöglichkeit. Es geht um folgende Abschnitte: a) Apg 18,1–17: Paulus in Korinth, b) Apg 16–18, 18–19 und 27: Reisen des Paulus; c) Apg 21,15–26: Paulus in Jerusalem.

Methodisch bestimme ich zunächst den redaktionellen Sinn, dann den Traditionscharakter und schließlich den historischen Wert der Einzeltraditionen.

f) Untersuchung von Apg 18,1–17: Paulus in Korinth

1 Danach verließ er Athen und kam nach Korinth.

2 Und er fand einen **JUDEN** namens Aquila, aus Pontus gebürtig, der
kürzlich aus Italien gekommen war, und Priskilla, seine Frau, denn Clau-
dius hatte angeordnet, dass alle **JUDEN** Rom verlassen sollten. Er ging zu
ihnen, 3 und weil er das gleiche Handwerk ausübte, blieb er bei ihnen und
arbeitete. Sie waren nämlich von Beruf Zeltmacher.

4 Er unterredete sich aber in der *SYNAGOGE* an jedem Sabbat und versuchte **JUDEN** und GRIECHEN zu überzeugen.

5 Als nun aus Makedonien Silas und Timotheus herabkamen, widmete
sich Paulus ganz dem Wort und bezeugte den **JUDEN**, dass Jesus der
Christus sei. 6 Als sie aber widerstrebten und lästerten, schüttelte er die
Kleider aus und sagte zu ihnen: Euer Blut auf euren Kopf! Ich bin rein;
von jetzt an werde ich zu den HEIDEN gehen.

7 Und er ging von dort fort und kam in das Haus eines Gottesfürchtigen namens Titius Justus, dessen Haus an die *SYNAGOGE* grenzte.

8 Krispus aber, der **SYNAGOGENVORSTEHER**, ***KAM*** mit seinem ganzen Haus ***ZUM GLAUBEN*** an den *HERRN*; und viele Korinther, die es hörten, ***GLAUBTEN*** (ebenfalls) und ließen sich taufen.

9 Der *HERR* aber sagte bei Nacht durch eine Vision zu Paulus: Fürchte
dich nicht, sondern rede, und schweige nicht! 10 Denn ich bin bei dir, und
niemand wird dir nachstellen, um dir Böses zuzufügen; denn ich habe ein
großes VOLK in dieser Stadt.

11 Er hielt sich (dort) aber ein Jahr und sechs Monate auf und lehrte bei ihnen das **Wort** GOTTES.

12 Als aber Gallio Prokonsul von Achaia war, traten die **JUDEN** einmütig
gegen Paulus auf und führten ihn vor den *Richterstuhl* 13 und sagten: Die-
ser überredet die Menschen, GOTT gegen das ***Gesetz*** zu verehren.
14 Als Paulus aber den Mund auftun wollte, sagte Gallio zu den **JUDEN**:
Wenn es irgendein Verbrechen oder ein schlimmes Vergehen wäre, ihr
JUDEN, würde ich eure Klage ordnungsgemäß annehmen. 15 Wenn es
aber Streitigkeiten über Lehre und über Namen und über das bei euch
(geltende) ***Gesetz*** sind, seht selbst zu! Darüber will ich kein Richter sein.
16 Und er jagte sie vom *Richterstuhl* weg.
17 Alle aber ergriffen Sosthenes, den **SYNAGOGENVORSTEHER**, und
schlugen ihn vor dem *Richterstuhl*; und Gallio kümmerte sich um nichts
davon.

Der Text berichtet von der Mission des Paulus in Korinth, die er zunächst wöchentlich in der Synagoge, dann aber im angrenzenden Haus des Titius Justus durchführt. Silas und Timotheus stoßen, aus Makedonien kommend, zu Paulus, der während seines Korinthaufenthaltes bei dem Ehepaar Aquila und Priskilla arbeitet. Diese hatten aufgrund des Claudius-Edikts Rom verlassen müssen und waren nach Korinth gekommen. Hier kommt es zum »Prozess« vor dem Prokonsul Gallio, der aber die Anklagen der Juden gegen Paulus abweist.

Redaktionelle Züge sind in diesem Text mit den Händen zu greifen: Die Predigt des Paulus in der Synagoge als stereotype Anknüpfung bei den Juden entspricht dem lukanischen Schema; die positive Zeichnung Gallios, an dessen Haltung gezeigt wird, wie sich die Römer zu den Christen verhalten sollen, geht, wie zahlreiche Parallelen zeigen, auf Lukas zurück.[49]

Ansonsten reflektiert der Text aber *Traditionen*, denn es handelt sich um konkrete, von keinem Interesse geleitete Angaben, so die Informationen 1. zur Beschäftigung des Apostels bei Aquila und Priskilla in Korinth kurz nach dem Judenedikt des Claudius, 2. zur Ankunft des Silas und des Timotheus aus Makedonien, 3. zu Pau-

[49] Siehe unten, S. 189–190.

lus' Predigttätigkeit im Haus des Titius Justus, 4. zur »Bekehrung« des Synagogenvorstehers Krispus, 5. zu einem »Prozess« vor Gallio, als Sosthenes Synagogenvorsteher war.

Mit Blick auf den Text Apg 18,1–17 stellt sich dabei die weitergehende Frage, ob die genannten Traditionen hier ihren chronologisch richtigen Ort haben und ob sie alle auf denselben Besuch des Paulus in Korinth zurückgehen. Diese Doppelfrage ist wohl aus drei Gründen zu verneinen:

a) Die Perikope weist zwischen V. 11 und V. 12 einen Sprung auf. V. 11 gibt abschließend die Zeitangabe: Paulus blieb 18 Monate in Korinth. Danach setzt ein neues Stück ein, und zwar mit der Einleitung: »Als aber Gallio Prokonsul von Achaia war...« D.h., schon rein äußerlich werden zwei Einheiten voneinander abgesetzt. b) V. 8 kennt einen Krispus als Synagogenvorsteher, V. 17 hat demgegenüber Sosthenes in dieser Funktion. Da das Amt des Synagogenvorstehers jeweils nur von einem ausgeübt wurde, dürften beide Stücke auf verschiedene Zeiten weisen. c) Die der Tradition angehörigen Zeitangaben weisen auf einen Abstand von etwa zehn Jahren hin. Die V. 2 vorausgesetzte Vertreibung von Juden aus Rom fand wahrscheinlich im Jahre 41 statt[50], während Gallio erst in den Jahren 51–52 im Amt war.[51]

In der Apostelgeschichte liegt ein eigenartiger Befund hinsichtlich der Gruppierung von Einzeltraditionen vor. So pflegt Lukas Einzelnachrichten über verschiedene Aufenthalte des Paulus an ein und demselben Ort zusammenzuziehen. Dies gilt für Korinth[52], wo der Apostel später drei Monate lebt[53], gleichfalls für Thessalonich[54], für das ebenfalls ein anderer paulinischer Aufenthalt bezeugt

[50] Vgl. GERD LÜDEMANN: Das Judenedikt des Claudius (Apg 18,2), in: Der Treue Gottes trauen, Freiburg 1991, S. 289–298.

[51] Vgl. GERD LÜDEMANN: Paulus, der Heidenapostel I, Göttingen 1980, S. 181–183.

[52] Apg 18,1–17.

[53] Apg 20,2–3.

[54] Apg 17,1–9.

wird[55], und auch für Philippi[56], wohin Paulus noch zweimal gereist sein soll.[57] Auch Ephesus macht keine Ausnahme: In Apg 19 finden sich mehrere Traditionen über die Wirksamkeit des Paulus in der Stadt, während Apg 18,19–21 lediglich als lukanische, im Anschluss an Tradition komponierte Vorschaltung zu Apg 19–20 zu verstehen ist.

Die Folgerung aus diesem auffälligen Befund kann nur lauten: Die eigentliche chronologische Ansetzung der Einzeltraditionen ist erst noch zu leisten. Als Fingerzeig für die spätere Analyse des »Prozesses« vor Gallio ergibt sich: Die restlichen Nachrichten aus Apg 18,1–17 gehören nicht unbedingt zu demselben Korinthaufenthalt des Paulus, dem die Gallio-Episode entstammt.

Der eine Traditionsblock führt wohl in das Jahr 41, da Paulus während seiner Erstmission in Korinth bei Aquila und Priskilla arbeitete, der andere etwa in die Jahre 51–52, als Gallio Prokonsul von Achaia war.

Prüfen wir nun den *historischen Wert* der Traditionen, so ist das Ergebnis positiv:

1) Die auch aus den Briefen erkennbare enge Verbindung mit *Aquila und Priskilla* während des Gründungsbesuches in Korinth ist historisch. In Korinth arbeitete Paulus als Zeltmacher bzw. als Lederarbeiter bei dem jüdischen Ehepaar Aquila und Priskilla. Offenbar richtete er sich auf einen längeren Aufenthalt ein. Die Tradition über die Ankunft von Priskilla und Aquila in Korinth wird durch den Gesamtentwurf einer paulinischen Chronologie bestätigt. Paulus nennt das Ehepaar in 1Kor 16,19 und Röm 16,3. An der erstgenannten Stelle lassen beide aus Ephesus die Korinther grüßen, was ihre Bekanntschaft mit ihnen voraussetzt. Wenn Aquila und Priskilla sich in Ephesus im Gefolge des Paulus befinden, so werden sie ihn wahrscheinlich bei seinem Gründungsbesuch in Korinth kennengelernt haben. Die Frage, ob Aquila und Priskilla bereits Christen waren, als sie nach Korinth kamen, ist wahrschein-

[55] Apg 20,2.
[56] Apg 16,12–40.
[57] Apg 20,2. 3–6.

lich zu bejahen. Der Ausdruck in 1Kor 16,19 »die Gemeinde in ihrem Haus« bezeichnet die sich um Aquila und Priskilla sammelnde Hauskirche in Ephesus.

2) Der Bericht der Apostelgeschichte bestätigt die Nachricht, dass während der Erstmission in Korinth Silvanus und Timotheus, die Paulus als Mit-Verkündiger des Evangeliums während der Erstmission in Korinth nennt[58], zu ihm gestoßen sind. Sie trafen ihn nämlich bei ihrer Rückkehr aus Makedonien, wohin Paulus sie von Athen aus geschickt hatte.[59] Timotheus und Silas berichteten ihm vom Ergehen der neu gegründeten Gemeinden und brachten offenbar ein Geldgeschenk der philippischen Gemeinde mit nach Korinth. Dies hatte zur Folge, dass Paulus sich mehr der missionarischen Wirksamkeit widmen konnte. Darin hat Lukas in Apg 18,5–8 zweifellos ein historisches Element aufbewahrt.

3) Gleichzeitig dürften auch Paulus' Verlassen der Synagoge (Apg 18,8) und der Übertritt in das Haus des Titius Justus (Apg 18,7) historisch sein. Dies weist auf schwere Spannungen innerhalb der jüdischen Gemeinde in Korinth hin, was angesichts der Predigt des Paulus nicht verwundert.

4) Während der Gründung der Gemeinde von Korinth wurde Krispus, der Synagogenvorsteher der jüdischen Gemeinde, Christ. Daraus, dass es sich bei Krispus in Apg 18,8 und 1Kor 1,14 um ein und dieselbe Person handelt, folgt: In diesem einen Fall hat Paulus sogar getauft, obwohl er dies in der Regel nicht als seine Aufgabe ansah. Der Grund: das hohe Ansehen des Krispus. War er Synagogenvorsteher und schloss sich der christlichen Gemeinde an, dann hatte seine Bekehrung eine Signalwirkung in Korinth. Vgl. auch V. 8b: »Und viele Korinther, die es hörten, glaubten (ebenfalls) und ließen sich taufen.«

5) Im Jahr 51–52 beschwerten sich Juden unter der Leitung des Synagogenvorstehers Sosthenes beim Prokonsul Gallio über Paulus, der gerade in der Hauptstadt der Provinz Achaia anwesend war.

[58] 2Kor 1,19.
[59] Vgl. 1Thess 3,1–2; 2Kor 11,9.

Sein Besuch gehörte in den Zeitraum der Kollektensammlung, die er gemäß einer Absprache auf der Jerusalemer Konferenz unternommen hatte.

g) Untersuchung von Apg 16–18, 18–19 und 27: Reisen des Paulus

Lukas stellt die Mission des Paulus als Reise dar, die in Rom ihr Ziel findet. Die Reisen führen ihn vom Ort seiner Bekehrung bei Damaskus nach Damaskus[60], von dort nach Jerusalem[61], dann nach Cilicien[62], sodann nach Antiochien[63] und Jerusalem[64], hernach auf der sogenannten *ersten Missionsreise*[65] über Zypern, Südgalatien zurück nach Antiochien. Dann folgt die dritte Reise nach Jerusalem[66], anschließend die sogenannte *zweite Missionsreise*[67] von Antiochien über Kleinasien, Griechenland zurück nach Jerusalem. Schließlich legt Paulus dieselben Stationen auf der sogenannten *dritten Missionsreise*[68] noch einmal zurück. Am Schluss steht die gefahrvolle (See-)Reise nach Rom.[69]

In der Darstellung der Paulusreisen lassen sich an folgenden drei Stellen Traditionen herausschälen:

1. Zur Erinnerung: Aus der gleichen Reihenfolge der Orte Philippi, Thessalonich, Athen, Korinth in 1Thess 2–3 und Apg 16–18 erschlossen Forscher manchmal, dass Lukas Paulusbriefe verwendet habe. Den auffälligen Befund derselben Stationen erklärt aber besser die Hypothese eines traditionellen Verzeichnisses von Reiseorten. An dieser Stelle und an vielen anderen Stellen der Apostelgeschichte erlauben allein die Paulusbriefe, die Existenz jener Tra-

[60] Apg 9,8.
[61] Apg 9,26.
[62] Apg 9,30: »Tarsus«.
[63] Apg 11,26.
[64] Apg 11,30.
[65] Apg 13,1–14,28.
[66] Apg 15,2–4.
[67] Apg 15,40–18,22.
[68] Apg 18,23–21,15.
[69] Apg 27,1–28,16.

ditionen wahrscheinlich zu machen (vgl. die ähnliche Rolle des Markusevangeliums für das Lukasevangelium).

2. Apg 18–19 schildern eine Fahrt von Ephesus nach Cäsarea, dann nach Jerusalem, von hier nach Antiochien, Phrygien, dem galatischen Land, Ephesus. Da nicht einleuchtet, »warum der Verfasser diese ganze Reise ohne allen geschichtlichen Grund erfunden und dann doch nur so flüchtig berichtet haben soll«[70], dürfte Tradition zugrunde liegen.

3. Apg 27 beschreibt eine gefährliche Seefahrt. Einige Verse, die um Paulus, den Propheten des Unglücks und den Retter in der Not kreisen, lassen sich ausgrenzen.[71] Zurück bleibt der Bericht von einem Schiffbruch und dessen glimpflichem Ausgang. Lukas hat sich in diesem Kapitel einer literarischen Vorlage bedient und diese um die Paulusgestalt angereichert.[72]

Wie steht es um den historischen Wert der soeben rekonstruierten Reise-Traditionen?

1. Zur Reise Apg 16–18: Sie ist darin historisch, dass die Reihenfolge mit der aus den Paulusbriefen zu gewinnenden Reihenfolge übereinstimmt. Wie 1Thess 2–3 zeigt, ist Paulus in der Tat bei der Missionierung Griechenlands von Philippi über Thessalonich und Athen nach Korinth gelangt. Kritik ist jedoch wiederum an der chronologischen Einordnung jener Reise durch Lukas anzumelden. Aufgrund der Eigenangaben des Paulus und wegen der zeitlichen Entsprechung der Vertreibung von Juden aus Rom und der Erstmission des Paulus in Korinth dürfte jene Gründungsreise ein Jahrzehnt früher liegen, als Lukas es erzählt. Sie wäre, wollte man das Schema des Lukas beibehalten, zwischen Apg 9 und 11 zu platzieren.

2. Zur Reise Apg 18–19: Die Ergebnisse ähneln denen zu Apg 16–18. Die Kombination der paulinischen Eigenzeugnisse legt den Schluss nahe, dass der Apostel aus Griechenland eine Reise nach Jerusalem unternommen hat, deren Stationen mit der Reihenfolge

[70] Pfleiderer, Urchristentum, S. 514–515.

[71] Es handelt sich um Apg 27,9–11. 21–26. 31. 33–36 und vielleicht V. 43.

[72] Wellhausen, Noten, S. 18–19.

in Apg 18 übereinstimmen.[73] Insofern ist die vorliegende Tradition historisch wertvoll. Indes bestehen Bedenken gegenüber ihrer geschichtlichen Einordnung. Sie setzt nämlich voraus, dass Paulus – mitten auf der Kollektenreise befindlich – einen angesichts der Distanz von 2000 km Luftlinie äußerst beschwerlichen Abstecher nach Palästina unternommen habe, um anschließend in seinen Gemeinden die Kollekte weiterzuführen. Das scheint ausgeschlossen. Doch wird der historische Wert der Reisetradition in Apg 18–19 deutlich, wenn man sie an den durch die Paulusbriefe rekonstruierbaren historischen Ort zurückversetzt: Sie berichtet dann zutreffend von der Reise des Paulus von Griechenland nach Palästina, die ihn zur Konferenz in Jerusalem führte.[74]

3. Zur Reise Apg 27: Die Seefahrt auf dem Weg nach Rom ist anders zu bewerten. Lukas selbst dürfte sich hier einer literarischen Vorlage, einer Lesefrucht, bedient haben.

h) Untersuchung von Apg 21,15–26: Paulus in Jerusalem

15 Nach diesen Tagen aber machten wir uns reisefertig und zogen nach
Jerusalem hinauf. 16 Es kamen aber auch (einige) von den **JÜNGERN** aus
Cäsarea mit uns und führten uns zu einem, bei dem wir Unterkunft bekamen, einem gewissen Mnason, einem Zyprer, einem alten **JÜNGER**.

17 Als wir aber in Jerusalem angekommen waren, nahmen uns die Brüder freudig auf.

18 Am folgenden Tag aber ging Paulus mit uns zu Jakobus, und alle
Ältesten fanden sich ein. 19 Und er begrüßte sie und erzählte im Einzel-
nen, was GOTT unter den HEIDEN durch seinen Dienst getan hatte.

20 Als sie es aber hörten, priesen sie GOTT und sagten ihm:

Du siehst, Bruder, wie viele Zehntausende von ***GLÄUBIG*** Gewordenen es
unter den **JUDEN** gibt, und alle sind Eiferer für das ***Gesetz***. 21 Man hat

[73] Vgl. LÜDEMANN, Paulus I, S. 169–173.
[74] Vgl. Gal 2,1–2.

ihnen *über dich berichtet*, dass du alle unter den HEIDEN (lebenden)
JUDEN Abfall von Mose lehrst, indem du sagst,

sie sollen die Kinder nicht beschneiden
und nicht nach den (jüdischen) Gebräuchen leben.

22 Was ist nun? Jedenfalls werden sie hören, dass du gekommen bist.
23 Tu nun das, was wir dir sagen: Wir haben vier Männer, die ein
Gelübde auf sich (genommen) haben. 24 Diese nimm zu dir und lass
dich mit ihnen reinigen und trag die Kosten für sie, damit sie sich den
Kopf scheren lassen können, und alle werden erkennen, dass an dem,
was ihnen *über dich berichtet* worden ist, nichts ist, sondern dass auch
du selbst dich nach dem ***Gesetz*** ausrichtest und es befolgst.

25 Was aber die ***GLÄUBIG*** gewordenen HEIDEN betrifft, haben wir
beschlossen und verfügt, dass sie sich hüten sollen vor

Götzenopferfleisch
und Blut
und Ersticktem
und Unzucht.

26 Da nahm Paulus die Männer zu sich, reinigte sich am folgenden Tag mit
ihnen und ging in das **HEILIGTUM**, um (den Termin für) die Erfüllung der
Tage der Reinigung anzuzeigen, (die so lange währten,) bis für einen jeden
von ihnen das Opfer dargebracht wurde.

Der Abschnitt berichtet von der Ankunft des Paulus in Jerusalem. Der Apostel findet hier Unterkunft im Haus des Zyprers Mnason; Jakobus und die Ältesten, denen Paulus von den Erfolgen der Heidenmission berichtet, empfangen ihn herzlich. Doch erhält Paulus von Jakobus den Rat, durch die Übernahme eines jüdischen Ritus seine Gesetzestreue unter Beweis zu stellen, denn christliche Eiferer hätten über den Heidenapostel Folgendes gehört: Er lehre alle Juden, die unter den Heiden wohnen, den Abfall von Mose, indem er sage, sie sollten ihre Kinder nicht beschneiden und nicht nach den jüdischen Gebräuchen leben. Diesen Rat befolgt Paulus:

Der Text zeigt klare Spuren lukanischer *Redaktion*: Paulus hat eine gute Beziehung zur Jerusalemer Gemeinde und ihrem Leiter

Jakobus. Dementsprechend macht er sich keiner Gesetzesübertretung schuldig. Ja, durch die Beteiligung an einem jüdischen Ritus dokumentiert er seine Gesetzestreue.

Zweierlei fällt auf:

a) In V. 17 nimmt die Gemeinde (»die Brüder«) Paulus und seine Begleiter freudig auf. Jedoch werden in V. 20–22 von diesen Brüdern die Zehntausenden von gläubig gewordenen Juden – sie sind alle Eiferer für das Gesetz – abgehoben, die negative Gerüchte über Paulus gehört haben. So entsteht der Eindruck, dass diese gar nicht zur Gemeinde gehören.

b) Es ist merkwürdig, dass überhaupt Gerüchte über Paulus' Kritik am Gesetz umlaufen, umso mehr, als sich aus der Darstellung des Paulus in der Apostelgeschichte keinerlei Grund für solche Gerüchte ergeben.

Daher liegt der Schluss nahe, beides – die Paulus zurückhaltend gegenüberstehenden eifernden Brüder und die Nachricht über Paulus' gesetzeskritische Predigt – sei Bestandteil einer *Tradition*.

Wie steht es mit dem *Geschichtswert* einer solchen Überlieferung? Er ist wohl sehr hoch, denn die Paulusbriefe bestätigen den Inhalt dessen, was die christlichen Eiferer für das Gesetz über Paulus gehört haben. Zwar entspricht die Predigt des historischen Paulus nicht den Grundsätzen, die ihm angelastet werden. Er lehrte einen Verhaltenskodex, der sich an die Thora anlehnte[75] und war dafür, dass alle in ihrem Stand blieben, die Juden wie die Heiden.[76] Doch scheint die Praxis der primär heidenchristlichen Gemeinden über diesen Grundsatz hinweggegangen zu sein.[77] Manche Judenchristen der paulinischen Gemeinden und ihre Kinder dürften in der Tat als Minderheit vom mosaischen Gesetz entfremdet worden sein. Das Apg 21,21 enthaltene Gerücht ist daher eine historisch zutreffende Aussage über das, was in den paulinischen Gemeinden teilweise vor sich ging.

[75] Vgl. 1Thess 4,2–7 zum Thema der Heiligung.
[76] Vgl. 1Kor 7,17–20.
[77] Vgl. Gal 2,11–14; 5,6; 6,15; 1Kor 7,19.

Aber auch der andere Bestandteil der Tradition, die Existenz von vielen antipaulinisch eingestellten Judenchristen in Jerusalem, ist geschichtlich. Paulus selbst weist in Röm 15,31 darauf hin, dass ihm die Jerusalemer Christen möglicherweise nicht wohl gesinnt sind.

Der lukanische Bericht von Paulus' Ankunft in Jerusalem in Apg 21 enthält demnach altes, historisch zu nennendes Traditionsgut.

i) Folgerungen

1. Eine allein aufgrund der Analyse der Paulusbriefe gewonnene Chronologie ist eine unentbehrliche Voraussetzung, um die Traditionen der Apostelgeschichte einzuordnen und auszuwerten.

2. Die Apostelgeschichte bleibt neben den Paulusbriefen eine wichtige Quelle für die Geschichte des frühen Christentums.

3. Manche der von ihr verwendeten Traditionen sind historisch zuverlässig und vermehren über die Paulusbriefe hinaus unser Wissen über das Urchristentum.

4. Ein besonderes Problem stellen die im Vorangehenden nicht eigens behandelten Partien der Apostelgeschichte dar, die an Hand der Paulusbriefe nicht überprüft werden können.

ANHANG 2

Zum Missverhältnis zwischen Theologie und Geschichte im lukanischen Doppelwerk und im Alten Testament[1]

a) Zum Problem sachgemäßer Geschichtsschreibung

Juden und Christen besitzen »heilige Schriften«. Manche Texte darin sehen sie bis heute als wörtlich zu nehmende Berichte von vergangenem Geschehen an und wollen so die Glaubensgrundlage ihrer Gemeinschaften absichern, ohne dass sie die Ergebnisse historischer Kritik berücksichtigen.

Geschichte aber kann verfälscht und Geschichtsschreibung auf vielerlei Art manipuliert werden. Je weiter man in die Vergangenheit zurückgeht, desto schwerer ist neutrale von parteiischer Berichterstattung zu unterscheiden. Eigentlich vermag niemand, objektiv Geschichte – »wie es wirklich war« – zu schreiben; es gibt Nachrichtenmangel, Irrtum, Falschinformation, Versehen, Unwissenheit. Wir müssen mit Ideologie auch dort rechnen, wo sie keine Rolle zu spielen scheint.

b) Der Missbrauch von Altem und Neuem Testament als Geschichtsquellen

Von der Menschheitsgeschichte, besonders der Geschichte Israels[2], die der christlichen Kirche von Anfang an den inneren und äußeren

[1] Dieser Aufsatz erschien zuerst in englischer Sprache unter dem Titel »Acts of Impropriety: The Imbalance of History and Theology in Luke-Acts«, in: Toronto Journal of Theology 24/1 (2008), S. 65–79, und wird hier in überarbeiteter Form abgedruckt.

[2] Genaueres dazu in: GERD LÜDEMANN: Altes Testament und christliche Kirche, Springe 2006.

Kontext des Auftretens Jesu Christi geliefert hat, denken viele Christen, sie sei tatsächlich so verlaufen, wie das Alte Testament berichtet. Auch wenn die Christen die Schöpfungsgeschichten und den Bericht von der Sintflut im übertragenen Sinn auffassen, so halten sie doch folgenden Ablauf der Geschichte Israels für historisch: Erzväter, Auszug aus Ägypten, Landeroberung, vereinigte Monarchie unter David und Salomo, Reichstrennung, Exil. Über die Jahrhunderte danach sagt das Alte Testament so wenig, dass man ihren Verlauf mithilfe nichtbiblischer Quellen, vor allem Inschriften, rekonstruieren muss. Für die Ereignisse des ersten Jahrhunderts nach Christus stehen dann wieder die Schriften des Neuen Testaments, besonders die Apostelgeschichte, zur Verfügung.

Ich werde im Folgenden zeigen, dass die Geschichtsberichte des Alten und Neuen Testaments weithin unzuverlässig sind. Nach dem Willen der biblischen Verfasser *soll* Geschichte eine bestimmte Entwicklung genommen haben; die angeblich glaubwürdigen Berichte sind daher größtenteils manipuliert. Sie kritisch zu untersuchen, befreit uns aus der Zwangsjacke, geschichtliche Abläufe gemäß der Theologie der biblischen Verfasser denken zu müssen, und lässt die historische Methode zu ihrem Recht kommen.

c) Die erzählenden Bücher des Alten Testaments beruhen auf Fiktionen

Das Christentum versteht sich von jeher als eine Religion, die auf den Geschichtstaten Gottes beruht, von denen im Alten und im Neuen Testament die Rede ist. In den Satz »Gott hat Israel aus Ägypten geführt und Jesus Christus von den Toten erweckt« konnten früher die meisten Theologen einstimmen. Nun war die Auferstehung Jesu schon immer Gegenstand von Kritik, Skepsis und Zweifel auch in der Öffentlichkeit, während der Auszug (= Exodus) Israels aus Ägypten davon verschont blieb. Doch gerade was die Themen »Exodus« und – damit verbunden – »vorstaatliches Israel« betrifft, hat sich, von vielen nicht bemerkt, eine wissenschaftliche Revolution vollzogen.

Die historisch-kritische Erforschung des Alten Testaments ist älter als 200 Jahre. Sie führte zu einer Durchforstung aller alttestamentlichen Bücher und z.B. zu der bis heute gültigen Erkenntnis, dass am Anfang der Bibel zwei verschiedene Schöpfungsberichte vorliegen. An *einem* Punkt hielten sich die meisten Gelehrten dennoch zurück: Sie sahen das Bild, das die ersten Bücher der Bibel von Israel malen, im Kern als glaubwürdig an: Der Gott Jahwe habe Israel zu seinem Volk gemacht. Die Berichte von »Israel in Ägypten«, »Moses Rolle bei dem Empfang der Zehn Gebote« und von der »Einnahme des Gelobten Landes« entsprechen nach ihrer Überzeugung, bei aller Kritik im Einzelnen, historischen Begebenheiten.

Das Blatt wendete sich aber, als man erkannte: Das in der Bibel entworfene Bild des vorstaatlichen Israel (vor 1000 v.Chr.) ist Ergebnis theologischer Fiktionen aus der nachstaatlichen Zeit (ab dem 6. Jahrhundert v.Chr.).

Archäologische Forschungen und subtile Beobachtungen am Text des Alten Testaments haben diese Einsicht schnell durchgesetzt. Die älteste Erwähnung Israels findet sich auf der Sieges-Stele des Pharao Merenptah, die dieser im Jahre 1208 v.Chr. aufrichten ließ. Da die Inschrift Israel als eine Gruppe von offenbar schon länger in Palästina ansässigen Menschen nennt, widerspricht sie der alttestamentlichen Vorstellung von einem in zwölf Stämmen gegliederten Israel, das nach biblischer Chronologie nicht lange zuvor in das Land Kanaan eingedrungen sei. Es kommt Folgendes hinzu: Für die Zeit, in der Israel in Ägypten gewesen sein soll (14. Jahrhundert v.Chr.), sind ägyptische Dokumente reichlich vorhanden. Sie erwähnen aber weder Israels Aufenthalt in Ägypten noch die Flucht aus dem Pharaonenreich noch Mose, der gemäß biblischer Darstellung zum ägyptischen Königshaus gehört haben soll. Aus all dem ergibt sich, dass entgegen der biblischen Darstellung die Israeliten ursprünglich selber Kanaanäer waren.

Die ältere Forschung meinte, eine Verehrung Jahwes habe es immer nur zusammen mit dem Ersten Gebot gegeben, das die Existenz anderer Götter zwar nicht bestreitet, aber die alleinige Verehrung Jahwes befiehlt. Doch ist sich die heutige Forschung einig:

Weder der Exklusivitätsanspruch Jahwes noch gar die Behauptung, außer Jahwe gebe es überhaupt keine anderen Götter, stand am Anfang des Jahwe-Glaubens. Denn für das achte vorchristliche Jahrhundert belegen Inschriften in Palästina, die erst in den letzten Jahrzehnten entdeckt worden sind, einen toleranten Jahwe-Kult. Sie erwähnen lokale Jahwe-Götter und bezeugen so einen Polyjahwismus. Sie sprechen von einem Götterpaar, von Jahwe und seiner Gemahlin Aschera. Demnach war die exklusive Jahwe-Verehrung im Sinne des biblischen Mose zu dieser Zeit in Israel und Juda noch unbekannt. Erst später, nach dem Untergang Judas im Jahr 587 v.Chr. entwickelten Theologen das Erste Gebot, um damit das dem Volk widerfahrene Geschick zu deuten. Ihre Deutungsregel war: Weil Israel fremden Göttern diente und nicht Jahwe allein, musste es zur Katastrophe kommen.

Somit repräsentiert die vorliegende biblische Tradition die Meinung einer Theologen-Gruppe, die sich am Ende durchsetzte. Sie hat die historische Wahrheit zugunsten der religiösen »Wahrheit« verdreht.

d) Die Heilsgeschichte des Lukas ist eine Fiktion

Der Autor des lukanischen Doppelwerks erhebt den Anspruch, eine Geschichte des frühen Christentums zu verfassen. Der Eingangssatz der Apostelgeschichte: »Den ersten Bericht, Theophilus, habe ich verfasst über alles, was Jesus anfing zu tun und zu lehren«[3] bezieht sich zurück auf sein Evangelium. Im dortigen Vorwort streicht Lukas mit einem stilisierten griechischen Satz die historiographische Seite seiner Arbeit heraus[4] und betont deren Zuverlässigkeit, welche die Versuche früherer Autoren (»viele«) übertrifft:

[3] Apg 1,1.

[4] Neuere Forschungen haben gezeigt, dass – nach den jeweiligen Prologen zu urteilen – Lukas mit Lk 1,1–4 sein Doppelwerk nicht nur der antiken Historiographie zuordnet, sondern vor allem mit der damaligen Fachprosa (z.B. Medizin, Architektur, Geographie) verbindet. Vgl. LOVEDAY ALEXANDER: The Preface to Luke's Gospel, Cambridge 1993; DIES.: Fact, Fiction and the Genre of Acts, in: New Testament Studies 44 (1998), S. 380–399.

Da nun schon viele versucht haben, eine Erzählung von den Begebenheiten abzufassen, die sich unter uns erfüllt haben, wie sie uns diejenigen überliefert haben, die von Anfang an Augenzeugen und Diener des Wortes geworden sind, beschloss auch ich – nachdem ich allem von Anfang an sorgfältig nachgegangen bin –, es für dich der Reihe nach niederzuschreiben, hochgeehrter Theophilus, damit du die Zuverlässigkeit der Lehren, in denen du unterrichtet wurdest, erkennst.

Lk 1,1–4.

In der Apostelgeschichte schreibt Lukas die Geschichte des frühen Christentums als »Heilsgeschichte«; d.h., er fasst sie als »Lauf« oder »Weg« auf. Die entsprechenden Metaphern finden sich in der lukanischen Paulusrede im pisidischen Antiochien, wo Lukas den Apostel vom »Eintreten« Jesu (in die Welt) sprechen[5] und ihn weiter sagen lässt: »Als aber Johannes seinen Lauf vollendete.«[6] Die Apostelgeschichte versteht christliche Existenz überhaupt als »Weg«[7]. Als der lukanische Paulus in der Rede von Milet[8] seine missionarische Aktivität zusammenfasst, spricht auch er von ihrem Abschluss als der Vollendung seines »Laufs«[9].

Dass Lukas gerade diese Ausdrücke wählt – besonders für Paulus –, liegt an seinem Interesse an der »Heilsgeschichte«. Sie ist für ihn das Vorrücken der christlichen Mission von Jerusalem[10] nach Rom.[11] Die vom Geist geleitete Aktivität des Paulus bildet den Schwerpunkt. Der Anfang in Galiläa[12], Tod und »Auferstehung« Jesu in Jerusalem[13], Gründung und Festigung der ersten Gemeinde[14] sowie die Mission der Hellenisten[15] führen zu diesem

5 Apg 13,24: Griechisch: *eisodos* (wörtlich: »der Weg hinein«).
6 Apg 13,25.
7 Apg 9,2; 19,9. 23; 22,4; 24,14. 22.
8 Apg 20,17–35.
9 Apg 20,24.
10 Lk 24,47.
11 Apg 1,8 (vgl. oben, S. 20 Anm. 16); 28,16–31.
12 Lk 4,14–9,50.
13 Lk 22,1–24,52.
14 Apg 2–5.
15 Apg 6–8 (11).

Ziel hin. Die Jerusalemer Konferenz ist in der Mitte der Apostelgeschichte, Kapitel 15, platziert. Sie bildet die Voraussetzung für Paulus' von Jerusalem unabhängige Mission, die nach der Trennung von Barnabas beginnt.[16]

Die »erste Missionsreise«, Apg 13,1–14,28 die vor der Jerusalemer Konferenz angesetzt ist, bereitet das Folgende vor. Lukas erläutert das Problem, um das es auf der Konferenz gehen wird: die Entstehung der aus Heiden und Juden gemischten Kirche. Er vollzieht gleich am Anfang die Namensänderung von Saulus zu Paulus[17], um anzuzeigen, dass Paulus fortan die maßgebliche Person in der Gesamtkirche sein wird. Dadurch, dass Lukas ihn auf dieser »Reise« in der Regel Wortführer sein lässt, weist er auf seine künftige umfassende Missionstätigkeit in der Apostelgeschichte hin.[18]

In Apg 15,36–28,31, der zweiten Hälfte der Apostelgeschichte, steht Paulus allein im Mittelpunkt des Geschehens. Die Darstellung der paulinischen Mission bis hin nach Rom beruht auf theologischen Motiven und ihre Ansetzung nach der Jerusalemer Konferenz dient dazu, die Kontinuität der Kirche, wie Lukas sie versteht, mit der Urgemeinde aufzuweisen. Jedoch war Paulus, nach seinen Briefen zu urteilen, bereits länger als ein Jahrzehnt vor der Jerusalemer Konferenz als unabhängiger Apostel tätig.

Sobald Lukas die theologische Bedeutung eines Ereignisses erfasst hat, erschließt er daraus die Chronologie, also die Zeitfolge, die er theologisch für zwingend erachtet. Deswegen kann er sich solche Freiheiten im Umgang mit der Chronologie des Paulus erlauben und den Beginn von dessen unabhängiger Mission viel zu spät ansetzen. Zahlreiche theologisch bedingte Veränderungen des Markusevangeliums, das ihm als Quelle gedient hat, kommen hinzu. Beispielsweise stellt er unter Verarbeitung von Mk 6,1–6 die Predigt Jesu in seiner Heimatstadt Nazareth, Lk 4,14–30, program-

[16] Apg 15,36–40.

[17] Apg 13,9. Die Ausdrucksweise »Saulus, der auch Paulus (heißt)« zeigt an, dass Saulus (gräzisierte Form von hebr. Saul) den (römischen) Namen des Paulus bereits vorher hatte.

[18] Vgl. Apg 13,13. 16. 45. 50; 14,20.

matisch an den Anfang von Jesu Auftreten. Dann aber erhebt sich die grundsätzliche Frage, ob Lukas' historische Daten, die aus der Theologie stammen, überhaupt zutreffen.

e) Lukas' Apologetik gegenüber dem Römischen Staat

Römische Soldaten spielen im lukanischen Doppelwerk eine wichtige Rolle. Zwar gab es unter ihnen bis ca. 175 n.Chr. keine Christen.[19] Doch schlossen sich seit dem Ende des 2. Jahrhunderts immer mehr Militärs der Kirche an, so dass die Frage nach einer Antwort verlangte, ob der Soldatenstand mit dem neuen Glauben vereinbar sei. Nun wendet sich Johannes der Täufer in einer von Lukas geschaffenen Passage an Zöllner und Soldaten, zwei Säulen der römischen Besatzungsmacht.[20] Auf ihre Frage, wie sie sich zu verhalten hätten, antwortet Johannes alias Lukas, sie sollten ihrem Beruf pflichtgemäß nachgehen.[21] Damit noch nicht genug – Lukas macht sogar einen römischen Zenturio zum ersten Christen aus der römisch-hellenistischen Welt.[22] Dies zeigt, wie weit Lukas, der um 90 n.Chr. schreibt, seiner eigenen Zeit voraus ist.

In anderen Partien seines Werkes biegt Lukas die in seinen Quellen berichteten gewaltsamen Aktionen des römischen Militärs einfach um; er zeichnet die Soldaten im Bericht von der Festnahme des Paulus in Jerusalem und bei den sich anschließenden Verhandlungen geradezu positiv. Sie schützen Paulus in einer lebensbedrohenden Lage vor den Juden.[23]

Das Ende der Apostelgeschichte geht über die bisherige »Schönfärberei« römischen Militärs noch hinaus. Obwohl Lukas weiß, dass die römische Staatsmacht Paulus hingerichtet hat[24], lässt er diese

[19] Vgl. Adolf Harnack: Militia Christi, Tübingen 1905, S. 46–92.

[20] Lk 3,12–14.

[21] »Treibt nicht mehr ein, als euch vorgeschrieben ist!« (Lk 3,13: an die Zöllner). »Misshandelt und schikaniert niemanden und begnügt euch mit eurem Sold!« (Lk 3,14: an die Soldaten).

[22] Vgl. Apg 10–11.

[23] Vgl. Apg 21,27–36.

[24] 1Clem 5,4–7.

Tatsache aus und schreibt im letzten Satz der Apostelgeschichte über Paulus: (der) »die Königsherrschaft Gottes predigte und über das, was den Herrn Jesus Christus (betrifft), mit allem Freimut lehrte – ungehindert«.[25] Lukas will damit in seiner eigenen Gegenwart von den Römern die volle Freiheit zur christlichen Verkündigung erreichen.

Dass Paulus in Jerusalem nicht freigelassen, sondern nach Rom gebracht wurde, ergibt sich – historisch gesehen – aus der Rechtslage im Römischen Reich. Demgegenüber erklärt Lukas die Vorgänge mit tragischen Umständen: Hätte Paulus als römischer Bürger nicht an den Kaiser appelliert, wäre er freigelassen worden.[26]

f) Einlinige und vereinfachende Berichterstattung des Lukas

Die Berichterstattung des Lukas verläuft einlinig und vereinfacht die Ereignisfolge. Außerdem enthält sie Brüche, die der Verfasser nicht verdecken konnte, und wirft Fragen auf, die er nicht beantwortet. So stoßen wir z.B. auf Apollos, der angeblich nur von der Taufe des Johannes wusste[27], und auf die Jünger in Ephesus, die nie vom heiligen Geist gehört haben sollen.[28] Und was noch merkwürdiger ist: Wir erfahren an keiner Stelle, wie das Christentum nach Rom gekommen ist.

Lukas schreibt eine »Erfolgsgeschichte« der Kirche. Dabei bedient er sich sorgfältig ausgewählter Figuren. Es gibt gute und schlechte Personen: die guten sind die Apostel, die Jünger und einzelne Märtyrer – die schlechten die Irrlehrer, und zwar die »grausamen Wölfe«, die nach dem Tod des Paulus in die Gemeinden eindringen werden[29], und natürlich die ungläubigen Juden. Keine

[25] Apg 28,31. Man beachte auch, dass nur einmal (Apg 28,16) die Gegenwart eines römischen Soldaten in der Gefangenschaft des Apostels erwähnt wird

[26] Vgl. Apg 26,32.

[27] Apg 18,24–28.

[28] Apg 19,1–7.

[29] Apg 20,29. Die Gemeinde in Ephesus symbolisiert die christliche Kirche, wie Lukas sie sieht.

Frage: solch ein simples Bild prägt sich schnell ein und lässt sich gut weitergeben. Es hat jahrhundertelang einen großen Einfluss ausgeübt. Allerdings ist dabei die historische Wahrheit zu kurz gekommen. Die möglichst unvoreingenommene Lektüre anderer Quellen aus der Frühzeit des Christentums kann zu einer Neubewertung der Apostelgeschichte führen. Der Leser macht sich dann nicht mehr Lukas' negative Urteile über ungläubige Juden und christliche Ketzer zu eigen; seine Unterscheidungen von »gut und böse«, »rechtgläubig und häretisch« werden als Urteile *einer* Partei, vertreten durch Lukas, erkannt.

g) Theologische Voraussetzungen des Lukas und der historische Wert seiner Schriften

Um das Gesagte zu verdeutlichen, liste ich die theologischen Voraussetzungen des Lukas auf und frage nach dem historischen Wert seines Doppelwerkes für die Ursprünge des Christentums.[30]

Die theologischen Voraussetzungen:

1. Der heilige Geist treibt die Heilsgeschichte voran.
2. Alles ist von Gott vorausbestimmt.
3. Die Ausbreitung des frühen Christentums ist unaufhaltsam.
4. Die römische Macht verhält sich wohlwollend gegenüber dem Christentum. (Darum muss jedes pro-römische Detail, gleich welcher Art, im lukanischen Doppelwerk historisch erst einmal in Frage gestellt werden.)
5. Die ungläubigen Juden tun alles, um die christliche Mission zu behindern. (Darum muss im lukanischen Doppelwerk jedes negative Urteil über die ungläubigen Juden, gleich welcher Art, erst einmal historisch bezweifelt werden.)

[30] Zum Folgenden vgl. GERD LÜDEMANN: The Acts of the Apostles, Amherst, N.Y. 2005, S. 361–364.

Die historischen Mängel des lukanischen Werkes:
1. Lukas stellt das Verhältnis des Paulus zur Jerusalemer Gemeinde falsch dar.
2. Er beschreibt die Theologie des Paulus unsachgemäß.
3. Seine Schilderung der Taten des Paulus ist teilweise wunderhaft, teilweise falsch und unvollständig.
4. Er macht theologisch Petrus zum Pauliner und Paulus zum Petriner.
5. Er setzt den Beginn der Hauptmission des Paulus unmittelbar nach der Jerusalemer Konferenz (Apg 15), d.h. mehr als zehn Jahre zu spät, an.
6. Obwohl Lukas über verschiedene Missionsfelder berichtet, fällt auf, dass er nichts über den Beginn des Christentums in Galiläa, Damaskus, Ägypten, Rom und Nordgalatien sagt. Stattdessen erzählt er ausführlich in etwa 60 Versen Paulus' Seereise nach Rom. Demnach verschweigt Lukas Wichtiges und erzählt breit Unwichtiges.

Lukas stellt zwei Grundtatsachen der damaligen Geschichte sachgemäß dar:
1. Am Anfang des Christentums spielte die Jerusalemer Gemeinde eine wichtige Rolle.
2. Paulus war bei der Ausbreitung und Prägung der christlichen Botschaft eine Schlüsselfigur. Zu Recht gibt Lukas ihm in der Apostelgeschichte am meisten Raum.

Indes kann die Apostelgeschichte ohne die echten Paulusbriefe nicht mit historischem Nutzen gelesen werden, denn
1. sie setzt eine unzutreffende Chronologie des frühen Christentums zwischen 30 und 70 voraus.
2. Die von ihr erzählten Reisen sind teilweise Erfindungen, teilweise Verdoppelungen und chronologisch durchweg falsch angesetzt. Nur die Briefe des Paulus erlauben uns, die historisch zutreffende Chronologie der Reisen zu rekonstruieren und ihnen die lukanischen Reisenotizen zuzuordnen.

3. In vielen Fällen allerdings löst die Apostelgeschichte manche Rätsel der Briefe nicht nur nicht, sondern vergrößert sie noch.

h) Anachronistische Kritik an Lukas?

Gegen die hier vorgelegten Punkte werden zuweilen zwei Einwände vorgebracht: 1) Mit geschichtlichem Verstehen sei es nicht zu vereinbaren, wenn man die radikale historische Kritik, die von der Entstehung neuzeitlichen Denkens nicht zu trennen sei, auf Epochen anwende, die unter ganz anderen seelisch-geistigen Bedingungen standen.[31] 2) In der Antike seien falsche Zuschreibungen von Texten oder Aussagen akzeptabel gewesen.[32]

Zu 1) Die Frage nach der historischen Zuverlässigkeit der Apostelgeschichte wird gerade nicht von außen an sie herangetragen. Vielmehr gibt Lukas selbst durch den Prolog zu seinem Doppelwerk, Lukas 1,1–4[33] zu verstehen, dass er sein Werk der Geschichtsschreibung seiner Zeit zuordnet.

Lukian aus Samosata (ca. 115–200 n.Chr.) hat in einer Schrift – dem einzigen aus der Antike erhaltenen Werk über Historiographie – die damals geltenden Normen formuliert. Sie trägt den Titel »Wie man Geschichte schreiben soll«. Daraus einige Schlüsselaussagen:

> (41) So soll unser Geschichtsschreiber beschaffen sein: furchtlos, unbestechlich, unabhängig, ein Freund der freimütigen Rede der Wahrheit … Er soll sich weder von Hass noch Zuneigung, weder von scho-

[31] Vgl. WOLFGANG SPEYER: Toleranz und Intoleranz in der Alten Kirche (1996), in: DERS.: Frühes Christentum im antiken Strahlungsfeld II, Tübingen 1999, S. 103–123, hier S. 106–109. Konkret behandelt Speyer die Frage, ob der neuzeitliche Wert der Toleranz an antike Texte herangetragen werden dürfe, und verneint sie.

[32] Vgl. THOMAS SÖDING: Die Biographie zweier Apostel: Petrus und Paulus, in: Friedrich Wilhelm Graf / Klaus Wiegandt (Hrsg.): Die Anfänge des Christentums, Frankfurt 2009, S. 122–167, hier S. 151: »Pseudepigraphie ist … ein in der Antike übliches literarisches Verfahren, dessen Spielregeln nicht nur den Autoren, sondern auch den Adressaten bekannt waren.«

[33] Dazu oben, S. 186–187.

nender Rücksicht noch von Mitleid leiten lassen oder von Angst vor Schande oder von falscher Scham, ein gerechter Richter, allen wohlgesinnt, ohne dabei einer Sache mehr, als ihr gebührt zuzubilligen, ein Geschichtsschreiber, der in seinem Werk ein Fremdling und ein Mann ohne Vaterland ist, unabhängig und keinem König untertan, und der keine Rücksicht darauf nimmt, was der eine oder andere denkt, sondern nur berichtet, was sich zugetragen hat. …

(47) Das historische Material darf nicht aufs Geratewohl zusammengetragen werden; der Geschichtsschreiber muss es immer wieder sorgfältig und unermüdlich prüfen und sich möglichst in eigener Person, als Augenzeuge von der Zuverlässigkeit überzeugen; ist das nicht möglich, so soll er sich an Zeugen halten, die als unbestechlich gelten und von denen anzunehmen ist, dass sie, weder von Zuneigung noch von Feindschaft verleitet, irgendwelche Tatsachen verschweigen oder etwas hinzufügen. Und so soll er denn seine Fähigkeit, das Richtige zu treffen und es überzeugend darzustellen, bewähren. (48) Hat er das gesamte Material gesammelt oder doch das Meiste, dann gehe er zunächst daran, einen Rohentwurf herzustellen – ein zusammenhängendes Ganzes, das noch keinen Anspruch auf Schönheit macht und noch ungegliedert ist; erst nachdem es geordnet ist, möge er sich um die Schönheit der Darstellung bemühen und der Sprache Farbe, Form und Rhythmus verleihen.[34]

Auch Lukas gibt vor, sich solchen Standards verpflichtet zu wissen, so dass er auf deren Grundlage beurteilt werden sollte. Gebildete Menschen der Antike hatten jedenfalls ein Interesse an dem, was wirklich geschehen war. Wie das obige Zitat von Lukian zeigt, musste die Historiographie als eigene Disziplin nicht bis zur Moderne warten.

Zu 2) Griechische Historiker und Philologen führten über historische Wahrheit einen ständigen Dialog, der auch das Thema der

[34] Übersetzung im Allgemeinen nach HELENE HOMEYER: Lukian. Wie man Geschichte schreiben soll, München 1965, S. 146–153.

[35] Vgl. WOLFGANG SPEYER: Die literarische Fälschung im heidnischen und christlichen Altertum, München 1971, S. 112–128 (»Die antike Echtheitskritik«).

literarischen Fälschung[35] einschloss.[36] Sie hatten Kriterien entwickelt, echte Dokumente von falschen zu unterscheiden. Dafür drei Beispiele, die zeigen: Wer damals einen falschen Verfassernamen gebrauchte oder Texte veränderte, machte sich auch nach zeitgenössischer Wertung eines Vergehens schuldig.[37]

Galen, Arzt aus Pergamon, beschreibt in seiner Schrift »Über meine eigenen Bücher« im zweiten Jahrhundert folgendes Vorkommnis:

> Im Sandalarion, wo in Rom die meisten Buchverkäufer sind, haben wir tatsächlich beobachtet, wie einige sich darüber stritten, ob das gerade zu verkaufende Buch von mir oder jemand anderem sei. Denn es trug den Titel »Galen, der Arzt«. Als aber jemand das Buch als ein von mir verfasstes kaufte, wollte ein Gelehrter, durch die Fremdheit des Titels veranlasst, seine vorgegebene Eigenschaft in Augenschein nehmen. Und nachdem er die beiden ersten Zeilen gelesen hatte, verwarf er das Buch sofort, wobei er lediglich bemerkte, dass dieser Stil nicht der von Galen sei und das Buch fälschlicherweise diese Aufschrift trage.
>
> Der, der dies gesagt hatte, hatte jene erstklassige Erziehung empfangen, welche die Kinder bei den Griechen von alters her bei den Grammatikern und Rhetoren empfangen ... Gerade deswegen nun und weil viele meine Bücher auf vielfache Weise schimpflich behandelt haben, indem der eine sie bei der einen Menschenmenge, der andere bei einer anderen als seine eigenen vorlas, wobei sie einiges wegließen, anderes hinzufügten, wieder anderes veränderten, halte ich es für besser, zum einen die Ursache für diesen schimpflichen Umgang darzustellen, zum anderen in Bezug auf die wirklich von mir geschriebenen Bücher aufzuzeigen, welches bei jedem von ihnen die vorgegebene Eigenschaft ist.[38]

36 »Für uns ist Herodot der erste Echtheitskritiker« (Speyer, Fälschung, S. 114).

37 Vgl. Annette Merz: Die fiktive Selbstauslegung des Paulus, Göttingen 2004, S. 198.

38 Text und Übersetzung nach Armin Daniel Baum: Pseudepigraphie und literarische Fälschung im frühen Christentum, Tübingen 2001, S. 227–229.

In Sachen »falsche Verfasserangaben« erlaubt die Erzählung Galens folgende Schlüsse: 1) Gebildete hatten in der Schule Stilkritik gelernt und waren so in der Lage, echte von unechten Schriften zu unterscheiden. 2) Plagiate, d. h. die Verbreitung fremder Gedanken unter dem eigenen Namen, wurden geächtet. 3) Pseudepigraphie, d.h. die Verbreitung eigener Gedanken unter einem falschen Namen, galt als verwerflich.

Die Verurteilung und Ächtung von Falschzuschreibungen belegt ein zweites Beispiel, der Bericht des griechischen Schriftstellers Diogenes Laertios (3. Jahrhundert n.Chr.) über die Praktiken des Herakleides Pontikus:

> Aristoxenus, der Musiker, erzählt, er (Herakleides) habe auch Tragödien gedichtet und sie für Werke des Thespis ausgegeben, und Chamäleon behauptet, er (Herakleides) habe ihm seine Schriften über Hesiod und Homer gestohlen und sie als Material für seine eigenen Schriften verwendet. Auch der Epikureer Autodorus lässt sich tadelnd gegen ihn aus und widerlegt seine Schrift über die Gerechtigkeit. Ein weiterer Fall ist der folgende: Dionysios, Metathemenos genannt, oder, wie andere wollen, Spintaros, hatte einen Parthenopaios gedichtet unter Sophokles' Namen. Herakleides nahm die Sache gläubig an und berief sich in einer Stelle seiner eigenen Schriften darauf als Sophokleische Zeugnisse. Sobald dies Dionysios erfuhr, enthüllte er ihm das Geheimnis; Herakleides aber war misstrauisch und wollte der Mitteilung keinen Glauben schenken.[39]
>
> V 92–93

Die Prüfung der Echtheit von Schriften und ihrer Unversehrtheit war eine tägliche Aufgabe der Bibliothekare in großen antiken Bibliotheken wie Alexandria und Pergamon. So ging man wegen des Delikts der Verfälschung stoischer Schriften gerichtlich gegen

[39] Übersetzung nach Otto Apelt, in: Diogenes Laertios: Leben und Meinungen berühmter Philosophen. Buch I–X, Philosophische Bibliothek 53/54, Frankfurt [2]1967, Erster Band, S. 291.

Athenodor, einen Bibliothekar von Pergamon, vor. Dies schildert wiederum Diogenes Laertios:

> Isidor von Pergamon ... berichtet auch, es seien aus den Büchern aus der Bibliothek die übel klingenden Stellen bei den Stoikern von dem Stoiker Athenodoros, dem bestellten Kustoden der Pergamenischen Bibliothek, herausgeschnitten worden, dann aber wieder eingefügt worden, nachdem nämlich Athenodoros ertappt und in gerichtliche Untersuchung geraten war.[40]
>
> VII 34

Im Vergleich zum griechisch-römischen Bereich war im jüdisch-hellenistischen Raum »*das Bewußtsein des geistigen Eigentums und der schriftstellerischen Individualität ... unterentwickelt*«[41] und ebenso der Sinn für die historische Wahrheit. Das gilt es umso mehr zu beachten, als die neutestamentlichen Schriften auf dem Boden jüdischer Kultur entstanden sind. Indes stellt sich trotzdem das Problem der Bewertung, und zwar dann, wenn die jeweiligen Autoren nicht nur naiv, sondern raffiniert die Echtheit ihrer Schriften suggerieren[42] und ihre eigene Wahrhaftigkeit beteuern.[43] Damit liefern sie einen Beleg dafür, dass sie sich der Fragwürdigkeit ihres Tuns bewusst sind. Ein Hinweis auf ihre kulturelle Herkunft aus der Welt des Judentums hilft in diesem Fall nicht weiter.

[40] Übersetzung nach APELT, Diogenes Laertios, Zweiter Band, S. 24–25.

[41] MARTIN HENGEL: Anonymität, Pseudepigraphie und ‚literarische Fälschung' in der jüdisch-hellenistischen Literatur (1972), in: DERS.: Judaica et Hellenistica. Kleine Schriften I, Tübingen 1996, S. 196–251, hier S. 235.

[42] So soll z.B. laut 2Thess 3,17 der handschriftliche Gruß das Erkennungszeichen in jedem Paulusbrief sein. Dies schreibt der Fälscher des Zweiten Thessalonicherbriefs, der in 2Thess 2,2 den echten Ersten Thessalonicherbrief als Fälschung hinstellt. Zu den Einzelheiten vgl. GERD LÜDEMANN: Die Intoleranz des Evangeliums, Springe 2004, S. 67–95.

[43] Vgl. die Kanonformel Dtn 4,2a; 13,1; Spr 30,6; Pred 3,14; Sir 18,5; 42,22; Offb 22,18–19.

i) Historische Bibelkritik als Abhilfe gegen die Konstruktion des Lukas

Im Rückblick auf die Apostelgeschichte bleibt illusionslos zu sagen: Lukas hat zugunsten der Heilsgeschichte an zahlreichen Stellen Fiktion und Faktum vertauscht, Historie aus Theologie erschlossen und vom frühen Christentum ein geschöntes Bild gemalt, das Teil unseres kulturellen Gedächtnisses geworden ist. Die historische Bibelkritik bietet ein heilsames Korrektiv, um die lukanische Konstruktion zu entmachten.

ANHANG 3

Abriss einer Pauluschronologie

a) Ein chronologischer Fixpunkt in den Paulusbriefen

Bei seiner Bekehrung um 33 n.Chr. war Paulus ca. dreißig Jahre alt, denn in dem gegen Mitte der fünfziger Jahre geschriebenen Brief an Philemon nennt er sich einen alten Mann (Phlm 9); nach damaligem Sprachgebrauch bezeichnet das ein Lebensalter von 50–56 Jahren.

b) Zur Methode einer Chronologie des Paulus

Der christliche Zeitabschnitt im Leben des Paulus lässt sich in zwei Phasen einteilen: von der Bekehrung (ca. 33) bis zur Jerusalemer Konferenz (ca. 48) und von der Konferenz bis zur Gefangenschaft in Rom (ca. 56). Bis vor kurzem meinte man, alle echten paulinischen Briefe gehörten zum zweiten Zeitabschnitt. Doch mehren sich die Stimmen, dass der Erste Thessalonicherbrief – das älteste erhaltene Schreiben des Paulus – aus dem ersten Zeitabschnitt stamme.[1] Während die Verfechter der zuerst angeführten These darauf verweisen, dass Paulus die Gemeinden in Makedonien und Achaia gemäß der Apostelgeschichte erst nach der Jerusalemer Konferenz (Apg 15,1–35 / Gal 2,1–10) gründete, benutzen die Verfechter der zuletzt genannten Ansicht als chronologisches Kriterium die Kollektenvereinbarung, die laut Gal 2,10 auf der Konferenz zugunsten der Jerusalemer Gemeinde getroffen wurde. Je nach dem, in welcher Entwicklungsphase sich die Organisation der Kollekte in den Gemeinden des Paulus befindet, werden dann die Briefe

[1] Vgl. in diesem Sinn zuletzt GREGORY TATUM: New Chapters in the Life of Paul. The Relative Chronology of His Career, Washington 2006 (Lit.).

datiert. Die Nicht-Erwähnung der Kollekte im ersten Thessalonicherbrief, im Philipperbrief und im Philemonbrief erkläre sich dadurch, dass sie zum Zeitpunkt der Abfassung dieser Briefe kein Thema war: zur Zeit des Ersten Thessalonicherbriefs noch nicht – daher die Abfassung dieses Briefes vor der Konferenz –, zur Zeit des Philipper- und Philemonbriefes nicht mehr, weil sie nach Abschluss der Kollekte in Rom verfasst worden sind. (Setzt man das Datum des Philipperbriefes und des Philemonbriefes in den Zeitabschnitt der Organisation der Kollekte, lässt sich das Fehlen ihrer Erwähnung aus der Situation des Briefschreibers – beide Briefe sind im Gefängnis geschrieben – und dem besonderen Charakter des kurzen Schreibens an Philemon erklären: Paulus möchte den Sklaven Onesimus, der dem Mitchristen Philemon entlaufen ist, für sich haben.) Des Weiteren verweisen die Verfechter der Frühdatierung der Europamission und des Ersten Thessalonicherbriefs darauf, dass die herkömmliche Rekonstruktion der Chronologie des Paulus an zwei Punkten unstimmig ist:

Falls die Missionierung Griechenlands erst nach der Konferenz stattfand, hätte Paulus sich verpflichtet, eine Kollekte von damals noch nicht bestehenden Gemeinden einzusammeln. Dies ist nicht plausibel, denn die Kollekte sollte kurzfristig die wirtschaftliche Not der Armen in Jerusalem lindern.

Mit dem apostolischen Selbstbewusstsein des Paulus als *des* Apostels der Heiden (Röm 11,13) wäre es nur schwer zu vereinbaren, dass er die eigene Mission in Kleinasien und Griechenland erst gegen Ende seines Lebens begann und sich so lange vorher als Mitarbeiter der Gemeinde von Antiochien im syrischen Raum aufhielt.

c) Chronologische Tabelle

Wenn man den Tod Jesu in das Jahr 30 n.Chr. setzt und drei Jahre Abstand zur Bekehrung des Paulus veranschlagt, ergeben sich auf der Grundlage der Paulusbriefe folgende Daten:

33	Verfolgung der christlichen Gemeinde von Damaskus durch den Pharisäer Paulus, Bekehrung in Damaskus im Alter von ca. 30 Jahren, Reise nach Arabien, Rückkehr nach Damaskus.
35	Erster Jerusalembesuch, um Kephas kennenzulernen (Gal 1,18), ca. drei Jahre nach der Bekehrung.
35–48	Mission in Syrien und Kilikien (Gal 1,21), anschließend in Kleinasien und Griechenland; Gründung der Gemeinden von Philippi, Thessalonich, Korinth und Galatien; Abfassung des 1Thessalonicherbriefs um 40.
48	Zwischenfall von Antiochien (Gal 2,11–21).
48	Zweiter Jerusalembesuch, Jerusalemer Konferenz (Gal 2,1–10) ca. 14 Jahre nach dem ersten Besuch; Kollektenabsprache zugunsten »der Armen« in Jerusalem.
48–53	Kollektenreise in die kleinasiatischen und griechischen paulinischen Gemeinden; Abfassung des 1Korinther- und des 2Korintherbriefs, des Galater- und des Römerbriefs (vielleicht auch des Philipper- und des Philemonbriefs).
53	Reise nach Jerusalem zwecks Überbringung der Kollekte.
56	Reise nach Rom; Gefangenschaft (vielleicht Abfassung des Philipper- und des Philemonbriefs).

Eine ausführliche Begründung der obigen Rekonstruktion gibt Gerd Lüdemann: Paulus, der Gründer des Christentums, Springe 2001, S. 23–69. Zu Einzelheiten vgl. bereits oben, S. 92–96.

Bibelstellenverzeichnis
(Auswahl)

Altes Testament

Neues Testament

Autorenverzeichnis